Riester-, Eichel- oder Rüruprente?

Karl-Heinz Herrmann

Riester-, Eichel- oder Rüruprente?

So schließen Sie Ihre Versorgungslücke
und nutzen die staatlich geförderten Vorsorgewege optimal!

Bibliografische Information der Deutschen Nationalbibliothek:
Die Deutsche Nationalbibliothek verzeichnet diese Publikation
in der Deutschen Nationalbibliografie;
detaillierte bibliografische Daten sind im Internet über
http://dnb.d-nb.de abrufbar.

Verfasser: Karl-Heinz Herrmann
Steuerberater, Bankkaufmann
Kontakt: zav@vilsmeier-herrmann.de

Fotos und Grafiken:
Karl-Heinz Herrmann (soweit nicht anders angegeben)

Porträts Walter Riester und Hans Eichel: www.spdfraktion.de
Porträt Bert Rürup: Bert Rürup

Herausgeber:
Steuerberatersozietät
J. Vilsmeier & K.-H. Herrmann
Steuerrecht, steuerliches Verfahrensrecht und Betriebswirtschaft
Obere Stadt 46, 84130 Dingolfing
www.vilsmeier-herrmann.de

© Alle Rechte vorbehalten. Nachdruck oder Vervielfältigung, klassisch oder digital, ganz oder auszugsweise nur mit schriftlicher Genehmigung des Verfassers.

Satz, Umschlaggestaltung, Herstellung und Verlag:
Books on Demand GmbH, Norderstedt

ISBN: 978-3-8370-5293-0

Inhaltsverzeichnis

Abkürzungsverzeichnis 13
Vorwort 15
Dank 19

Erster Abschnitt – grundsätzliche Überlegungen 21

A. Die demografischen Veränderungen in Deutschland 23
B. Finanzielle Folgen für den Einzelnen 24
C. Finanzielle Folgen für die Solidargemeinschaft 27
D. Altersvorsorge im Spannungsfeld zwischen Risikovorsorge und Kapitalanlage 31
    I. Rente mit Kapitalerhalt 35
    II. Rente mit Kapitalverzehr 36
    III. Der Zinseszinseffekt 38
    IV. Die Produkttypen, zertifiziert nach AltZertG 39
        1. Banksparvertrag bzw. Bausparvertrag 39
        2. Versicherungsvertrag 39
        3. Wertpapiersparvertrag 40
    V. Der Durchschnittskosteneffekt (Cost-Average-Effekt) 40
    VI. Pro und kontra Einmalzahlungen 41
    VII. Inflationsschutz 42
E. Persönliches Risikomanagement 43
    I. Biometrische Risiken 43
    II. Sachrisiken und sonstige Risiken 43
    III. Natürliche Risikoaversion kontra Langlebigkeitsrisiko 43
    IV. Risikosplitting bei Ehepaaren 44
F. Persönliche Risikovorsorge für den Ruhestand 45
    I. Möglichkeiten der immateriellen Vorsorge 45
    II. Möglichkeiten der materiellen Vorsorge 46
        1. Das Beitragsverfahren 46
        2. Das Kapitaldeckungsverfahren 46
        3. Das Umlageverfahren 46
    III. Die Funktionsweise der gesetzlichen Rentenversicherung 47

		1.	Rentenversicherungsbeitrag 47

      1. Rentenversicherungsbeitrag 47
      2. Die Rentenformel – mit einem Taschenrechner zu meistern 48
          a) Entgeltpunkte (EP) statt Vorsorgekapital 48
          b) Rentenartfaktor (RAF) Altersrente = 1,0. 49
          c) Zugangsfaktor (ZF) 49
          d) Aktueller Rentenwert (AR) 49
          e) Rentenanspruch für Georg Fleißig 50
      3. Eckrentner und Eckrente. 50
      4. Steuerentlastung in der Ansparphase 51
      5. Steuerbelastung in der Rentenbezugsphase 51
      6. Belastung mit Kranken- und Pflegeversicherungsbeiträgen
         in der Rentenbezugsphase 51
      7. Kontenklärung durchführen 52
      8. Vorteile der gesetzlichen Rentenversicherung. 52
          a) Inflationsschutz. 52
          b) Berücksichtigungszeiten auch in Zeiten ohne Beschäftigung 53
          c) Anrechnungszeiten ohne eigene Beitragsleistung 53
          d) Abschlagfreie vorzeitige Altersrente möglich. 53
          e) Geringe Kürzung bei vorgezogener Altersrente 54
          f) Zusatzrisiken eingeschlossen. 54
          g) Jährliche Renteninformation. 54
      9. Nachteile der gesetzlichen Rentenversicherung 54
          a) Störungsanfällig bei ungünstigen demografischen Veränderungen . . . 54
          b) Rentenhöhe u. a. von (spontanen) politischen Entscheidungen
             abhängig. 55

G. Zusätzliche Altersvorsorge – Irrweg oder Königsweg? 56
   I. Die Rentenanpassungsformel 56
      1. Die alte Rentenanpassungsformel 56
      2. Die Veränderung der Bevölkerungsstruktur 57
      3. Konsequenz für Solidarsysteme auf Basis eines Umlageverfahrens. 57
      4. Die neue Rentenanpassungsformel. 60

H. Bedarfsorientierte Vorsorge 67
   I. Ermittlung der Lebenshaltungskosten 67
   II. Ermittlung der Alterseinkünfte 69

		1.	Altersvorsorgeprodukte 69

           1. Altersvorsorgeprodukte 69
           2. Kapitalanlageprodukte. 69
    III. Beachtung der Belastungsgrenze. 74
    IV. Risikostreuung bei der Risikovorsorge 75
I. Von der Drei-Säulen-Theorie zur Drei-Schichten-Theorie 76
    I. Die Drei-Säulen-Theorie. 76
           1. Die 1. Säule. 77
           2. Die 2. Säule. 78
           3. Die 3. Säule. 78
    II. Die Drei-Schichten-Theorie. 78
           1. Die 1. Schicht = Rentenbasis 78
           2. Die 2. Schicht = Zusatzvorsorge. 79
           3. Die 3. Schicht = übrige Vorsorge 79
J. Sonderausgabenabzug für Vorsorgeaufwendungen – Grundlagen 79

Zweiter Abschnitt: Wege zur zusätzlichen Altersvorsorge 83

A. Vier Wege zur zusätzlichen, kapitalgedeckten Altersvorsorge. 85
B. Die Eigenrente. 85
C. Der Riesterweg (seit 2002). 86
    I. Soft facts. 88
           1. Grundsätzliche Förderberechtigung. 88
           2. Unmittelbare Förderberechtigung. 88
           3. Mittelbare Förderberechtigung 89
           4. Zusatzrisiken 89
           5. Sicherheit/Kapitalerhalt 90
           6. Riesterrente kontra gesetzliche Altersrente? 90
           7. Empfänger von ALG II (Hartz IV) und von Leistungen
               zur Grundsicherung im Alter. 90
           8. 30 % Einmalauszahlung bei Rentenbeginn möglich 91
           9. Lebenslange Rente 91
           10. Vererbung möglich. 92
           11. Riesterschädliche Verwendung. 92
           12. Riesterförderung im Rahmen der betrieblichen Altersvorsorge 93

	II.	Hard facts...93	
		1. Nachgelagerte Besteuerung 93	
		2. Staatliche Förderung:..94	
		a) Zulagenförderung..94	
		b) Zusätzlicher Sonderausgabenabzug...................97	
		3. Mindestbeitrag, Eigenleistung...................................98	
		4. Sozialabgabenbelastung bzw. -entlastung 101	
		5. Zusammenfassende Riester-Beispiele......................102	
	III.	Der Riesterweg – Fazit 112	
	IV.	Wohn-Riester 113	
		1. Vier Grundmodelle sind zu unterscheiden:..............113	
		2. Guthabenentnahme (Altersvorsorge-Eigenheimbetrag) in der Ansparphase 113	
		3. Guthabenentnahme (Altersvorsorge-Eigenheimbetrag) zu Beginn der Rentenbezugsphase 114	
		4. Das Fremddarlehen 114	
		5. Erwerb von Genossenschaftsanteilen 115	
		6. Das Förderkonzept..115	
		7. Schädliche Verwendung und deren Folgen 116	
		8. Großzügige Ausnahmeregelungen 116	
		a) Berufliche Gründe 117	
		b) Reinvestition...117	
		c) Tod und fortgesetzte Nutzung durch Ehegatten als Eigentümer....117	
		d) Scheidung...117	
		e) Krankheits- oder pflegebedingte Verhinderung.................118	
		f) Einzahlung auf einen zertifizierten Altersvorsorgevertrag.........118	
		9. Funktionsweise in der Praxis 118	
		a) Jährliche Versteuerung.....................................119	
		b) Sofortversteuerung..120	
		10. Grundsätzliche Bedenken 121	
		11. Interessante Gestaltungsvariante, wenn Sie keine Verrentung wollen....123	
		12. Fazit zu Wohn-Riester 124	
D.	Der Eichelweg/betriebliche Altersversorgung (bAV seit 2002).................125		
	I.	Soft facts..126	

		1.		Grundsätzliches 126
			a)	Unverfallbarkeit 126
			b)	Insolvenzschutz 126
			c)	Anspruch auf Entgeltumwandlung 127
			d)	Versorgungsarten 127
		2.		Die fünf Pfade der Eichel-/bAV-Rente 128
			a)	Direktversicherung 128
			b)	Pensionskasse 128
			c)	Pensionsfonds 129
			d)	Unterstützungskasse 130
			e)	Pensions- oder Direktzusage 130
	II.			Hard facts 131
		1.		Steuer- und SV-rechtliche Grundlagen 131
		2.		Die staatliche Förderung in der Ansparphase 132
			a)	Entlastung von Steuern (LSt, KiSt, SolZ) 132
			b)	Entlastung von Sozialabgaben (KV, PflV, RV, AlV) 133
		3.		Steuer- und Sozialabgabenbelastung in der Rentenbezugsphase 133
		4.		Zusammenfassendes bAV-Beispiel 135
	III.			Der Eichelweg – Fazit 137
E.	Der Rürupweg/private Basisrente (ab 2005) 138				
	I.			Soft facts 139
	II.			Hard facts 139
	III.			Altersvorsorgeturbo durch Nutzung der steuerlichen Be- und Entlastung der Basisrente 146
	IV.			Rüruprente vom Staat finanziert? 148
	V.			Der Rürupweg – Fazit 149
F.	Vergleich der Vorsorgewege für das Jahr 2009 149				
	I.			Riesterweg 150
	II.			Eichelweg 151
	III.			Rürupweg 151
	IV.			Zusammenfassung 151
	V.			Ausblick 152

Dritter Abschnitt – Vergleich über die Anspar- und Rentenbezugsphase 153

A. Vergleich der staatlich geförderten Vorsorgewege in der Anspar- und Rentenbezugsphase 155
    I. Grundlagen und Prämissen 155
        1. Allgemeines 155
        2. Beschreibung der ausgewählten neun Vorsorgewege 158
    II. Durchschnittsverdiener mit rd. 30.000 € Jahresbruttoverdienst 161
        1. Anton Aigner, geb. 1966 161
            a) Altersvorsorgebeiträge in Höhe von 4 % 162
            b) Altersvorsorgebeiträge bis zum Riester-Höchstbeitrag 178
        2. Barbara Bauer, geb. 1976 185
            a) Altersvorsorgebeiträge in Höhe von 4 % 185
            b) Altersvorsorgebeiträge bis zum Riester-Höchstbeitrag 191
        3. Christian Clemens, geb. 1986 193
            a) Altersvorsorgebeiträge in Höhe von 4 % 194
            b) Altersvorsorgebeiträge bis zum Riester-Höchstbeitrag 196
        4. Daniel Dieckmann, geb. 1956 198
            a) Altersvorsorgebeiträge in Höhe von 4 % 199
            b) Altersvorsorgebeiträge bis zum Riester-Höchstbeitrag 201

B. Einzelne Personengruppen im Fokus 203
    I. Arbeitnehmer 203
        1. Pflichtversichert in der gesetzlichen Rentenversicherung 203
        2. Pflichtversichert in einem berufsständischen Versorgungswerk 204
    II. Beamte 204
    III. Landwirte 205
    IV. Selbstständige Handwerker, sonstige selbstständige Gewerbetreibende und Künstler 205
        1. Pflichtversicherte in der gesetzlichen Rentenversicherung oder der Künstlersozialkasse 205
        2. Nicht Pflichtversicherte in der gesetzlichen Rentenversicherung 206
    V. Selbstständige und Freiberufler 206
        1. Pflichtversicherte in einem Versorgungswerk 206

		2.	Sonstige, nicht Pflichtversicherte 207
	VI.	GmbH-Gesellschafter-Geschäftsführer 207
		1.	Allein-Gesellschafter-Geschäftsführer, nicht rentenversicherungspflichtig. 207
		2.	Mit-Gesellschafter-Geschäftsführer, nicht rentenversicherungspflichtig . 208
		3.	Mit-Gesellschafter-Geschäftsführer, rentenversicherungspflichtig 208
C.	Zusammenfassung – für den schnellen Leser. 208

Anlagen 215

1. 10 Schritte zur zusätzlichen Altersvorsorge 217
2. Vergleich EStG 2004 mit EStG 2005 für Arbeitnehmer 219
3. Vergleich EStG 2004 mit EStG 2005 für Unternehmer 220
4. Maximaler Sonderausgabenabzug für Vorsorgeaufwendungen zur Basisvorsorge im Veranlagungszeitraum 2009 – Jahresbruttoverdienst 40.000 Euro........... 221
5. Maximaler Sonderausgabenabzug für Vorsorgeaufwendungen zur Basisvorsorge im Veranlagungszeitraum 2009 – Jahresbruttoverdienst 80.000 Euro.......... 222
6. Multiplikatoren zur Ermittlung der zukünftigen Lebenshaltungskosten 223
7. Divisoren zur Ermittlung einer gleichmäßigen monatlichen Rente bei Kapitalverzehr   225
8. Pflichtversicherte 226
   - A. Pflichtversicherte in der gesetzlichen Rentenversicherung (§ 10a Abs. 1 Satz 1 Halbsatz 1 EStG) 226
   - B. Pflichtversicherte nach dem Gesetz über die Alterssicherung der Landwirte (§ 10a Abs. 1 Satz 3 EStG) 231
   - C. Nicht begünstigter Personenkreis 231
   - D. Begünstigter Personenkreis nach § 10a Abs. 1 Satz 1 Halbsatz 2 EStG 234
9. Besteuerungsanteil der Basisrente 236
10. Ertragsanteil bei privaten lebenslänglichen Leibrenten 237
11. Datenreihen zum Cost-Average-Effekt. 238

Endnoten 240

Abkürzungsverzeichnis

AEV	= Arbeitsentgeltverordnung (aufgehoben, siehe SvEV)
AlV	= Arbeitslosenversicherung
AltEinkG	= Alterseinkünftegesetz
AltZertG	= Altersvorsorgeverträge-Zertifizierungsgesetz
AN	= Arbeitnehmer
AG	= Arbeitgeber
AR	= aktueller Rentenwert
AVmG	= Altersvermögensgesetz
bAV	= betriebliche Altersversorgung
BBGr	= Beitragsbemessungsgrenze
BetrAVG	= Betriebsrentengesetz
BFH	= Bundesfinanzhof
BMF	= Bundesfinanzministerium
BVerfG	= Bundesverfassungsgericht
DRV	= Deutsche Rentenversicherung
DESTATIS	= Statistisches Bundesamt Deutschland
ESt	= Einkommensteuer
EStG	= Einkommensteuergesetz
EigRentG	= Eigenheimrentengesetz
EP	= Entgeltpunkt(e)
EuGH	= Europäischer Gerichtshof
FKV	= freiwillige Krankenversicherung
GKV	= gesetzliche Krankenversicherung
KiSt	= Kirchensteuer
KV	= Krankenversicherung
KVdR	= Krankenversicherung der Rentner
LSt	= Lohnsteuer
LV	= Lebensversicherung
OFD	= Oberfinanzdirektion
PKV	= private Krankenversicherung
PflV	= Pflegepflichtversicherung
RV	= Rentenversicherung

SGB	= Sozialgesetzbuch
SolZ	= Solidaritätszuschlag
SV	= Sozialversicherung
SvEV	= Sozialversicherungsentgeltverordnung
zAV	= zusätzliche Altersvorsorge

Vorwort

Sparen ist seit jeher eines der Finanzthemen, mit denen sich Menschen jeden Alters beschäftigen. Bereits im Kindesalter wird meist mit einer mehr oder weniger originellen Spardose begonnen, denn schon Großmutter gab den weisen Rat: „Spare in der Zeit, dann hast du in der Not." Mit dieser Aussage verbinden die Menschen eine klare Vorstellung, nämlich Geld vor allem sicher, rentabel und liquide für den Zeitpunkt anzulegen, in dem sie das Ersparte brauchen. Egal wann, egal wie viel.

Der Ratschlag zu sparen ist so einfach wie plausibel und findet sogar im Tierreich Parallelen. So z. B. das Eichhörnchen: Es sammelt so viel und so oft es geht allerlei Früchte und deponiert diese zu verschiedenen Zeiten in unterschiedlichen Vorratsspeichern, damit es bei Bedarf beliebig darauf zurückgreifen kann. Dies galt auch für den Homo sapiens, der sich als Jäger und Sammler durchschlug. Doch die modernen Menschen haben mit dem Sammler der Urzeit nicht mehr viel gemeinsam. Sie haben sogar das Prinzip der „Eichhörnchenmethode" verlernt, zumindest aber verwässert. Denn kein Eichhörnchen käme heute auf die Idee, nur eine einzige Art von Früchten zu sammeln, nur an einem Tag im Jahr Vorräte anzulegen oder, noch schlimmer, in nur einem einzigen Versteck so zu lagern, dass es nur zu einem im Voraus bestimmten Zeitpunkt an die Vorräte kann. Vielfach kann man heute feststellen, dass die Menschen trotz fehlender Kenntnisse oder gar ohne ausreichende Erfahrung Vorräte anlegen, von denen niemand weiß, wie die Lagerung richtig funktioniert, zu welchem Zeitpunkt bzw. in welchen Mengen der Vorrat benötigt wird oder ob und wie der Vorrat vor Verderb oder Räubern geschützt werden kann und muss. Diese Beispiele könnte man beliebig fortführen. Ein Eichhörnchen macht es instinktiv richtig. Und wir Menschen? Viele von uns haben das „Eichhörnchen-Gen" offenbar nicht mehr vererbt bekommen. Hier schlägt eher die Gier eines Raubtieres durch, Beute zu machen. Vorräte werden nicht angelegt, sondern verfrühstückt.

Beim Thema Altersvorsorge sieht es ähnlich aus. Auf die Frage „Woran denken Sie, wenn Sie den Begriff Altersvorsorge hören?" erhält man höchst unterschiedliche Antworten. „Ein dickes Sparbuch, eine Immobilie, ein Wertpapierdepot, eine Lebens- oder Rentenversicherung", heißt es vielfach. Zwar haben diese Antworten eines gemeinsam, nämlich das Bestreben der Vorsorgesparer nach einem finanziell sorgenfreien Ruhestand. Doch die Art und Weise, wie sich jeder Einzelne vorstellt, dieses Ziel zu erreichen, scheint oftmals höchst irrational und geht vielfach an den entscheidenden Eckpunkten für eine sinnvolle Altersvorsorge vorbei. Denn die Betroffenen können zwischen den Zielsetzungen des Sparens einerseits und den Notwendigkeiten des Vorsorgens für ein langes Leben andererseits nicht differenzieren. Verstärkt wird dieses in der Bevölkerung weitverbreitete Informationsdefizit durch die mittlerweile vielfältigen staatlich geförderten Vorsorgemöglichkeiten und die von Politik und Finanzbranche höchst unterschiedlich geführten Diskussionen und vorgebrachten Zielsetzungen.

Mit diesem Buch möchte ich grundsätzliche Aufklärungsarbeit leisten und dem Leser auf breiter Basis Unterstützung anbieten. Ausgehend von den großen Herausforderungen, die die demografischen Veränderungen in Deutschland mit sich bringen, werden Grundlagen besprochen, die den Leser in die Lage versetzen, die Thematik für seine persönliche Situation ganzheitlich zu betrachten. Der Leser soll insbesondere unterscheiden können, in welchen Fällen er Produkte zur Kapitalanlage oder Produkte zur Altersvorsorge favorisieren soll. Er wird sich über den Unterschied einer Rente mit Kapitalerhalt und einer Rente mit Kapitalverzehr klar werden und darauf aufbauend verstehen lernen, dass im Ruhestand insbesondere ein lebenslanger regelmäßiger Zufluss von Finanzmitteln das wichtigste Kriterium zur Absicherung gegen das Langlebigkeitsrisiko ist – unabhängig davon, wie alt man wird. Da bei dieser Problemlösung die staatlich geförderten Vorsorgewege für einen Großteil der Bevölkerung einen unverzichtbaren Anreiz bieten, werden folglich die steuer- und abgabenrechtlichen Besonderheiten der gesetzlichen Altersrente und der drei staatlich geförderten zusätzlichen Altersvorsorgewege ausführlich beleuchtet. Abschließend soll durch einen produkt- und anbieterneutralen Phasenvergleich der kapitalgedeckten zusätzlichen Altersvorsorgewege dargestellt werden, wie die staatlichen Einflussfaktoren wirken und in welcher Reihenfolge das vorhandene Vorsorgebudget für die freiwillige Altersvorsorge am effektivsten eingesetzt wird.

Zusammenfassend möchte ich dem Vorsorgesparer die oftmals unbegründete Angst nehmen, den gewohnten Lebensstandard im Ruhestand nicht mehr fortführen zu können. Demjenigen aber, der neben der gesetzlichen Altersrente nicht zusätzlich für seinen Lebensabend finanziell vorsorgt, soll unmissverständlich aufgezeigt werden, warum er zu den Verlierern der durch die demografischen Veränderungen verursachten Verwerfungen zählen wird.

Da stets der Versuch im Mittelpunkt steht, einen Ratgeber zu schreiben, der den berühmten „roten Faden" aufweist, soll kein Anspruch auf umfassende Darstellung aller nur denkbaren Konstellationen und Fragestellungen bzw. aller steuer-, abgaben- und arbeitsrechtlichen Besonderheiten erhoben werden. Dies würde den Rahmen dieser Publikation sprengen. Hierfür bitte ich die jeweiligen Spezialisten um Verständnis.

Altersvorsorge hat immer etwas mit Lebensabend und Tod, Glück und Unglück, aber auch mit Gesundheit und Krankheit zu tun. Diese Themen werden in der Öffentlichkeit oftmals tabuisiert, zumindest aber nicht in klaren Zusammenhang mit Fragen zum Thema Altersvorsorge gestellt. Bisweilen wird es als pietätlos angesehen, Fragen zum persönlichen Wohlbefinden mit dem womöglich vorzeitigen Ableben in Verbindung zu bringen. Dennoch ist es entscheidend, sich im Rahmen des Möglichen gerade über diese Punkte Klarheit zu verschaffen, bevor eine zusätzliche Altersvorsorge aufgebaut wird. Ich bitte daher die Leser um Verständnis, wenn ich fallweise ohne Rücksicht auf gewisse Befindlichkeiten unmissverständlich und direkt entscheidungsrelevante Fragen aufwerfe.

Dank

Geehrt fühle ich mich, dass **Walter Riester MdB, Bundesminister für Arbeit und Sozialordnung a. D.**, mich durch sein Feedback und seine offene und unvoreingenommene Art in meiner Arbeit bestärkt hat. Sein Interesse daran hat mich schließlich motiviert, meine Erkenntnisse der Öffentlichkeit in einem Buch vorzustellen. Seine Vorschläge und Argumente habe ich gern in mein Buch und meine Vorträge aufgenommen. Es war und ist mir stets eine Freude, seine Argumente zu hören und mit ihm zu diskutieren. Ihm gilt mein besonderer Dank.

Nicht minder habe ich mich gefreut, mit **Prof. Dr. Dr. h. c. Bert Rürup** über den demografischen Wandel und die daraus resultierenden Probleme sowie die staatlich geförderten Problemlösungen diskutieren zu dürfen. Auch sein Interesse an meiner Arbeit hat mich letztlich dazu bewogen, dieses Buch zu schreiben.

Bedanken möchte ich mich nicht zuletzt bei **Alexander Reichl**, CFP, Finanzökonom (ebs), Dipl.-Betriebswirt (FH), Raubling/München, für die konstruktive und kritische Unterstützung. Seine Erfahrungen aus der Praxis eines Certified Financial Planners (CFP®) waren mir stets eine Orientierungshilfe, seine schier unendlichen Fallkonstellationen immer eine Herausforderung.

Aus Gründen der besseren Lesbarkeit wird i. d. R. nur die männliche Schreibweise verwendet. Ich bitte die weibliche Leserschaft um Verständnis. Anregungen und/oder Fehlerhinweisen an zav@vilsmeier-herrmann.de stehe ich aufgeschlossen gegenüber. Ich bitte jedoch um Nachsicht, wenn ich nicht alle Anfragen beantworten kann.

Erster Abschnitt – grundsätzliche Überlegungen

A. Die demografischen Veränderungen in Deutschland

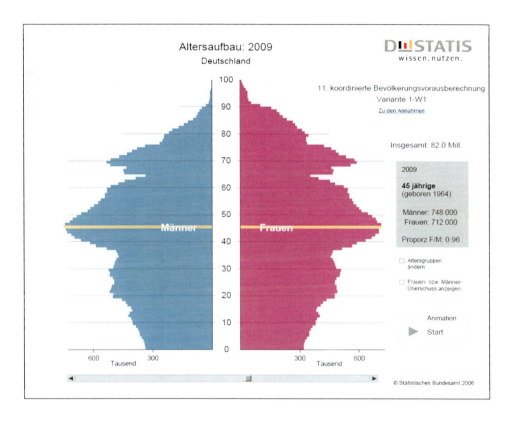

Seit dem Jahr 1964 ist die Zahl der Neugeborenen in Deutschland gravierend zurückgegangen. Während im Jahr 1964 noch rd. 1,4 Mio. Geburten zu verzeichnen waren, erblickten im Jahr 1980 noch rd. 866.000 Bundesbürger das Licht der Welt. Im Jahr 2007 lag die Zahl der Neugeborenen noch bei rd. 685.000[1]. Die Geburtenrate (durchschnittliche Kinderzahl je Frau) lag im Jahr 2007 bei rd. 1,4 Kindern[2]. Etwa 2,1 Kinder wären erforderlich, um die Bevölkerungszahl auf dem heutigen Niveau zu halten.

Zudem hat sich die Lebenserwartung Neugeborener in den letzten 135 Jahren fast verdoppelt. Die Lebenserwartung der Geburtsjahrgänge 1871 lag für

Jungen bei rd. 39 Jahren und für Mädchen bei rd. 42 Jahren. Nach der aktuellen Sterbetafel 2005/2007[3] liegt die durchschnittliche Lebenserwartung eines neugeborenen Jungen bei rd. 77 Jahren. Neugeborene Mädchen dieses Jahrgangs können sich auf rd. 82 Jahre Lebenszeit einstellen. Beide Geschlechter können zudem aufgrund des medizinischen Fortschritts und der besseren Ernährung mit einer weiter ansteigenden Lebenserwartung rechnen. Dies lässt sich bereits aus der aktuellen Sterbetafel ablesen, wenn man die Lebenserwartung für die älteren Jahrgänge betrachtet, die statistisch gesehen viele Lebensrisiken bereits hinter sich gebracht haben. So liegt die Lebenserwartung eines heute 65-jährigen Mannes bereits bei rd. 82 Jahren und die einer 65-jährigen Frau bei rd. 85 Jahren. Nach Angaben der Deutschen Rentenversicherung gibt es in Deutschland mittlerweile mehr als 10.000 Rentner, die über 100 Jahre alt sind. Diese Zahl hat sich allein seit dem Jahr 2001 verdoppelt[4].

B. Finanzielle Folgen für den Einzelnen

Angenommen, wir verhalten uns nach der im Vorwort erwähnten Eichhörnchenmethode und jeder Einzelne will das Langlebigkeitsrisiko verantwortungsvoll für sich selbst lösen. Dann bleiben ihm folgende realistische Alternativen:

- Größere Vorräte für den Ruhestand anlegen, entweder durch höhere Sparbeiträge oder einen früheren Sparbeginn.
- Länger arbeiten, um damit die Rentenbezugsphase zu verkürzen.
- Absenkung des Lebensstandards im Ruhestand, um mit der verminderten Rente auskommen zu können.

Beispiel Sparstrumpfmethode:
Angenommen, Sie legen 40 Jahre lang monatlich 100 € auf die hohe Kante, dann sammeln Sie (ohne Zinsen) immerhin 48.000 €. Wenn Sie hiervon monatlich 200 € entnehmen, reicht das Geld exakt für 240 Monate (= 20 Jahre). Da die Entnahmephase nur halb so lang ist wie die Sammelphase, kann der Entnahmebetrag doppelt so hoch sein wie der Sammelbetrag. Nach 240 Monaten ist dann aber Schluss und an Preissteigerung wage ich gar nicht erst zu denken.

Beispiel Sparbuchmethode:
Angenommen, Sie sparen ab dem 20. Lebensjahr bei einem gleichbleibenden Zinssatz von 3 % monatlich rd. 82 €, dann wächst das zur Verfügung stehende Sparkapital bis zum 67. Lebensjahr (nach 47 Jahren) auf rd. 100.000 €. Wenn Sie glauben, rd. 87 Jahre alt zu werden, dauert Ihr Rentenbezugszeitraum 20 Jahre. Wird das Sparguthaben bei einer Verzinsung von 3 % auf diese 240 Monate gleichmäßig verteilt, wäre eine Rente von rd. 555 € möglich, Monat für Monat, bis Ihr Erspartes verbraucht ist. Erwarten Sie dagegen, 85 Jahre alt zu werden, so braucht das Kapital nur für 18 Jahre zu reichen. Sie können sich folglich über eine um rd. 8 % höhere Rente (= rd. 600 €) freuen.

Häufig findet die Betrachtung aber in umgekehrter Richtung statt. Die Menschen sind meist nicht bereit oder aus gesundheitlichen Gründen nicht in der Lage, länger zu arbeiten. Sie wollen z. B. vorzeitig mit 65 statt mit 67 Jahren in den Ruhestand gehen. Dies hat zur Folge, dass sich nicht nur die Rentenbezugsphase um zwei Jahre verlängert, sondern gleichzeitig auch die Ansparphase verkürzt. Um die gleiche Rentenhöhe finanzieren zu können, müsste deutlich mehr Sparguthaben zur Verfügung stehen. Dies ist aber vielfach wegen der knappen finanziellen Mittel oder der nur noch kurzen Sparphase nicht mehr möglich. Die Konsequenz daraus wird eine deutliche Verminderung der Rentenbezüge sein.

Beispiel vorzeitiger Ruhestand:
Angenommen, das zur Verfügung stehende Sparguthaben beträgt im Alter von 67 Jahren (nach 47 Sparjahren) rd. 100.000 € und sollte ursprünglich bis zum 85. Lebensjahr reichen (für 18 Jahre). Die mögliche Monatsrente würde bei 3 % Verzinsung rd. 600 € betragen. Unser Sparer will aber bereits mit 65 Jahren in Rente gehen. Bei gleicher Lebenserwartung (85 Jahre) bezieht er die Rente um zwei Jahre länger (20 statt 18 Jahre), was in einem ersten Schritt zu einer Rentenminderung auf 555 € führen wird. Gleichzeitig verkürzt er die Ansparphase um zwei Jahre (45 statt 47 Jahre). Dies führt bei unveränderter Verzinsung von 3 % zu einem niedrigeren Sparergebnis. Es wird nur rd. 92.350 € betragen. Wird dieses Sparguthaben bis zum erwarteten Lebensende (85 Jahre) verteilt, reduziert sich in einem weiteren Schritt die Monatsrente auf rd. 512 €. Insgesamt bewirkt der um zwei Jahre vorgezogene Eintritt in den Ruhestand eine Rentenminderung von 88 € bzw. 14,6 %.

Problematisch bei dieser Betrachtung ist aber nicht nur die zu erwartende niedrigere Rente. Schwierig ist auch, dass sich bei vorstehenden Beispielen die Rente nicht mehr erhöhen kann, denn sonst würde das Sparguthaben noch schneller aufgezehrt werden. Somit kann der Rentenbezieher auf Preissteigerungen nicht mehr reagieren. Er muss für das Inflationsrisiko zusätzlich selbst vorsorgen. Dies gelingt ihm, indem er zu Beginn der Rentenbezugsphase einen hinreichenden Rentenüberschuss in einer Höhe einkalkulieren wird, die ausreicht, um die zu erwartenden Preissteigerungen bis an das Ende der Rentenbezugsphase finanzieren zu können.

Noch schwieriger dürfte die Frage nach der zu prognostizierenden Lebenserwartung sein. Denn niemand kann seine Lebenserwartung exakt vorhersagen, und niemand wird sich darüber freuen, wenn er zwar „steinalt" wird, aber das Sparguthaben nicht reicht, um den Lebensabend unbeschwert genießen zu können. Umgekehrt wird sich keiner freuen können, wenn zwar sein Sparkapital gereicht hätte, er aber „planwidrig" vorzeitig versterben muss. Was also ist besser? Wenn am Ende des Lebens noch etwas Kapital vorhanden ist oder wenn am Ende des Kapitals noch etwas Leben vorhanden ist? Viele würden sich zwar gerne für die erste Variante entscheiden, müssen aber wegen der großen Unwägbarkeiten feststellen, dass diese Möglichkeit nur den Superreichen oder Spitzenverdienern vorbehalten bleibt. Der Durchschnittssparer allein kann sich ohne fremde Hilfe aus diesem Dilemma nicht befreien.

An dieser Stelle werden in einzigartiger Weise die Stärken unseres Sozialstaats klar. Er schafft oder genehmigt definierte Solidargemeinschaften mit gemeinschaftlicher Zielsetzung (lebenslange Altersrente) und Verpflichtung (Beitragszahlung). Die jeweilige Solidargemeinschaft wirkt ausgleichend zwischen denjenigen, die wider Erwarten frühzeitig versterben, und denjenigen, die erfreulicherweise deutlich länger leben als der Durchschnitt. Kein Mitglied dieser Solidargemeinschaft braucht Angst zu haben, sein Kapital würde nicht bis ans Lebensende ausreichen. Diese Sicherheit erlangt er allerdings für den Preis, das bei seinem Ableben noch nicht verbrauchte Vorsorgekapital der Solidargemeinschaft überlassen zu müssen, nicht etwa seinen Erben.

C. Finanzielle Folgen für die Solidargemeinschaft

Das deutsche Rentenversicherungssystem ist eine solche Solidargemeinschaft und basiert auf einem Umlageverfahren, in dem die Erwerbstätigen monatliche Beiträge aufbringen, die im selben oder darauffolgenden Monat an die Rentenbezieher wieder ausbezahlt werden. Mit dieser Methode profitieren alle an der Solidargemeinschaft Beteiligten gleichermaßen.

Durch Lohnsteigerungen werden höhere Beiträge generiert, die anschließend höhere Rentenbezüge erlauben. Das Inflationsrisiko kann auf diese Weise für alle Mitglieder der Gemeinschaft weitgehend ausgeblendet werden. Durch eine homogene Zusammensetzung der Solidargemeinschaft kommt das vorzeitige Ableben eines Einzelnen allen zugute, was zur Folge hat, dass die Rentenbezüge für die Überlebenden lebenslang gewährt werden können. Dem Langlebigkeitsrisiko wird somit ebenfalls ausreichend Rechnung getragen. Der Einzelne braucht sich im Normalfall nicht mit seiner individuellen Lebenserwartung zu beschäftigen.

So sicher wie das Umlageverfahren den Einzelnen gegen die Inflations- und Langlebigkeitsrisiken abschirmen kann, so störanfällig ist es, wenn sich die Altersstruktur der Beteiligten gravierend ändert. Denn wenn immer mehr Rentenbezieher immer länger leben, also Geld für ihren Lebensabend brauchen, und wenn immer weniger Beitragszahler vorhanden sind, die den Beitragstopf füllen, dann stößt das Umlageverfahren an die Grenzen der Belastbarkeit. Wer an dieser Stelle glaubt, das Problem einfach mit einer Verbreiterung der Gruppe der Beitragszahler lösen zu können, macht einen entscheidenden Fehler und verstärkt das Problem in der Zukunft. Denn die heutigen zusätzlichen Beitragszahler können schon morgen zusätzliche Rentenempfänger sein, die das System belasten.

Walter Riester, MdB und Bundesminister a. D., sieht in der ansteigenden Rentenbezugsdauer den Hauptgrund, weshalb das Umlageverfahren der gesetzlichen Rentenversicherung massiven Belastungen ausgesetzt sein wird. Lag im Jahr 1995 die durchschnittliche Rentenbezugsdauer bei rd. 14 Jahren für Männer bzw. bei rd. 18 Jahren für Frauen, so liegt sie derzeit bereits bei rd. 17 Jahren für

Männer bzw. rd. 20 Jahren für Frauen. Bis ins Jahr 2030 wird sie um weitere zwei bis drei Jahre steigen[5].

Etwa im Jahr 2035 wird nach Angaben von Bundesfamilienministerin Ursula von der Leyen Deutschland weltweit das Land mit der ältesten Bevölkerung sein. Und im Jahr 2050 wird nach einer Modellrechnung des Statistischen Bundesamtes die Alterspyramide auf dem Kopf stehen. Dann nämlich wird der Anteil der über 60-Jährigen an der Gesamtbevölkerung bei rund 40 % liegen, gegenüber rd. 25 % aktuell[6]. Die Folgen für das Umlageverfahren der gesetzlichen Rentenversicherung sind schwerwiegend.

Werden Veränderungen durch Migration, Arbeitslosenquote und Beginn oder Wegfall der Rentenversicherungspflicht ausgeblendet, so kann bereits mit einfachsten Mitteln die Wirkung der demografischen Veränderungen auf das Umlageverfahren demonstriert werden. Sehen Sie selbst![7]

Deutschland im Jahr 2009

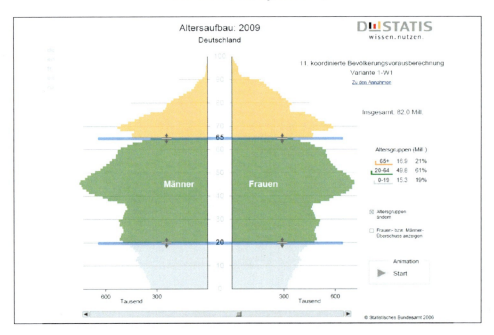

In Deutschland leben rd. 82 Millionen Einwohner. Etwa 21 % der Bevölkerung sind 65 Jahre und älter. Rund 61 % befinden sich im erwerbsfähigen Alter (20–64 Jahre). 19 % der Bevölkerung sind jünger als 20 Jahre. Aus Vereinfachungsgründen wird diese Gruppe als nicht beitragsrelevant eingestuft.

Deutschland im Jahr 2050

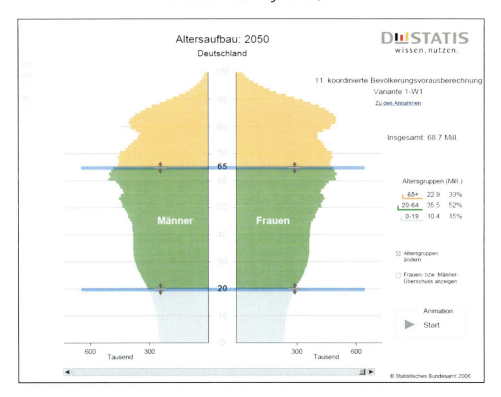

In Deutschland leben rd. 69 Millionen Einwohner. Etwa 33 % der Bevölkerung sind 65 Jahre und älter. Rund 52 % befinden sich im erwerbsfähigen Alter (20–64 Jahre). 15 % der Bevölkerung sind jünger als 20 Jahre.

Beispiel mit Bevölkerungsstruktur aus dem Jahr 2009:
Angenommen, an alle Rentenempfänger (65+) wird eine Rente in Höhe von 1.000 € monatlich ausgezahlt, die von allen Erwerbstätigen (20–64) erwirtschaftet wird.

Wenn eine Gruppe von 100 Bürgern eine Altersstruktur aufweisen würde, die exakt mit der aus dem Jahr 2009 übereinstimmt, dann würde diese Gruppe aus 21 Rentenempfängern und 61 Erwerbstätigen bestehen. Folglich müssten in den Beitragstopf monatlich 21.000 € (= 1.000 € × 21) eingezahlt werden. Auf jeden Erwerbstätigen würde eine Beitragsbelastung von rd. 345 € (= 21.000 €/61) entfallen.

Beispiel mit Bevölkerungsstruktur aus dem Jahr 2050:
Angenommen, an alle Rentenempfänger (65+) wird eine gegenüber dem vorherigen Beispiel unveränderte Rente in Höhe von 1.000 € monatlich ausgezahlt, die von allen Erwerbstätigen (20–64) erwirtschaftet wird. Würde eine Gruppe von 100 Bürgern eine Altersstruktur aufweisen, die exakt mit der aus dem Jahr 2050 übereinstimmt, dann würde diese Gruppe aus 33 Rentenempfängern und 52 Erwerbstätigen bestehen. Folglich müssten in den Beitragstopf monatlich 33.000 € (= 1.000 € × 33) eingezahlt werden. Auf jeden Erwerbstätigen würde eine Beitragsbelastung von rd. 635 € (= 33.000 €/52) entfallen. Der Beitrag müsste von 345 € auf 635 € (+ rd. 84 %) ansteigen.

Soll gegenüber dem Beispiel für das Jahr 2009 jeglicher Beitragsanstieg für die Erwerbstätigen vermieden werden, sinkt automatisch der monatlich in den Beitragstopf einfließende Betrag auf 17.940 € (= 345 € × 52). Der Rückgang in der Zahl der Erwerbstätigen bedingt eine Minderung der Renten und der Anstieg in der Zahl der Rentenbezieher verstärkt dies. Somit errechnet sich eine Monatsrente von rd. 545 € (= 17.940 €/33). Die Rente müsste von 1.000 € auf rd. 545 € (rd. 55 %) sinken.

Allein mit diesen Beispielen dürfte klar geworden sein, dass die Veränderungen in der Bevölkerungsstruktur weitreichende Konsequenzen nach sich ziehen. Es bedarf dringend einer politischen Einflussnahme, um den drohenden Zielkonflikt zwischen Beitragszahlern und Rentenbeziehern rechtzeitig und sozial verträglich zu lösen. Am einfachsten wäre es natürlich, wenn der Staat seine Beitragszuschüsse nach Belieben erhöhen könnte, um das drohende Rentendesaster innerhalb der jeweiligen Solidargemeinschaften zu verhindern. Unsere Gesellschaft läuft dann aber Gefahr, sich vom Leistungsprinzip abzuwenden, was die Leistungsträger – also die Steuerzahler – veranlassen könnte, sich aus dem Solidarsystem oder gar aus unserer wunderschönen Heimat Deutschland zu verabschieden. Gleichzeitig wird es voraussichtlich mehr und mehr Personen geben, die sich ganz bewusst finanziell nicht auf den Ruhestand vorbereiten und ihr Sparpotenzial womöglich sinnlos konsumieren, zumindest aber nicht im Interesse einer Solidargemeinschaft investieren bzw. anlegen. Das Raubtier-Gen lässt grüßen.

D. Altersvorsorge im Spannungsfeld zwischen Risikovorsorge und Kapitalanlage

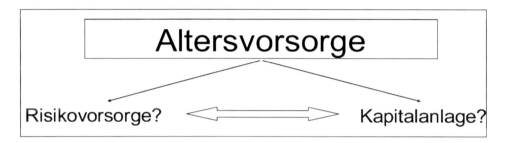

Das irdische Leben ist endlich. Doch niemand kennt (glücklicherweise) seinen Todeszeitpunkt genau. Damit wird das Dilemma beim Thema Altersvorsorge klar. Die Dauer der Ansparphase ist exakt zu ermitteln. Die Länge der Rentenbezugsphase kann niemand im Voraus genau bestimmen. Aber nur wer zu Beginn der Rentenbezugsphase deren Länge genau kennt, kann sein Vorsorgekapital auf den restlichen Lebensabschnitt gleichmäßig verteilen. Stirbt man früher als erwartet, bleibt ein Restkapital übrig. Die monatliche Rente hätte höher sein können. Lebt man länger als angenommen, bekommt man ein finanzielles Problem. Das Vorsorgekapital ist zu früh aufgezehrt, die bisherige Rente war zu hoch bemessen.

Wer seinen gegenwärtigen Lebensstandard im Alter beibehalten möchte, muss jedenfalls die Dauer beider Phasen vorsichtig abschätzen, wobei das „Risiko", länger zu leben als der Durchschnitt, angemessen berücksichtigt werden sollte. Denn der biologische Glücksfall eines sehr langen Lebens sollte nicht zum finanziellen Unglücksfall werden. Da ein Großteil der Bevölkerung dieses Problem aus finanziellen Gründen nicht alleine lösen kann, wird es erforderlich sein, sich einer staatlichen oder privaten Solidargemeinschaft anzuschließen. Deren Ziel ist es, ausgleichend zu wirken zwischen denjenigen, die früher sterben müssen, und denjenigen, die länger leben dürfen. Bei dieser Problemlösung helfen seit jeher gesetzliche und private Versicherungen. Seit einigen Jahren kommen verstärkt Bank- und Fondssparprodukte, jeweils gekoppelt mit Versicherungen, dazu.

Macht man sich Gedanken über die Altersvorsorge, sind im Wesentlichen Produkte der reinen Risikovorsorge (für ein langes Leben) von Produkten der Kapitalanlage zu unterscheiden. Denn nach meinen Erfahrungen wollen alle Sparer das Gleiche, aber sie meinen beim Thema Altersvorsorge häufig nicht dasselbe. Daher möchte ich klarstellen:

Risikovorsorgeprodukte haben das vorrangige Ziel, eine lebenslange Rente zu finanzieren. Eine Kapitalisierung bzw. Vererbung ist i. d. R. nicht möglich, zumindest nicht primäres Ziel.

Kapitalanlageprodukte werden vorrangig zur Anlage oder Ansammlung von Vermögen verwendet. Abgesehen von Laufzeitbeschränkungen kann über das mit Hilfe von Anlageprodukten angesammelte Vermögen beliebig verfügt werden, d. h., es ist kapitalisierbar und vererbbar. Allenfalls nachrangig werden Anlageprodukte zur freiwilligen Verrentung verwendet. Bei Verrentung sorgen diese Produkte im Normalfall nicht für eine lebenslange, sondern nur für eine zeitlich befristete Rente.

Um für die Unwägbarkeiten eines möglicherweise sehr langen Lebens gerüstet zu sein, braucht jeder in einem ersten Schritt eine fundierte Basis. Diese wird vorrangig mit Produkten der Risikovorsorge aufgebaut, denn das finanzielle Polster sollte für die tatsächliche Lebenszeit ausreichen. Genau deshalb werden Produkte der Risikovorsorge staatlich gefördert! Alterseinkünfte, die über dem Mindestrentenniveau (Lebensmittel, Kleidung, Wohnen, Gesundheit) liegen, können in einem zweiten Schritt mit Produkten der Kapitalanlage aufgebaut werden. Dies hat den Sinn, einen Ausgleich zu schaffen zwischen dem Risiko, früher zu sterben und das Altersvorsorgevermögen nicht vererben zu können, und dem Risiko, sehr alt zu werden und das Altersvorsorgevermögen womöglich frühzeitig aufgezehrt zu haben. Idealerweise erfolgen die beiden Schritte zeitlich parallel, in vielen Fällen scheitert dies aber an den finanziellen Möglichkeiten in der Ansparphase.

Vermögende argumentieren oftmals, man brauche keine Risikovorsorge, denn diese ziehe im Falle eines vorzeitigen Ablebens meist den Verlust des noch nicht verbrauchten Vorsorgekapitals nach sich. Kommt aber bei dieser Gruppe das Rentenalter näher, wollen und müssen auch Vermögende von regelmäßigen Alterseinkünften leben. Dies ist jedoch häufig nicht möglich, denn trotz großen Vermögens kann es bei falscher bzw. einseitiger Anlagepolitik – z. B. in Immobilien, Rohstoffe oder Edelmetalle – leicht zu Liquiditätsengpässen kommen. Doch nur wer vorausschauend regelmäßige Rückflüsse geplant hat, kann die laufenden Lebenshaltungskosten decken. Hinzu kommt, dass im Alter die medizinische Versorgung verstärkt in Anspruch genommen wird, wodurch die letzten Jahre des Lebens die kostspieligsten werden. Jeder, der frühzeitig an dieses Finanzierungsproblem gedacht hat, wird sich glücklich schätzen, wenn regelmäßige Alterseinkünfte fließen.

Für die anderen ergibt sich mit zunehmendem Alter ein psychischer Druck: Das geschaffene Lebenswerk wollte man doch erhalten bzw. vererben und nicht selbst verzehren. Doch mit jeder Veräußerung z. B. eines Grundstücks oder eines Goldbarrens steigt der Druck. Und plötzlich beginnt in der Ruhestandsphase mancher Vermögende zu sparen, zur Freude seiner Erben. Denn die Alterseinkünfte waren (leider) nicht zu üppig geplant und fließen vor allem nicht regelmäßig. Noch schlimmer wird es, wenn Kapitalanlagen nicht einfach liquidiert werden können, weil sich die Preise z. B. für Edelmetalle, Rohstoffe, Devisen, Schiffsbeteiligungen, Immobilien und dergleichen unter Umständen zum falschen Zeitpunkt „im Keller" befinden. Wohl dem, der nicht nur einseitig auf Steuerersparnis, Ertragschancen und Inflationsschutz gesetzt hat, sondern auch die Liquidität der Anlage berücksichtigt hat.

Wie Sie sinnvoll ergründen können, ob Produkte der Risikovorsorge oder besser Produkte der Vermögensanlage für Sie geeignet sind, können Sie dem folgenden

Entscheidungsbaum[8] entnehmen. Dabei steht stets die Frage nach einer eventuellen Versorgungslücke im Mittelpunkt. Nicht vergessen werden darf bei allen Entscheidungen für oder gegen eine freiwillige Altersvorsorge die m. E. ebenso wichtige „Gesundheitsfrage". Einige Produktanbieter werben sogar mit der großzügigen Zusicherung, auf eine Gesundheitsprüfung zu verzichten. Was sich für den unerfahrenen Vorsorgesparer wie ein Vorteil anhört, ist in Wirklichkeit eher eine Nebelkerze. Denn wer sich freiwillig in ein Solidarsystem mit lebenslanger Rentenzahlung begibt und zu diesem Zeitpunkt bereits wissentlich an einer lebenszeitverkürzenden Erkrankung leidet, hat kein Risiko eines sehr langen Lebens zu finanzieren. Er wäre für jedes Altersrenten-Solidarsystem ein willkommenes Mitglied. Denn sein Ableben bringt nur (finanzielle) Vorteile – zumindest für die überlebenden Mitglieder. Lassen Sie sich also bei der Auswahl von Altersvorsorgeprodukten nicht vom „großzügigen" Verzicht auf eine Gesundheitsprüfung blenden.

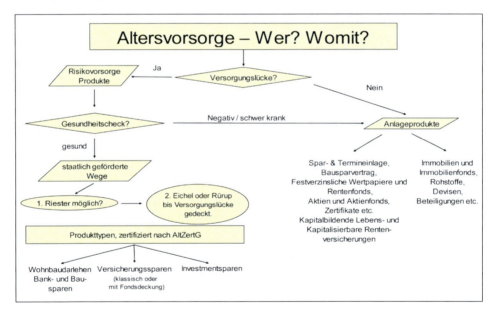

Durch diese von jedem Einzelnen zu treffende Auswahl, d. h. durch die Entscheidung, nur zusätzlich mit Hilfe von Risikovorsorgeprodukten für das Alter vorzusorgen, wenn man gesund ist bzw. voraussichtlich lange leben wird, entsteht für die jeweiligen Alterssicherungssysteme ein Problem. Gesunde Mitglieder suchen freiwillig das Solidarsystem, Kranke meiden es. Doch gesunde Mitglieder leben deutlich länger, als dies z. B. die aktuelle Sterbetafel erwarten lässt. Die normale Lebenserwartung aus dem Durchschnitt aller Gesunden und Kranken hinkt der Lebenserwartung aller Gesunden hinterher. Daher kann z. B. die gesetzliche Rentenversicherung mit kürzeren Lebenserwartungen kalkulieren als eine auf Freiwilligkeit basierende Altersvorsorge.

Diese Herausforderung lösen die meisten Produktanbieter, indem konsequent mit einer längeren Lebenserwartung gerechnet wird. Die Folge ist zwar eine niedrigere Rente, doch ist es allemal besser, mit einer niedrigeren, dafür aber lebenslangen Rente leben zu können als mit einer höheren, dafür aber zeitlich befristeten Rente. Wer sich dieser Meinung nicht anschließen kann, spielt Roulette – mit seinen Ruhestandsfinanzen und seiner Lebensqualität im Alter.

Bevor wir uns mit der Frage beschäftigen, wie die hier alles entscheidende Versorgungslücke ermittelt werden kann, wollen wir noch auf einige wichtige Punkte zur Altersvorsorge bzw. zur Anlagepolitik eingehen.

I. Rente mit Kapitalerhalt

Bei dieser Form der Rentenfinanzierung bleibt, wie der Name bereits sagt, der Kapitalstock erhalten. Die Rente wird in voller Höhe aus den laufenden Erträgen generiert. Sofern keine Ertragsstörungen eintreten, kann damit eine immerwährende Rente erzielt werden. Allerdings wird ein vergleichsweise hoher Kapitalstock benötigt. Übrigens, eine Altersvorsorge über Sachwerte (Rohstoffe oder Edelmetalle) und vor allem Immobilien impliziert automatisch, man könne sich eine Rente mit Kapitalerhalt leisten. Oder glauben Sie an die Möglichkeit, regelmäßig von der Immobilie ein Stückchen zu verkaufen?

Beispiel:
Für eine mtl. Rente von z. B. 500 € benötigen Sie bei einem Zinssatz von 3 % einen Kapitalstock in Höhe von 200.000 €. Erzielen Sie einen Zinssatz von 5 %, reicht ein Kapitalstock von 120.000 €.

II. Rente mit Kapitalverzehr

Bei dieser Rentenfinanzierungsart wird neben den Erträgen ein Teil des Kapitals aufgezehrt. Dies hat zwar eine zeitliche Begrenzung der Rente zur Folge, gleichzeitig aber steigt entweder die mögliche Rente oder es sinkt der erforderliche Kapitalstock.

Welches Vorsorgekapital Sie bei Kapitalverzehr bei einer angenommenen Verzinsung von konstant 3 % für eine monatliche Rente (vor Steuern und KV-Beiträgen) von z. B. 100/300/500 € für **20 Jahre** benötigen, entnehmen Sie der nachstehenden Tabelle[9]. Welche Kaufkraft diese Rente bei einer angenommenen Inflationsrate von durchschnittlich 1,6 %[10] am Ende der Rentenbezugsdauer noch hat, ist dort ebenfalls zu ersehen.

20 Jahre Rentenbezug bei 3 % Zins und 1,6 % Inflation		
Rente nominal €	Vorsorgekapital €	Rente real, kaufkraftbereinigt €
100	18.031	73
300	54.093	218
500	90.155	364
1.109	200.000	807

Um 20 Jahre lang eine monatliche Rente von 100 € zu erhalten, benötigen Sie bei einem Zinssatz von 3 % ein Vorsorgekapital in Höhe von 18.031 €. Nach diesen 20 Jahren hat die Nominalrente von 100 € bei einer durchschnittlichen jährlichen Inflationsrate von 1,6 % einen realen Wert bzw. eine Kaufkraft von 73 €.

Welches Vorsorgekapital Sie bei einer angenommenen Verzinsung von konstant 3 % für eine monatliche Rente (vor Steuern und KV-Beiträgen) von z. B. 100/300/500 € für **25 Jahre** benötigen, entnehmen Sie der nachstehenden Tabelle[11]. Welche Kaufkraft diese Rente bei einer angenommenen Inflationsrate von durchschnittlich 1,6 % am Ende der Rentenbezugsdauer noch hat, ist dort ebenfalls zu ersehen.

25 Jahre Rentenbezug bei 3 % Zins und 1,6 % Inflation		
Rente nominal €	Vorsorgekapital €	Rente real, kaufkraftbereinigt €
100	21.088	67
300	63.263	202
500	105.438	336
948	200.000	637

Um 25 Jahre lang eine monatliche Rente von 100 € zu erhalten, benötigen Sie bei einem Zinssatz von 3 % ein Vorsorgekapital in Höhe von 21.088 €. Nach diesen 25 Jahren hat die Nominalrente von 100 € bei einer durchschnittlichen jährlichen Inflationsrate von 1,6 % einen realen Wert bzw. eine Kaufkraft von 67 €.

Zur Berechnung weiterer Beispiele können Sie auf die Tabellen in den Anlagen 6 und 7 zurückgreifen.

Bei einem Vergleich der beiden Rentenmodelle (Kapitalerhalt bzw. -verzehr) wird klar, dass bei gleichem Vorsorgekapital von rd. 200.000 €, einer Verzinsung von 3 % und einer Rentenbezugsdauer von 20 Jahren die Rente mit Kapitalverzehr in Höhe von 1.109 € mehr als doppelt so hoch ist wie die Rente mit Kapitalerhalt (500 €).

Aus grundsätzlichen Überlegungen (Vererbung des geschaffenen Lebenswerks) tendieren die meisten Bundesbürger zu einer Rente ohne Kapitalverzehr. Aus finanziellen Gründen wird sich dieser Wunsch aber nicht in allen Fällen verwirklichen lassen. Deshalb möchte ich ausdrücklich auf die Notwendigkeit einer bedarfsorientierten und vor allem finanzierbaren Altersvorsorge hinweisen. Was nützt z. B. das schönste Wohneigentum, wenn die daraus gesparte Kaltmiete fast um die Hälfte niedriger ist als die mögliche Rente bei Kapitalverzehr? In Fällen, in denen neben der schuldenfreien Immobilie keine adäquate Altersvorsorge mehr aufgebaut werden kann, stelle ich ernsthaft die Frage, ob die eigene Wohnimmobilie auf der Wunschliste wirklich ganz oben stehen sollte. Wer allerdings bereits in jungen Jahren eine Immobilie erwirbt und sich dadurch für viele Jahre die Kaltmiete erspart, für den stellt die eigene schuldenfreie Immobilie eine sehr interessante Vorsorge für den Ruhestand dar.

III. Der Zinseszinseffekt

Welches Vorsorgekapital Sie ohne staatliche Förderung mit einer monatlichen Sparrate von 100 € und einer Verzinsung von **3 %** p. a. bei entsprechender Laufzeit erreichen können, entnehmen Sie dieser Tabelle:

3 % Zinsen		
mtl. Sparrate €	Laufzeitjahre	Vorsorgekapital €
100	10	13.980
100	20	32.768
100	30	58.018
100	40	91.952
100	45	113.072

Wird die Laufzeit von 20 auf 40 Jahre verdoppelt, verdoppelt sich der eingezahlte Sparbeitrag von 24.000 € auf 48.000 €. Das Vorsorgekapital erhöht sich dagegen von 32.768 € auf 91.952 €. Dies entspricht dem 2,8-Fachen.

Welches Vorsorgekapital Sie ohne staatliche Förderung mit einer monatlichen Sparrate von 100 € und einer Verzinsung von **6 %** p. a. bei entsprechender Laufzeit erreichen können, entnehmen Sie dieser Tabelle:

6 % Zinsen		
mtl. Sparrate €	Laufzeitjahre	Vorsorgekapital €
100	10	16.331
100	20	45.577
100	30	97.953
100	40	191.750
100	45	263.589

Wird die Laufzeit von 20 auf 40 Jahre verdoppelt, erhöht sich das Vorsorgekapital von 45.577 € auf 191.750 €. Dies entspricht sogar dem 4,2-Fachen.

Je länger der Sparzeitraum und je höher der Zinssatz, umso mehr kommt der Zinseszinseffekt zur Geltung. Prof. Rürup spricht in diesem Zusammenhang gerne vom „achten Weltwunder".

IV. Die Produkttypen, zertifiziert nach AltZertG

1. Banksparvertrag bzw. Bausparvertrag

Die Ansammlung von Altersvorsorgekapital erfolgt vergleichsweise einfach auf einem Bank- oder Bausparkonto, die Verzinsung ist i. d. R. sicher und die Kosten sind niedrig. Die lebenslange Rente wird durch eine Versicherung gewährleistet.

2. Versicherungsvertrag

Die Ansammlung von Altersvorsorgekapital erfolgt in einem Versicherungsvertrag. Dieser ist klassisch oder mit Investmentfonds unterlegt. Letztere Variante ermöglicht zwar höhere Erträge, allerdings mit dem Risiko, dass es zu erheblichen Wertschwankungen kommen kann.

3. Wertpapiersparvertrag

Die Ansammlung erfolgt durch regelmäßige Zukäufe von Investmentfonds. Die lebenslange Rente wird durch gekoppelte Versicherungen gewährleistet. Entscheidend für den Erfolg eines langfristigen Wertpapiersparvertrages ist die regelmäßige, nach Möglichkeit monatliche Einzahlung in diesen Vertrag. Dadurch kann der Cost-Average-Effekt am besten zur Wirkung kommen.

V. Der Durchschnittskosteneffekt (Cost-Average-Effekt)

Nichts hassen börsenorientierte Anleger mehr als Kursrückschläge. Die Gruppe der langfristig orientierten Plansparer dagegen bleibt bei Kursrückschlägen gelassen: aber nicht etwa, weil dann mit großen Einmalzahlungen in börsennotierte Werte investiert wird, sondern – unter der grundsätzlichen Annahme, dass in solide Anteile investiert wird – weil einen langfristigen Ratensparer im Normalfall Kursschwankungen nicht zu beunruhigen brauchen. Denn er legt immer den gleichen Betrag an. Dadurch erwirbt er in Zeiten hoher Kurse weniger Anteile, in Zeiten niedriger Kurse mehr Anteile. Durch dieses Verhalten senkt er seinen durchschnittlichen Kaufkurs, was – langfristig betrachtet – bei inflationsbedingtem Anstieg der Börsenkurse zu einer guten bis sehr guten Performance beitragen kann. Betrachten wir die nachfolgenden drei exemplarischen Kursverläufe mit jeweils zehn Kaufzeitpunkten. Die Datenreihen finden Sie in Anlage 11:

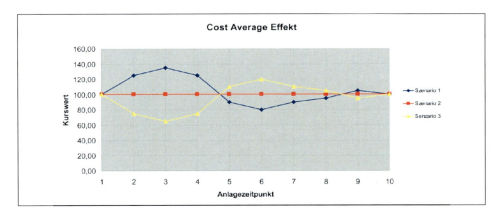

Hätten Sie gedacht, dass der Sparer mit den stärksten Kursverlusten (Szenario 3) am Ende mit dem höchsten Anlagewert abschließt? Dieses vereinfachte Beispiel geht zwar davon aus, dass die jeweiligen Börsenphasen gleich lange dauern, doch zeigt es eindrucksvoll, wie ein regelmäßig Vorsorgender von den Börsenschwankungen profitieren kann. Für mich unverständlich ist immer wieder die Tatsache, dass Vorsorgesparer zwar börsenorientiert denken, trotzdem aber nur einmal pro Jahr einzahlen. Dadurch verringern sie die Chance, von Börsenschwankungen während des Jahres zu profitieren, um $11/12$!

Der Cost-Average-Effekt soll Sie jedoch nicht dazu verleiten, unüberlegt vorzugehen. Prüfen Sie immer erst Ihre innere Risikobereitschaft, bevor Sie sich für eine aktienbasierte Altersvorsorge entscheiden. Da die gesetzliche Rentenversicherung grundsätzlich und aufgrund der demografischen Veränderungen im Besonderen eine sehr konservative „Anlageform" darstellt, wird so mancher Vorsorgesparer – entsprechend seiner Risikoneigung – beim Aufbau einer zusätzlichen Altersvorsorge den chancen-, aber auch risikoreicheren Weg einer börsenkursabhängigen Anlage gehen. Sollten Sie mehrere zusätzliche Vorsorgewege beschreiten, sich grundsätzlich über die Risiken einer Investmentanlage im Klaren sein und noch mindestens 10 bis 15 Jahre Zeit bis zum Ruhestand haben, bietet sich an, für den Riesterweg den Investmenttyp zu wählen. Denn auf dem Riesterweg muss der Anbieter aufgrund der Zertifizierungskriterien[12] den Erhalt des eingezahlten Kapitals und der Zulagen bei Rentenbeginn garantieren. Er wird folglich versuchen, Risiken weitgehend zu vermeiden. Sie sparen also mit unbegrenzten Chancen nach oben und einem Sicherungsnetz nach unten. Aus Gründen der Risikostreuung sollten Sie den betrieblichen Vorsorgeweg dann eher klassisch (Bank- oder Versicherungslösung) ausgestalten.

VI. Pro und kontra Einmalzahlungen

Insbesondere bei Rürupprodukten wird fallweise für Einmalzahlungen geworben. Dies liegt in einer rein steuerrechtlich interessanten Betrachtung begründet und wird nachfolgend im zweiten Abschnitt, Gliederungspunkt „Rürupweg", näher erläutert.

Sofern der Ruhestand bereits „zum Greifen" nah, dem Vorsorgenden keine lebenszeitverkürzende Erkrankung bekannt und zudem eine Versorgungslücke zu erwarten ist, ist gegen eine Einmalzahlung in ein Risikovorsorgeprodukt nichts einzuwenden.

Haben Sie dagegen bis zum Ruhestand noch viel Zeit, so rate ich generell von Einmalzahlungen in Risikovorsorgeprodukte ab. Dabei meine ich nicht Einmalzahlungen pro Jahr, sondern die einmalige „Anlage" von Finanzmitteln in Risikovorsorgeprodukten. Der Grund für meine Ablehnung, wenn es um junge Anleger geht, liegt auf der Hand. Je jünger der Vorsorgesparer ist, umso mehr Lebensrisiken hat er noch vor sich. Je älter man wird, umso höher wird die Wahrscheinlichkeit, von der aufgebauten Altersvorsorge tatsächlich profitieren zu können, denn viele Lebensrisiken hat man bereits unbeschadet hinter sich gelassen. Für diese Gruppe von Vorsorgesparern favorisiere ich klar die „Eichhörnchenmethode": Spare mäßig, aber regelmäßig.

VII. Inflationsschutz

Für einen wirksamen Inflationsschutz in der Ansparphase ist eine jährliche Dynamisierung der Beiträge unerlässlich. Zwar glauben viele Vorsorgesparer, der Anstieg des Beitrags bedeute eine schlichte Preiserhöhung des Produktanbieters. Dies ist i. d. R. nicht der Grund für die Beitragserhöhung. Vielmehr soll mit der Erhöhung des Sparbeitrags nur der schleichenden Geldentwertung entgegengewirkt werden. Im Idealfall wird die jährliche Dynamik im ersten Drittel der Ansparphase möglichst oft angenommen. Im zweiten Drittel wird die Dynamik immer öfter ausgesetzt, bis sie im dritten Drittel meist komplett abgelehnt wird. Hintergrund für dieses Vorgehen ist zum einen der immer stärker einsetzende Zinseszinseffekt des bereits angesparten Vorsorgekapitals und zum anderen das verkürzte Risiko, in der verbleibenden Zeit bis zum Ruhestand die steigenden Lebenshaltungskosten nicht mehr auffangen zu können.

Eine regelmäßige Erhöhung der Rentenbezüge wäre wünschenswert, kostet aber zusätzlichen Beitrag bzw. Performance. Meist sind daher nur die betriebliche Altersversorgung und die gesetzliche Altersrente dynamisiert.

E. Persönliches Risikomanagement

I. Biometrische Risiken

Bevor Sie für den Ruhestand bzw. das Langlebigkeitsrisiko vorsorgen, sind jedenfalls folgende Risiken abzuschätzen und ggf. abzusichern:

- Krankheit/Pflegebedürftigkeit
- Berufs- und/oder Erwerbsunfähigkeit
- Invalidität
- Unfalltod/vorzeitiger Tod/Hinterbliebenenversorgung

II. Sachrisiken und sonstige Risiken

Selbstverständlich sollte für jeden Leser sein, dass z. B. die verschiedenen Haftpflichtrisiken, das Rechtsschutzbedürfnis, ein Brand- oder Sturmschaden am Haus oder Kaskoschaden am KFZ hinreichend abgesichert sind.

III. Natürliche Risikoaversion kontra Langlebigkeitsrisiko

Risikominderung kann erreicht werden durch Risikovermeidung, Risikovorbeugung und/oder Risikostreuung. Dies gilt auch für die biometrischen Risiken, wobei sich hinsichtlich des Langlebigkeitsrisikos ein Paradoxon feststellen lässt.

Leben Sie nämlich bewusst oder unbewusst nach vorstehenden Risikostrategien, so ist dies kontraproduktiv für das in diesen Ausführungen im Mittelpunkt stehende Langlebigkeitsrisiko. Jede Ihrer Bemühungen, sich gesund zu ernähren, fit zu halten, nicht krank zu werden oder nicht zu verunglücken, verringert das jeweilige Einzelrisiko. Es erhöht aber stets das „Langlebigkeitsrisiko".

Sie sollten also finanziell vorsorgen – für das selbst verursachte, aber von jedem gewünschte „Risiko" eines sehr langen Lebens!

IV. Risikosplitting bei Ehepaaren

Altersvorsorge durch Risikovorsorgeprodukte dient vorrangig der Absicherung für die eigene hohe Lebenserwartung des Versicherten. Eine Hinterbliebenenversorgung ist, wenn überhaupt, stets nachrangiges Ziel. Aus diesem Grunde sollten Ehepaare nicht nur das Langlebigkeitsrisiko des Erwerbstätigen absichern, sondern auch das des haushaltsführenden Ehepartners angemessen berücksichtigen. In einer intakten Ehe kann es daher aus Gründen der Risikostreuung Sinn ergeben, bei der zusätzlichen Altersvorsorge den Ehepartner mit den bislang geringeren Ansprüchen auf Alterseinkünfte (und/oder der ggf. höheren Lebenserwartung) vorrangig abzusichern. Da Frauen insbesondere durch Kindererziehung und Haushaltsmanagement oft keine durchgängige Erwerbsbiografie aufweisen und zudem ihre statistische Lebenserwartung länger ist als die der Männer, ist diese Anregung für den weiblichen Teil der Leserschaft besonders wichtig. Nicht zuletzt könnte durch dieses Risikosplitting der häufiger bei Frauen vorzufindenden Altersarmut entgegengewirkt werden.

F. Persönliche Risikovorsorge für den Ruhestand

I. Möglichkeiten der immateriellen Vorsorge

Es gibt verschiedene Möglichkeiten, für den Ruhestand vorzusorgen. So gilt es selbst heute noch in vielen Entwicklungsländern als Reichtum, viele Kinder zu haben. Gleichzeitig stellt es eine gewisse Sicherheit dar, im Alter von einer ausreichenden Anzahl nahestehender Verwandter in gewohnter Umgebung zu Hause versorgt werden zu können. Selbst in Deutschland wäre es ein Vorteil für alle, wenn wieder mehr Kinder geboren würden. Denn zum einen würde dem Bevölkerungsrückgang entgegengewirkt und zum anderen könnten die bundesdeutschen Solidarsysteme nachhaltig wieder auf mehr Schultern verteilt werden. Doch machen wir uns nichts vor: Selbst wenn es uns gelänge, die Geburtenrate ab sofort wieder zu erhöhen, hätte dies für die gesetzliche Rentenversicherung und andere Solidarsysteme frühestens im Jahr 2029 eine entlastende Wirkung. Denn erst dann sind die Neugeborenen von heute 20-jährige erwerbstätige Beitragszahler.

Was also bleibt? Soziale Verbindungen schaffen, die sich ggf. im Alter gegenseitig unterstützen. Eine Person kann kochen, eine versteht etwas vom Garten, eine ist rechtlich versiert, eine handwerklich, eine gesundheitlich und so weiter. Erste Versuche zeugen bereits von den positiven Wirkungen dieser Art des Zusammenlebens unter einem Dach. Flösse an dieser Stelle auch noch die Unterstützung der jüngeren Generationen bei der Kindererziehung ein, so wären die Wirkungen schlichtweg positiv für alle. Die Bereitschaft, Kinder in die Welt zu setzen, stiege sicherlich wieder, weil gleichzeitig die Möglichkeit besteht, die Kinder während der Arbeitszeit wohlbehütet zu wissen. Doch bei all diesen Modellen darf nicht vergessen werden, dass die Lebenshaltungskosten dennoch finanziert werden müssen. Es bleibt also die Notwendigkeit, finanziell vorzusorgen, will man im Ruhestand nicht auf Almosen angewiesen sein.

II. Möglichkeiten der materiellen Vorsorge

1. Das Beitragsverfahren

Für gewisse Risiken reicht es aus, einen Beitrag zu zahlen, ohne zusätzliches Kapital aufzubauen. Hierzu gehören z. B. die Haftpflichtversicherung, die Risikolebensversicherung, die Unfallversicherung, der Hinterbliebenenschutz (Witwer/n- und Waisenschutz). Die versicherten Risiken sind so selten, dass es ausreicht, wenn alle Mitglieder lediglich einen Solidarbeitrag bezahlen, aus dem dann – im Schadensfalle – der Versicherungsschutz finanziert wird.

2. Das Kapitaldeckungsverfahren

Manche Risiken wie z. B. das Langlebigkeitsrisiko treffen theoretisch fast jeden, unsicher ist aber, mit welcher Härte. Für diesen Risikoschutz ist es erforderlich, das erwartete Kapital mit Beiträgen und ggf. Zinsen selbst anzusparen. Das Kapitaldeckungsverfahren wird z. B. bei der Kapitallebensversicherung oder der privaten Rentenversicherung angewandt, aber auch bei den auf Altersvorsorge ausgerichteten Fondspolicen oder Bank- und Investmentsparplänen.

3. Das Umlageverfahren

Wie eingangs erwähnt, wird die gesetzliche Rentenversicherung in Deutschland nach dem Umlageverfahren finanziert, d. h., die eingehenden Beiträge werden nicht persönlich für den Vorsorgenden angelegt, sondern meist schon im nächsten Monat in Form von Rentenzahlungen wieder an die Ruhegeldempfänger ausgezahlt. Wie dies funktioniert, wie sich die erworbenen Rentenansprüche rechnen und was sonst noch aus Sicht eines Vorsorgesparers wissenswert ist, wird nachfolgend kurz dargestellt.

III. Die Funktionsweise der gesetzlichen Rentenversicherung

Um die Höhe der gesetzlichen Rente mussten sich die Bundesbürger in den vergangenen Jahrzehnten keine Gedanken machen. Die Rente war und ist sicher (dem Grunde nach) und wegen der grundsätzlichen Funktionsweise lange Zeit auch in einer auskömmlichen Höhe zu erwarten. Dieser Automatismus bewirkte bei Alt wie Jung, dass sich nur wenige mit den Kernpunkten der gesetzlichen Rentenversicherung beschäftigten. Ein „Rundum-sorglos-Paket" war installiert. Für die meisten Bundesbürger war es ganz normal, sich erst kurz vor Rentenbeginn dem Thema zu stellen.

Umso schwieriger ist es, die Bundesbürger wegen des demografischen Wandels in der Bevölkerungsstruktur plötzlich für ein Thema zu sensibilisieren, von dem kaum jemand richtig versteht, wie es in groben Zügen funktioniert – mich eingeschlossen, zumindest noch bis vor einigen Jahren. Die verschiedenen politischen und wirtschaftlichen Interessengruppen tun ein Übriges, die Bevölkerung so zu verunsichern, dass viele nach wie vor eher an einen gigantischen Werbefeldzug glauben als an einen dringenden Appell, die Folgen des demografischen Wandels zu erkennen und sich den dadurch entstehenden Herausforderungen zu stellen. Doch nur wer rechtzeitig und gut informiert ist, kann agieren. Wer das Problem ignoriert, wird nur noch reagieren können – durch Verzicht auf Lebensqualität und Absenkung des Lebensstandards. Wenn Sie das nicht wollen, lesen Sie weiter.

1. Rentenversicherungsbeitrag

Jeder in der gesetzlichen Rentenversicherung Versicherte zahlt einen einkommensabhängigen Beitrag. Dies soll eine gerechte Verteilung der Beitragslast nach der Leistungsfähigkeit bewirken. Der Rentenversicherungsbeitrag wird vom Gesetzgeber auf Vorschlag von Experten bestimmt. Er beträgt derzeit 19,9 % und wird von Arbeitgeber und Arbeitnehmer zu gleichen Teilen getragen. Um die Beitragsbelastung nach oben zu begrenzen, wurde eine Beitragsbemessungsgrenze eingeführt, die jährlich überprüft wird. Im Jahr 2009 liegt die Beitragsbemessungsgrenze in der allgemeinen Rentenversicherung bei 64.800 € West bzw. 54.600 € Ost[13].

2. Die Rentenformel – mit einem Taschenrechner zu meistern

Rentenanspruch = EP × RAF × ZF × AR
Rentenanspruch = Entgeltpunkte × Rentenartfaktor × Zugangsfaktor × aktueller Rentenwert

a) Entgeltpunkte (EP) statt Vorsorgekapital

Die Beiträge der Erwerbstätigen werden nicht angespart. Stattdessen werden auf dem persönlichen Rentenkonto sogenannte Entgeltpunkte (EP) angesammelt. Diese errechnen sich i. d. R. nach dem Verhältnis des eigenen beitragspflichtigen Entgelts zum Durchschnittsentgelt aller Beitragszahler. Im Normalfall entspricht der Jahresbruttoverdienst dem beitragspflichtigen Entgelt. Liegt das eigene Entgelt exakt in Höhe des Durchschnittsentgelts, wird jährlich ein EP angesammelt. Liegt das eigene Entgelt über dem Durchschnitt, werden jährlich mehr, liegt es darunter, werden weniger EP angesammelt. Das Durchschnittsentgelt wird vom Gesetzgeber jährlich fortgeschrieben, zunächst vorläufig ermittelt und nach zwei Jahren, wenn verlässliche Zahlen vorhanden sind, endgültig festgesetzt. Für das Jahr 2009 beträgt das vorläufige Durchschnittsentgelt 30.879 €. Das Durchschnittsentgelt für das Jahr 2007 wurde endgültig mit 29.951 € festgestellt[14].

Beispiel:
Liegt Ihr Jahresbruttoverdienst im Jahr 2009 bei rd. 32.000 €, so erwerben Sie in diesem Jahr 1,0363 Entgeltpunkte (= 32.000 €/30.879 €).

Wer mehr verdient, erwirbt mehr EP. Wer allerdings oberhalb der Beitragsbemessungsgrenze verdient, sei gewarnt. Einerseits kann er sich freuen, denn das Einkommen oberhalb der Beitragsbemessungsgrenze ist nicht mehr mit Beiträgen zur Rentenversicherung belastet. Andererseits bedeutet dies eine in Relation zum Einkommen geringere Vorsorgeleistung. Ein Spitzenverdiener kann im Jahr 2009 in den alten Bundesländern maximal 2,0985 (= 64.800 €/30.879 €) Entgeltpunkte erzielen, in den neuen Bundesländern maximal 1,76819 EP (= 54.600 €/30.879 €). Dies ist der Grund, warum bei Einkünften oberhalb der Beitragsbemessungsgrenze das Risiko einer Versorgungslücke steigt.

b) Rentenartfaktor (RAF) Altersrente = 1,0

Der Beitrag zur gesetzlichen Rentenversicherung schließt eine Versicherung gegen Erwerbsminderung und einen Hinterbliebenenschutz ein. Jede dieser Rentenarten hat einen eigenen Faktor. So hat z. B. die Rentenart Altersrente den Faktor 1,0.

c) Zugangsfaktor (ZF)

Die ungekürzte Altersrente erhält ein Altersrentner derzeit ab dem 65. Lebensjahr, ein Schwerbehinderter ab dem 63. Lebensjahr. In diesem Fall liegt der Zugangsfaktor bei 1,0. Wird die Rente früher beansprucht, erfolgt eine Kürzung, pro Monat um 0,3 Prozentpunkte. Dies drückt sich im Zugangsfaktor aus. Soll die Altersrente z. B. um 12 Monate früher bezogen werden, so beträgt die Kürzung 3,6 % (= 0,036). Der Zugangsfaktor vermindert sich folglich auf 0,964 (= 1 − 0,036).

d) Aktueller Rentenwert (AR)

Der aktuelle Rentenwert wird jährlich durch einen Beschluss des Gesetzgebers auf Vorschlag der Rentenversicherungsträger festgesetzt. Im Normalfall wirkt die

Änderung ab dem 1. Juli eines jeden Jahres. Der aktuelle Rentenwert drückt aus, wie viel ein Entgeltpunkt tatsächlich wert ist. Hier zeigt sich der unschlagbare Vorteil unseres Umlagesystems, nämlich die Möglichkeit, auf gestiegene Lebenshaltungskosten zu reagieren. Denn eine Erhöhung des aktuellen Rentenwerts bedeutet einen Vorteil für alle im jeweiligen Solidarsystem Versicherten, Beitragszahler wie Rentenempfänger. Der AR liegt seit 1.7.2008 bei 26,56 € (West) bzw. 23,34 € (Ost) und wird ab 1.7.2009 auf 27,20 € (West) bzw. 24,13 € (Ost) steigen.

e) Rentenanspruch für Georg Fleißig

Beispiel:
Georg Fleißig verdiente 10 Jahre lang etwa so viel, wie das jeweilige Durchschnittsentgelt betrug. Anschließend erzielte er 35 Jahre lang ein deutlich über der jeweiligen Beitragsbemessungsgrenze liegendes Einkommen. Wir nehmen an, er hätte in den ersten 10 Jahren 10 EP und in den folgenden 35 Jahren rund 73 EP (= 35 Jahre × rd. 2,1 EP) erzielt, insgesamt somit 83 EP. Georg möchte nun Altersrente ab dem 65. Lebensjahr beziehen. Seine Bruttorente (vor Abzug von Steuern und Sozialabgaben) beträgt:

2.204,48 € = 83 EP × 1,0 (RAF) × 1,0 (ZF) × 26,56 € (AR)

3. Eckrentner und Eckrente

Im Prinzip handelt es sich beim Eckrentner um einen imaginären Beispielrentner, den es so in Wirklichkeit nicht gibt bzw. nicht geben kann. Er wurde geschaffen, um die Wirkungen verschiedener rentenpolitischer Maßnahmen transparenter zu machen. So wird z. B. angenommen, ein Eckrentner hätte eine weitgehend makellose Erwerbsbiografie und könne auf 45 Jahre Arbeitszeit zurückblicken. Ferner wird unterstellt, er hätte in jedem dieser 45 Jahre einen Jahresbruttoverdienst erzielt, der exakt dem für das jeweilige Jahr geltenden Durchschnittsentgelt entspricht. Somit könnte ein Eckrentner im Laufe seines Erwerbslebens 45 EP erzielen. Die sich unter Anwendung des jeweils geltenden aktuellen Rentenwerts errechnende Rente wird als Eckrente bezeichnet. Sie hat nichts mit der Rente zu tun, die die Bundesbürger im Durchschnitt erzielen. Doch hilft sie bei Änderungen am System der gesetzlichen Rentenversicherung, deren Wirkungsweise sichtbar zu machen. Die aktuelle Eckrente für einen „Eckrentner West" beträgt folglich: 45 EP × 26,56 € AR (West) = 1.195,20 €.

4. Steuerentlastung in der Ansparphase

Die Beiträge zur gesetzlichen Basisvorsorge sind im Jahr 2009 mit 68 % als Sonderausgaben abziehbar[15]. Von den Gesamtbeiträgen ist der Zuschuss des Arbeitgebers (50 % der Gesamtbeiträge) zur gesetzlichen Basisvorsorge in voller Höhe steuerfrei[16]. Die Beiträge des Arbeitnehmers sind im Jahr 2009 mit 36 % steuerfrei. Die Abzugsquote für den Arbeitnehmeranteil steigt jährlich um 4 Prozentpunkte bis in das Jahr 2024. Ab dem Jahr 2025 sind sowohl Arbeitgeber- als auch Arbeitnehmerbeiträge in voller Höhe steuerfrei.

5. Steuerbelastung in der Rentenbezugsphase

Die Besteuerung der Rentenrückflüsse richtet sich seit 2005 nach dem Jahr des Rentenbeginns. Lag der Rentenbeginn im Jahr 2005 oder früher, sind 50 % der Rentenbezüge der Besteuerung zu unterwerfen. Der Besteuerungsanteil steigt für neu in den Ruhestand Tretende um jährlich 2 Prozentpunkte bis auf 80 % im Jahr 2020. Ab dem Jahr 2021 steigt der Besteuerungsanteil jährlich um 1 Prozentpunkt bis in das Jahr 2039. Wer schließlich ab dem Jahr 2040 erstmals Altersrente bezieht, muss die vollen Rentenbezüge aus den Basisversorgungssystemen der Besteuerung unterwerfen[17].

6. Belastung mit Kranken- und Pflegeversicherungsbeiträgen in der Rentenbezugsphase

Die meisten Rentenbezieher gehören im Ruhestand der Krankenversicherung der Rentner (KVdR) an. In diesem Fall übernimmt die gesetzliche Rentenversicherung einen Teil des Versicherungsbeitrags. Auf den Rentenempfänger entfällt im Jahr 2009 bis 30.6. ein Beitragsanteil von 8,2 %, ab 1.7.2009 ein Beitragsanteil von 7,9 % für die Krankenversicherung und 1,95 % (2,2 % Kinderlose) für die Pflegeversicherung. Der Beitragsanteil privat Krankenversicherter entfällt, da er entsprechend der Risikoeinstufung festgesetzt wird.

7. Kontenklärung durchführen

In Ihrem Rentenkonto werden vielerlei Informationen gespeichert. So werden z. B. persönliche Daten wie Berufs- und Schulausbildung, Kinder, Kindererziehung, Pflege von Angehörigen etc. erfasst. Auch finanzielle Daten wie Entgelt, Beitragszeiten, beitragsfreie Zeiten, Bezug von Entgeltersatzleistungen (Krankengeld oder Arbeitslosengeld etc.) werden gespeichert. Damit diese frühzeitig und vor allem richtig auf Ihrem persönlichen Konto erfasst werden, empfiehlt es sich, spätestens alle zehn Jahre eine Kontenklärung durchzuführen. Damit erhalten Sie Klarheit, welche Werte von Ihrem Arbeitgeber gemeldet wurden und wie viel Entgeltpunkte Sie bereits angesammelt haben. Für weitergehende rentenrechtliche Fragen empfehle ich die Webseiten
www.deutsche-rentenversicherung.de sowie
www.ihre-vorsorge.de.

8. Vorteile der gesetzlichen Rentenversicherung

a) Inflationsschutz

Durch die jährliche Überprüfung des AR genießt im Normalfall jeder Versicherte einen Inflationsschutz, in der Ansparphase wie in der Rentenbezugsphase. Denn jeder Entgeltpunkt ist gleich viel wert, egal wann er erzielt wurde. Dies kann sich, eine normale demografische Entwicklung vorausgesetzt, gegenüber anderen Altersvorsorgeformen als unschlagbarer Vorteil herausstellen. In Zeiten, in denen sich die Bevölkerungsstruktur massiv verändert, kann dies aber auch ein gravierender Nachteil sein. Diesen Aspekt möchte ich im nachfolgenden Gliederungspunkt G. 2f. „Die Veränderung der Bevölkerungsstruktur" beleuchten.

b) Berücksichtigungszeiten auch in Zeiten ohne Beschäftigung

Bei der gesetzlichen Rentenversicherung handelt es sich um ein Solidarsystem, in dem bestimmte Lebenssachverhalte zeitlich positiv berücksichtigt werden, selbst wenn in dieser Zeit – neben Kindererziehung und Haushaltsführung – keine Beschäftigung ausgeübt wird. Hierzu gehören z. B. Zeiten der Kindererziehung bis zu dessen vollendetem 10. Lebensjahr.

c) Anrechnungszeiten ohne eigene Beitragsleistung

Selbst beitragsfreie Zeiten können die Rente erhöhen. Hierbei handelt es sich um Sachverhalte, die für den Einzelnen oder die Gemeinschaft als besonders wichtig angesehen werden, so z. B. Kindererziehung (in den ersten 36 Monaten) oder Zeiten, in denen wegen der Pflege einer pflegebedürftigen Person keiner Erwerbstätigkeit nachgegangen werden kann. Unter gewissen Voraussetzungen werden – auf Antrag – Beitragsleistungen angerechnet, obwohl kein Cent Beitrag selbst eingezahlt wurde. Kaum ein anderes Versorgungssystem würde hier Gutschriften fiktiver Beiträge vornehmen.

d) Abschlagfreie vorzeitige Altersrente möglich

Bislang wurde im Normalfall die ungekürzte Regelaltersrente mit Vollendung des 65. Lebensjahres gewährt. Um das Umlageverfahren auf die demografischen Veränderungen vorzubereiten, wird der Beginn der Regelaltersrente ab dem Jahr 2012 auf das 67. Lebensjahr angehoben. Ungeachtet dessen können z. B. besonders langjährig Versicherte (45 Jahre Pflichtbeiträge) oder schwerbehinderte Menschen ohne Abschlag mit Vollendung des 65. Lebensjahres die ungekürzte Altersrente erhalten.

e) Geringe Kürzung bei vorgezogener Altersrente

Wer ungeachtet der Altersgrenzen vorzeitig die Regelaltersrente beziehen möchte, muss eine Kürzung in Kauf nehmen. Diese liegt aber nur bei 0,3 Prozentpunkten pro Monat. Viele Versorgungssysteme kürzen pro Monat 0,5 Prozentpunkte, und die rein finanzmathematische Verminderung liegt oftmals noch höher.

f) Zusatzrisiken eingeschlossen

Rehabilitationsmaßnahmen, Hinterbliebenenschutz oder eine Rente wegen Erwerbsminderung sind in der gesetzlichen Rentenversicherung automatisch eingeschlossen. In vielen anderen Versorgungssystemen sind diese Risiken nur bei gesonderter Vereinbarung und zusätzlichen Beiträgen versichert.

g) Jährliche Renteninformation

Ab dem 27. Lebensjahr erhält jeder Versicherte eine jährliche Renteninformation, aus der sich die bereits erwirtschafteten Rentenansprüche ergeben. Wer will, kann sich zudem kostenlos von der Deutschen Rentenversicherung beraten lassen.

9. Nachteile der gesetzlichen Rentenversicherung

a) Störungsanfällig bei ungünstigen demografischen Veränderungen

Das Umlageverfahren funktioniert störungsfrei, wenn ein Gleichgewicht zwischen Beitragszuflüssen (Beitragszahlern) und Rentenabflüssen (Rentenbeziehern) vorhanden ist. In Zeiten, in denen sich die Bevölkerungsstruktur hin zu mehr Rentenempfängern und weniger Beitragszahlern verschiebt, wird das Umlageverfahren zunehmenden Belastungen ausgesetzt. Um nicht an die Grenzen der Leistungsfähigkeit zu stoßen, bedarf es einer nachhaltigen staatlichen Einflussnahme.

b)   Rentenhöhe u. a. von (spontanen) politischen Entscheidungen abhängig

Der AR ändert sich grundsätzlich in Abhängigkeit von den Veränderungen bei den Bruttolöhnen. Er ist aber auch abhängig vom Verhältnis der Rentenempfänger zu den Beitragszahlern und weiteren Faktoren, die allesamt eher dämpfend wirken. Je nachdem, welche politische Kraft die Mehrheit hat, kann es vorkommen, dass wichtige Entscheidungen vorgezogen oder auf die lange Bank geschoben oder bereits beschlossene Änderungen einfach ausgesetzt werden, ganz auf Kosten der nachfolgenden Generationen.

Ein aktuelles Beispiel für diese Behauptung ist die Anfang des Jahres 2008 aufgekommene Diskussion über die wünschenswerte Rentenerhöhung 2008. Während die Bruttolöhne von 2006 auf 2007 um 1,4 % anstiegen, hätte die Steigerung des AR aufgrund der bereits beschlossenen Rentenanpassungsformel nur 0,46 % betragen. Die losgetretene politische Diskussion führte letztlich zu einem Dominoeffekt, der mit einem Beschluss der Großen Koalition im März 2008 endete. Die Rentenanpassungsformel wurde geändert, die Erhöhung des Riesterfaktors (Altersvorsorgeanteil) für zwei Jahre ausgesetzt bzw. in die Zukunft verschoben. Im Ergebnis stiegen durch diesen Eingriff die Renten um 1,1 % statt um 0,46 %. Das gleiche Prozedere hat sich im Frühjahr 2009 ereignet, als bekannt wurde, dass für das Jahr 2010 womöglich eine Rentenkürzung droht. Kurzerhand waren sich die politischen Entscheidungsträger einig und beschlossen, dass eine Kürzung nicht gewollt sei.

Schließlich ist das Jahr 2009 ein Superwahljahr und kaum ein Politiker wagte es, die rd. 20 Millionen Rentenempfänger gegen sich aufzubringen. Zwar sind im Ergebnis sowohl Rentenempfänger als auch Beitragszahler von der zusätzlichen Erhöhung des AR positiv betroffen, doch finanzieren werden sie später unsere Kinder. Und da es immer weniger Kinder gibt, müssen sie immer höhere Beitragslasten stemmen.

G. Zusätzliche Altersvorsorge – Irrweg oder Königsweg?

Egal welche Zeitung Sie aufschlagen oder welchen Sender Sie hören oder sehen, das Thema zusätzliche Altersvorsorge ist allgegenwärtig. Dies hat leider bereits dazu geführt, dass viele Bundesbürger darauf allergisch reagieren. Sie glauben an einen gigantischen Werbefeldzug der Finanzbranche. Doch die Wirklichkeit sieht anders aus.

I. Die Rentenanpassungsformel

Die jeweiligen Rentenerhöhungen beruhen auf einem Beschluss der Bundesregierung. Um die Rentenanpassungen gleichmäßig vornehmen zu können, hat sich der Gesetzgeber eine Leitlinie vorgegeben. Diese drückt sich in der Rentenanpassungsformel aus.

1. Die alte Rentenanpassungsformel

Die Erhöhung des aktuellen Rentenwerts (AR) richtete sich früher nach der Erhöhung der Nettolöhne.

$AR_{(t)} = AR_{(t-1)} \times EF_{(t)}$
AR = aktueller Rentenwert
EF = Entgeltfaktor
$EF_{(t)} = BE_{(t-1)}/BE_{(t-2)}$
BE = Bruttoentgelt

Der AR des laufenden Jahres richtete sich nach dem AR des Vorjahres, multipliziert um den Entgeltfaktor (EF) des laufenden Jahres. Der Entgeltfaktor drückt die Veränderung der Bruttolöhne des Vorjahres zu den Bruttolöhnen des Vor-Vorjahres aus ($EF_{(t)} = BE_{(t-1)}/BE_{(t-2)}$).

2. Die Veränderung der Bevölkerungsstruktur

Hierzu stützen wir uns auf die 11. koordinierte Bevölkerungsvorausberechnung in der Variante 1-W1 des Statistischen Bundesamtes. Bei näherer Betrachtung stellen wir fest, dass der Anteil der älteren Generation (65+) an der Gesamtbevölkerung mit 12 % im Jahr 1960 auf bis zu 33 % im Jahr 2050 stetig steigt. Gleichzeitig sinkt ab dem Jahr 2000 der Anteil der 20 bis 64-Jährigen von zunächst 62 % auf 52 % im Jahr 2050.

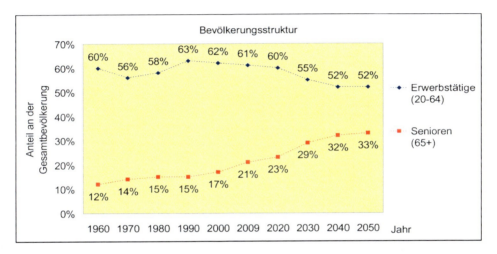

3. Konsequenz für Solidarsysteme auf Basis eines Umlageverfahrens

Eingangs habe ich aufgezeigt, wie seit dem Jahr 1964 die Zahl der Neugeborenen sinkt. Welche rein mathematischen Auswirkungen dies auf den Einzelnen bzw. die Solidargemeinschaft hat, wurde in den Gliederungspunkten B. und C. dargestellt. Mit den folgenden Beispielen sollen die gravierenden Probleme für Solidarsysteme beschrieben werden, die per Umlageverfahren finanziert werden.

Beispiel:
Bevölkerungsstruktur des Jahres 2009
Angenommen, im Jahr 2009 befinden sich in einer Gruppe von 100 Bundesbürgern

rd. 61 % Erwerbstätige im Alter von 20–64 Jahren und rd. 21 % Rentenempfänger im Alter von 65+. Nehmen wir ferner an, alle Erwerbstätigen verdienen rd. 30.000 € (etwa Jahresdurchschnittsentgelt) und alle Rentenempfänger würden eine Eckrente von rd. 1.200 € monatlich erhalten, dann ergeben sich folgende Werte:

1.200 € × 21 „Eckrentner" = 25.200 € Finanzbedarf
Zur Finanzierung der Rente von 1.200 € für 21 Rentenempfänger wird dem Finanzierungstopf ein monatliches Volumen von 25.200 € entnommen.

25.200 € Finanzbedarf : 61 Arbeitnehmer = rd. 413 € Beitrag
Wird der Finanzierungstopf von 61 Arbeitnehmern befüllt, ist ein Monatsbeitrag von rd. 413 € erforderlich. Dies entspricht einem Jahresbeitrag von rd. 5.000 € (= 413 € × 12 Monate)

5.000 € Beitrag : rd. 30.000 € Durchschnittsentgelt = rd. 17 %
In vorstehendem Beispiel ist ein Beitragssatz von rd. 17 % erforderlich, um das Umlageverfahren am Laufen zu halten.

In unserem ersten Beispiel können mit einem Beitragssatz von rd. 17 % etwa 3 Erwerbstätige die Eckrente von rd. 1.200 € für einen Rentner im Alter von 65+ finanzieren. Zur Erinnerung: Der derzeitige Beitragssatz von 19,9 % schließt neben der Altersrente auch Zusatzleistungen für Reha oder Erwerbsunfähigkeit ein, was im vorstehenden Beispiel aus Vereinfachungsgründen nicht berücksichtigt wurde.

Beispiel:
Bevölkerungsstruktur wie im Jahr 2050, unveränderte Eckrente
Angenommen, wir hätten bereits heute eine Bevölkerungsstruktur wie für das Jahr 2050 prognostiziert, dann befinden sich in einer Gruppe von 100 Bundesbürgern rd. 52 % Erwerbstätige im Alter von 20–64 Jahren und rd. 33 % Rentenempfänger im Alter von 65+. Nehmen wir ferner an, alle Erwerbstätigen haben ein Einkommen in Höhe des Jahresdurchschnittsentgelts (rd. 30.000 €) und alle Rentenempfänger würden eine Eckrente von rd. 1.200 € monatlich erhalten, dann ergeben sich folgende Werte:

1.200 € × 33 „Eckrentner" = 39.600 € Finanzbedarf
Zur Finanzierung der Rente von 1.200 € für 33 Rentenempfänger wird dem Finanzierungstopf ein monatliches Volumen von 39.600 € entnommen.

39.600 € Finanzbedarf : 52 Arbeitnehmer = rd. 761 € Beitrag
Wird der Finanzierungstopf von 52 Arbeitnehmern befüllt, ist ein Monatsbeitrag von rd. 761 € erforderlich. Dies entspricht einem Jahresbeitrag von rd. 9.100 € (= 761 € × 12 Monate).

9.100 € Beitrag : rd. 30.000 € Durchschnittsentgelt = rd. 30 %
In diesem Beispiel ist ein Beitragssatz von rd. 30 % erforderlich, um das Umlageverfahren am Laufen zu halten.

In unserem Beispiel müssen mit einem Beitragssatz von rd. 30 % etwa 1,5 Erwerbstätige die Eckrente von rd. 1.200 € für einen Rentner im Alter von 65+ finanzieren.

Es bedarf keiner weiteren Begründung, um klarzumachen, dass vorstehendes Beispiel (Beitragsanstieg von rd. 17 % auf rd. 30 %) so nicht Wirklichkeit werden darf bzw. kann. Also wäre zu überlegen, wie das Problem anderweitig gelöst werden kann. Versuchen wir es mit einem „Einfrieren" des Beitragssatzes auf max. 22 %, wie es die Bundesregierung als Zielsetzung mehrfach betont hat[18].

Beispiel:
Bevölkerungsstruktur wie im Jahr 2050, max. Beitragssatz 22 %
Angenommen, wir hätten bereits heute eine Bevölkerungsstruktur wie für das Jahr 2050 prognostiziert, dann befinden sich in einer Gruppe von 100 Bundesbürgern rd. 52 % Erwerbstätige im Alter von 20–64 Jahren und rd. 33 % Rentenempfänger im Alter von 65+. Nehmen wir ferner an, alle Beitragszahler verdienen in Höhe des Jahresdurchschnittsentgelts (rd. 30.000 €) und zahlen einen Beitrag in Höhe von 22 %.

22 % × rd. 30.000 € Durchschnittsentgelt = 6.600 € Beitrag
Wird der Beitragssatz auf 22 % begrenzt, wäre bei einem Jahresdurchschnittsentgelt

von 30.000 € ein Jahresbeitrag von 6.600 € möglich. Der Monatsbeitrag läge folglich bei 550 €.

550 € Monatsbeitrag × 52 Arbeitnehmer = 28.600 €
Mit einem Monatsbeitrag von 550 € können 52 Arbeitnehmer 28.600 € in das Umlageverfahren einzahlen.

28.600 € Beitragsaufkommen : 33 „Eckrentner" = rd. 870 €
Wird das monatliche Beitragsaufkommen von 28.600 € auf 33 Rentner verteilt, so kann jeder rd. 870 € Rente erhalten.

Auch diese Lösung (Kürzung der Eckrente von 1.200 € auf 870 €) bedarf keiner weiteren Überlegung. Es würde – m. E. zu Recht – zu einem Aufschrei der Nachkriegsgeneration führen. Eine Rentenkürzung, wie hier dargelegt, ist sozial nicht zu vertreten und politisch, egal aus welcher Richtung, sicherlich nicht gewollt.

Ohne eine langfristig ausgelegte Rentenreform wäre das Problem nicht mehr zu lösen. Denn zum einen wird eine massive Erhöhung der Geburtenrate so schnell nicht zu verwirklichen sein. Zum anderen wären die Wirkungen einer gravierend erhöhten Geburtenrate frühestens ab dem Jahr 2029 spürbar, weil erst dann deutlich mehr Beitragszahler im Alter 20+ zu verzeichnen sind. Vorher aber müssten die Nominalrenten empfindlich sinken und gleichzeitig die Beiträge massiv steigen. Nur wer die demografische Entwicklung ignoriert und davon ausgeht, dass der Bundeszuschuss in die Rentenversicherungstöpfe bei Bedarf nach Belieben angehoben werden kann, darf glauben, dass sich die Nominalrenten weiter erhöhen und die Beitragssätze trotzdem stabil bleiben.

4. Die neue Rentenanpassungsformel

Den Demografen und Rentenexperten sind die aufkommenden Probleme lange schon bekannt. Doch erst mit Einführung der neuen Rentenanpassungsformel haben auch die politischen Entscheidungsträger den Mut gefasst, auf die sich ändernde Bevölkerungsstruktur zu reagieren.

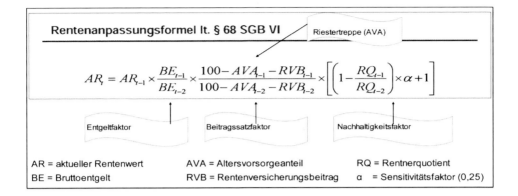

Die alte Rentenanpassungsformel wurde um den Beitragssatzfaktor sowie den Nachhaltigkeitsfaktor erweitert. Beide Zusatzfaktoren wirken im Normalfall dämpfend auf den Entgeltfaktor, mit der Folge, dass die Rentenerhöhungen in Zukunft geringer ausfallen werden als die Lohnerhöhungen.

Der Beitragssatzfaktor drückt die beabsichtigte Senkung des Rentenniveaus (von 70 % auf 67 %) durch den Riesterfaktor[19] aus. Jede Erhöhung des AVA für die Erwerbstätigen dämpft die Rentenerhöhung. Der AVA wird seit Einführung der Riesterrente im Jahr 2002 (ausgenommen 2008 und 2009) jährlich um 0,5 Prozentpunkte erhöht, bis er im Jahr 2012 4 % erreicht hat. Danach wird er keine dämpfende Wirkung mehr entfalten. Ferner wirkt jede Erhöhung des Beitragssatzes zur gesetzlichen Rentenversicherung dämpfend auf den Entgeltfaktor, jede Senkung des Beitragssatzes stimulierend auf den Entgeltfaktor.

Der Nachhaltigkeitsfaktor wurde mit der Neuordnung der Rentenbesteuerung durch das Alterseinkünftegesetz ab dem Jahr 2005 eingeführt. Er soll die Veränderung des Verhältnisses von Rentenempfängern zu Beitragszahlern ausdrücken. Im Normalfall wirkt der Nachhaltigkeitsfaktor dämpfend. In Jahren, in denen die Arbeitslosigkeit stärker zurückgeht als die Zahl der Neurentner ansteigt, kehrt sich der Nachhaltigkeitsfaktor um und verstärkt ausnahmsweise die Erhöhung durch den Entgeltfaktor. Dies ist jedoch eine gewollte Beteiligung der Rentenempfänger am wirtschaftlichen Aufschwung. In Zeiten, in denen die Arbeitslosenquote gleich bleibt oder sich erhöht, wirkt dieser Faktor jedenfalls dämpfend, denn die

Anzahl der Rentenempfänger wird aufgrund der demografischen Entwicklung stetig steigen, während die Anzahl der Beitragszahler sinken wird.

In Zukunft wird durch die beschlossenen Änderungen der aktuelle Rentenwert nicht mehr oder nur noch gering steigen, jedenfalls nicht mehr in dem Maße wie die Löhne.

Durch den Beitragssatzfaktor und den Nachhaltigkeitsfaktor wurde dem seit 1964 anhaltenden Geburtenrückgang Rechnung getragen. Lediglich auf die längere Lebenserwartung und die dadurch bedingte verlängerte Rentenbezugsdauer musste noch reagiert werden. Dies wurde mit dem RV-Altersgrenzenanpassungsgesetz ab dem Jahr 2012 in Angriff genommen. So wurde für die Geburtsjahrgänge ab 1964 das Renteneintrittsalter grundsätzlich auf 67 Jahre angehoben, für die Geburtsjahrgänge 1947 bis 1963 wird das Renteneintrittsalter schrittweise an das neue Niveau angepasst[20]. Zwar gibt es Ausnahmen, z. B. für besonders langjährig Versicherte oder Schwerbehinderte, doch wird dieser Eingriff in vielen Fällen zu einer weiteren Absenkung des Versorgungsniveaus führen.

Anhebung der Altersgrenzen ab 2012

Besonderer Vertrauensschutz und damit keine Änderung der Altersgrenzen gegenüber geltendem Recht besteht bei bestimmten Vereinbarungen über Altersteilzeitarbeit, die vor dem Stichtag (1. Januar 2007) abgeschlossen wurden und weiter bestehendem Vertrauensschutz aus früheren Anhebungen.

Geburts-jahrgang	Regelalters-rente	Altersrente (AR für besonders langjährig Versicherte)	AR für langjährig Versicherte			AR für schwerbehinderte Menschen			AR wegen Arbeitslosigkeit / Altersteilzeitarbeit (unverändert)			AR für Frauen (unverändert)		
	abschlags-frei	abschlags-frei	ab-schlags-frei	vorzeitiger Bezug ab		ab-schlags-frei	vorzeitiger Bezug ab		ab-schlags-frei	vorzeitiger Bezug ab		ab-schlags-frei	vorzeitiger Bezug ab	
	Alter Jahr/Monat	Alter Jahr/Monat	Alter Jahr/Monat	Alter Jahr/Monat	Abschlag in %	Alter Jahr/Monat	Alter Jahr/Monat	Abschlag in %	Alter Jahr/Monat	Alter Jahr/Monat	Abschlag in %	Alter Jahr/Monat	Alter Jahr/Monat	Abschlag in %
1945	65		65	63	7,2	63	60	10,8	65	60	18	65	60	18
1946	65		65	63	7,2	63	60	10,8	65	60-61	17,7-14,4	65	60	18
1947	65/1	65	65	63	7,2	63	60	10,8	65	61-62	14,1-10,8	65	60	18
1948	65/2	65	65	63	7,2	63	60	10,8	65	62-63	10,5-7,2	65	60	18
1/1949	65/3	65	65/1	63	7,5	63	60	10,8	65	63	7,2	65	60	18
2/1949	65/3	65	65/2	63	7,5	63	60	10,8	65	63	7,2	65	60	18
3-12/1949	65/3	65	65/3	63	8,1	63	60	10,8	65	63	7,2	65	60	18
1950	65/4	65	65/4	63	8,4	63	60	10,8	65	63	7,2	65	60	18
1951	65/5	65	65/5	63	8,7	63	60	10,8	65	63	7,2	65	60	18
01/1952	65/6	65	65/6	63	9	63/1	60/1	10,8						
02/1952	65/6	65	65/6	63	9	63/2	60/2	10,8						
03/1952	65/6	65	65/6	63	9	63/3	60/3	10,8						
04/1952	65/6	65	65/6	63	9	63/4	60/4	10,8	Beide Altersrenten entfallen					
05/1952	65/6	65	65/6	63	9	63/5	60/5	10,8	nach geltendem Recht					
06-12/1952	65/6	65	65/6	63	9	63/6	60/6	10,8	ab Jahrgang 1952.					
1953	65/7	65	65/7	63	9,3	63/7	60/7	10,8						
1954	65/8	65	65/8	63	9,6	63/8	60/8	10,8						
1955	65/9	65	65/9	63	9,9	63/9	60/9	10,8						
1956	65/10	65	65/10	63	10,2	63/10	60/10	10,8						
1957	65/11	65	65/11	63	10,5	63/11	60/11	10,8						
1958	66	65	66	63	10,8	64	61	10,8						
1959	66/2	65	66/2	63	11,4	64/2	61/2	10,8						
1960	66/4	65	66/4	63	12	64/4	61/4	10,8	Quelle: Bundesministerium für					
1961	66,6	65	66/6	63	12,6	64/6	61/6	10,8	Arbeit und Soziales					
1962	66/8	65	66/8	63	13,2	64/8	61/8	10,8						
1963	66/10	65	66/10	63	13,8	64/10	61/10	10,8						
1964	67	65	67	63	14,4	65	62	10,8						

Dadurch ergibt sich langfristig eine Versorgungslücke, die in Form eines kontinuierlichen Kaufkraftverlustes bereits von der heutigen Rentnergeneration wahrgenommen wird. Der Kaufkraftverlust wird aber verstärkt die zukünftigen Rentnergenerationen treffen. Es gilt die Faustregel: je jünger, umso stärker. Experten wie z. B. Prof. Dr. Bernd Raffelhüschen gehen von einem langfristigen Absinken des Bruttorentenniveaus von rd. 70 % auf bis zu rd. 40 % aus.

Dass das sinkende Versorgungsniveau für alle Betroffenen unangenehm ist, sei unbestritten. Doch scheint es mir ein sinnvoller und vor allem finanzierbarer Ausweg aus einem drohenden Rentenfiasko zu sein. Das Problematische an den beschlossenen Maßnahmen ist m. E. jedoch nicht die Wirkung als solche. Vielmehr scheint es mir weitaus prekärer, dass die Bevölkerung derzeit die drohende Versorgungslücke nicht hinreichend als Gefahr erkennt und daher nicht rechtzeitig und ausreichend gegensteuert.

Mit den folgenden Beispielen möchte ich den Versuch unternehmen, die Wirkungsweise der beschlossenen Regelungen einfach, nachvollziehbar und verständlich darzustellen. Vergleichen wir also die Jahre 2009 und 2030.

Beispiel:
Angenommen, bis zum Jahr 2030 steigen die Löhne jährlich exakt in Höhe der Preissteigerungsrate mit 2 %, d. h., die Arbeitnehmer erleiden keinen Kaufkraftverlust, erzielen aber auch keine Reallohnsteigerung. Gleichzeitig wird angenommen, dass sich durch Beitragssatz- und Nachhaltigkeitsfaktor eine Erhöhung des aktuellen Rentenwerts von jährlich nur 0,5 % errechnet. Die Quote der Rentner (21 %/29 %) und Aktiven (61 %/55 %) ist der Bevölkerungsvorausberechnung des DESTATIS (s. o.) entnommen. Dann ergibt sich in den nächsten 21 Jahren folgende Entwicklung[21]:

	Jahr 2009 / €	*Jahr 2030 / €*
Durchschnittsentgelt	30.900	46.834
Eckrente (Nominalwert)	1.200	1.333
notwendiges Beitragsaufkommen für		
21 Rentner (65+)	25.200	
29 Rentner		38.657

	Jahr 2009 / €	Jahr 2030 / €
notwendiger Monatsbeitrag bei 61 Aktiven(20–64 J.)	413	
55 Aktiven		703
× 12 = Jahresbeitrag	4.956	8.436
Beitragssatz (% v. Durchschnittsentgelt)	16,04 %	18,01 %
nachrichtlich:		
Grundsicherung (früher Sozialhilfe)	rd. 650	rd. 722

Durch diese Vorgehensweise wird ein Absinken der Nominalrenten vermieden. Gleichzeitig müsste der Beitragssatz nur moderat angehoben werden. Steigt das Grundsicherungsniveau von heute rd. 650 € in gleichem Maße wie die Eckrente, so läge es im Jahr 2030 bei rd. 722 €, was einem gleich bleibenden Anteil an der Eckrente von rd. 54 % entspräche.

Dies hat allerdings zur Folge, dass bei steigenden Löhnen und Preisen die entstehende Differenz zwischen Nettoentgelt und gesetzlicher Bruttorente, also der Rente vor Abzug von Steuern und Sozialabgaben, immer größer wird.

Mit nachfolgendem Beispiel möchte ich stark vereinfacht zeigen, wie und warum das Versorgungsniveau sinken und die Versorgungslücke steigen wird. Vergleichen wir erneut die Jahre 2009 und 2030:

Beispiel:
Angenommen, bis zum Jahr 2030 steigen Löhne und Lebenshaltungskosten wie im vorherigen Beispiel mit 2 % jährlich. Ebenso wird eine jährliche Rentenerhöhung von 0,5 % erwartet. Dann sieht es im Jahr 2030 (nach 21 Jahren) etwa wie folgt aus[22]:

	Jahr 2009 / €	Jahr 2030 / €
Durchschnittsentgelt	30.900	46.834
./. AN-Anteil Sozialversicherung (rd. 20 %)	6.180	9.367
./. Lohnsteuer (6,66 % Ø-Steuersatz)	2.058	3.119
Jahres-Nettoverdienst	22.662	34.348
Monats-Nettoverdienst	1.889	2.862

	Jahr 2009 / €	*Jahr 2030 / €*
AR	26,56	29,49
Eckrente (rd. 45 EP x AR)	rd. 1.200	1.333
Brutto-Versorgungsniveau (vor ESt, SolZ, KiSt, KV u. PflV)	64 %	47 %
./. zusätzliche Altersvorsorge (zAV = 4 % vom Brutto)	1.236	1.873
Frei für Lebenshaltungskosten	21.426	32.475
Monats-Nettoverdienst nach zAV	1.786	2.706
Eckrente (rd. 45 EP x AR.)	rd. 1.200	1.333
Brutto-Versorgungsniveau nach zAV (vor Steuern u. Abgaben)	67 %	49 %
+ Zusatzrente (Rentenbezug 25 J., Verzinsung 3 %)		205
Gesamtversorgung, Brutto (1.333 € + 205 €)		1.538
Gesamtversorgungsniveau (Brutto, d. h. vor Steuern u. Abgaben)		57 %
Grundsicherung (früher Sozialhilfe)	rd. 650	rd. 722

Hinweisen möchte ich ausdrücklich auf die Belastung der gesetzlichen Rentenbezüge mit etwa hälftigen Beiträgen zur Kranken- und Pflegeversicherung. Die Beitragsbelastung liegt, sofern der Versorgungsempfänger der KVdR angehört, derzeit bei etwa 10,2 % bzw. ab 1.7.2009 voraussichtlich rd. 9,9 %. Ferner ist die zunehmende Besteuerungsquote zu beachten. Wer z. B. im Jahr 2030 in Rente geht, muss 90 % der gesetzlichen Altersrente der Besteuerung unterwerfen. Welche Steuerbelastung sich tatsächlich ergibt, hängt von der Höhe der gesamten steuerpflichtigen Alterseinkünfte ab und kann derzeit allenfalls vorsichtig geschätzt werden. Zudem hängt die Steuerbelastung von der Höhe des Existenzminimums bzw. des Grundfreibetrages ab, der in regelmäßigen Abständen – zumindest in Höhe der Inflationsrate – angehoben werden müsste. Anderenfalls wird den zukünftigen Rentnergenerationen über die „kalte Progression" ein weiteres Stück vom Rentenkuchen „wegbesteuert".

Zwar handelt es sich bei den vorstehenden Beispielen um eine stark vereinfachte Darstellung, doch kann dadurch unmissverständlich aufgezeigt werden, dass jeder Bundesbürger zu einer eigenverantwortlichen Vorsorge aufgerufen ist. In diesem Falle beschreiten wir mit der zusätzlichen Altersvorsorge den Königsweg.

Sollte die gesetzliche Rente entgegen den vorstehenden Annahmen um mehr als 0,5 % jährlich steigen, so wäre dies erfreulich für jeden in der gesetzlichen Rentenversicherung Versicherten und könnte in Einzelfällen sogar zu einer Entlastung bei den Vorsorgeanstrengungen führen. Sollte der AR bis zum Jahr 2030 sogar bis auf 41,29 € ansteigen, wie von der Deutschen Rentenversicherung prognostiziert[23], bedeutet dies eine jährliche Erhöhung von rd. 2,1 %! Wenn Sie diesen Annahmen Glauben schenken wollen, von einer Lohnentwicklung ausgehen, die mit der Steigerung der Lebenshaltungskosten Schritt halten kann, nicht über der Beitragsbemessungsgrenze verdienen und ferner einen Versicherungsverlauf annehmen, der dem eines Eckrentners entspricht (45 Jahre Versicherungsdauer ohne Unterbrechung), dann können Sie sich bereits jetzt getrost zurücklehnen. Denn dann wird das Brutto-Rentenniveau eines Eckrentners wohl kaum sinken. Gemindert wird es allenfalls durch eine höhere Besteuerungsquote als heute. Nur bei diesen (m. E. unrealistischen) Annahmen wäre es ein Irrweg, zusätzliche Altersvorsorge zu betreiben. Allerdings würden in diesem Falle auch alle Warnungen von Wissenschaftlern und Politikern, des Sachverständigenrates und des Sozialbeirates etc. in die Irre führen.

Obwohl damit klar sein sollte, dass neben der gesetzlichen Rente eine zusätzliche Altersvorsorge unumgänglich ist, bleiben noch immer viele Bundesbürger untätig. Zumindest aber schieben sie diese wichtige Entscheidung erst einmal auf die lange Bank, verlieren Zeit, verzichten auf einen Teil des Zinseszinseffekts und verschenken sogar die staatlichen Förderungen in der Ansparphase. Lassen Sie sich also nicht beirren!

Spannend bleibt die Frage, ob in der politischen Diskussion diese rein mathematische Aufgabe konsequent umgesetzt bzw. die eingeschlagenen Lösungswege unbeirrt durchgehalten werden. Denn zur Modernisierung des Generationenvertrages bedarf es einer sehr mutigen und weitsichtigen Politik. Vor allem aber braucht es Verantwortliche, die frei von ideologischer Verblendung oder populistischer Gier sind. Nicht ohne Grund betitelte selbst der Sachverständigenrat sein Herbstgutachten 2007 mit den Worten „Das Erreichte nicht verspielen". Dieser Fingerzeig gilt meines Erachtens in besonderem Maße für die Rentenpolitik.

H. Bedarfsorientierte Vorsorge

I. Ermittlung der Lebenshaltungskosten

Altersvorsorge hat zum Ziel, die voraussichtlich im Alter zu bestreitenden Lebenshaltungskosten durch regelmäßige, i. d. R. monatliche Rückflüsse zu decken. Je größer die Deckungslücke (= Versorgungs- oder Rentenlücke), umso wichtiger sind für den Vorsorgenden Risikovorsorgeprodukte. Kann die Versorgungslücke weitgehend sicher geschlossen werden, rücken wieder Kapitalanlageprodukte in den Vordergrund.

Für eine bedarfsorientierte Altersvorsorge ist folglich zuerst zu ermitteln, ob bzw. in welcher Höhe eine Versorgungslücke droht. Um diese zu ermitteln, gibt es verschiedene Möglichkeiten. So bietet sich z. B. für eine erste Taxierung an, 70–80 % des derzeit zur Verfügung stehenden Nettoeinkommens als Basis für den im Alter erforderlichen Warenkorb heranzuziehen. Ausgaben für Kinder, Altersvorsorge, Vermögensbildung und Darlehenstilgung bleiben mit 20–30 % pauschal unberücksichtigt.

Für eine exaktere Berechnung empfehle ich, Ihren persönlichen Warenkorb auf Basis Ihres derzeitigen Lebensstandards und mit Hilfe aktueller Preise zusammenzustellen. Orientieren Sie sich dabei an den nachfolgenden fünf Hauptgruppen.

- **Leben** (Nahrung, Kleidung, Information, Ausgehen und Sonstiges)
- **Wohnen** (Kaltmiete, Mietnebenkosten, Reparaturen, Instandhaltung, ggf. Möbel alle x Jahre einplanen)
- **Gesundheit und Pflege** (Medikamente, Heil- und Hilfsmittel, Behandlungs- und Praxisgebühr, Versicherungsbeiträge bei PKV)
- **Mobilität** (Bus, Bahn, Taxi, KFZ-Steuer, Versicherung, Kraftstoff, Pflege, Reifen, Kundendienst, Reparaturen, Wertverlust – Neuanschaffung alle x Jahre nicht vergessen)
- **Luxus** (Sport, Reisen, Theater, Konzerte, Kino, Schmuck etc.)

Ausgaben für Erziehung und Ausbildung der Kinder, für die eigene Altersvorsorge sowie für zusätzliche Vermögensbildung oder Schuldentilgung sind in vorstehender Gruppierung nicht enthalten, weil diese Positionen im Ruhestand i. d. R. nicht mehr zu einer finanziellen Belastung führen bzw. führen sollten.

II. Ermittlung der Alterseinkünfte

Alle Ihre bisherigen Vorsorgeverträge sollten Sie wie folgt zusammenfassen:

1. Altersvorsorgeprodukte

- Gesetzliche und private Basisversorgung (gesetzliche Altersrente, berufsständisches Versorgungswerk, landwirtschaftliche Altersrente, Rüruprente)
- Riesterrente, betriebliche Altersversorgung (Beamtenpension, Werksrente, AVWL, Direkt-/Pensionszusage, Unterstützungskasse, Direktversicherung, Pensionskasse, Pensionsfonds, ZVK etc.)
- Rentenversicherung ohne Kapitalwahlrecht, Leibgeding, Übergaberente etc.

2. Kapitalanlageprodukte

- Rentenversicherung mit Kapitalwahlrecht
- Kapitallebensversicherung

- Bank- und Bausparguthaben (nicht zertifiziert nach AltZertG), Wertpapiere, Investmentfonds, vermietete Immobilien, Beteiligungen, Edelmetalle, Rohstoffe etc.

Berücksichtigen Sie nur Vermögenswerte, die Sie bereits fest Ihr Eigen nennen können. Rechnen Sie nicht mit möglichen zukünftigen Erbschaften und/oder Schenkungen. Denn wenn Sie z. B. 65 Jahre alt sind, kann es sein, dass aufgrund der längeren Lebenserwartung die Personen, von denen Sie Schenkungen und/oder Erbschaften erwarten, „erst" 85 Jahre alt sind und das vorhandene Vermögen noch selbst benötigen, z. B. für einen aktiven Lebensabend oder für den Aufenthalt in einem Alten- oder Pflegeheim.

Mit Kenntnis aller Vorsorgeprodukte bzw. Vermögenswerte kann auf Basis Ihres voraussichtlichen Renteneintritts die mögliche Altersrente ermittelt werden. Wenn Sie Kapitalanlageprodukte zur Verrentung einsetzen, empfehle ich, die Verrentung stets bis zum 85. Lebensjahr, aus Vorsichtsgründen mindestens bis zum 90. Lebensjahr zu planen. Falls sich schwere gesundheitliche Störungen im weiteren Verlauf der Ansparphase einstellen sollten, können Sie immer noch reagieren und Ihre Vorsorgebeiträge in Kapitalanlageprodukte umleiten.

Bei einer erstmaligen Betrachtung zeigt sich häufig, dass die zu erwartenden Alterseinkünfte die veranschlagten Lebenshaltungskosten übersteigen. Otto Sorglos lehnt sich zurück und glaubt wie ein Großteil der bundesdeutschen Bevölkerung, er hätte für die Ruhestandsphase ausreichend vorgesorgt.

	Otto Sorglos	Lebensalter	Zeitfenster
aktuelles Jahr	2009	43	in Jahren
Rentenbeginn	2033	**67**	24
Lebensende	2065	99	32

geschätzte Lebenshaltungskosten durch…	2009	
Leben (Nahrung, Kleidung, Hygiene, Information, Ausgehen, Sonstiges)	1.000 €	
Wohnen (Miete, Nebenkosten, Reparaturen, Instandhaltung, ggf. Möbel)	300 €	
Gesundheit (Eigenanteil f. Medikamente, Heil-, Hilfsmittel, Behandlg., PKV-Beitrag)	100 €	
Mobilität (Bus, Bahn, Taxi, lfd. KFZ-Kosten, Reparaturen u. Inst., Wertverlust)	250 €	
Luxus (Sport, Freizeit, Reisen, Theater, Konzerte, Kino, Schmuck, etc.)	350 €	
Lebenshaltungskosten	2.000 €	2.000 €
voraussichtl. Alterseinkünfte (vor Steuern, nach KV-/Pfl.Versicherung) aus…	bei Rentenbeginn	
gesetzliche Basisrente (Dt. Rentenvers., LAK, Versorgungswerk etc.)	1.800 €	
private Basisrente (Rüruprente)	- €	
betriebliche Renten u. betriebliche Riesterrente	- €	
private Riesterrente	- €	
private Rente, KapLV, sonstige Vermögenswerte	200 €	
Mieteinnahmen (free cash flow) und sonstige Alterseinkünfte	150 €	
voraussichtliche Alterseinkünfte	2.150 €	2.150 €
Versorgungsüberschuss bei Rentenbeginn		150 €

Diese Rechnung basiert auf folgender Vorstellung:

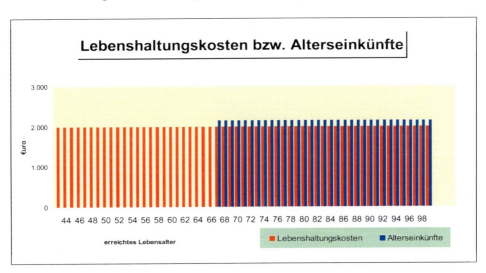

Otto macht einen entscheidenden Fehler. Er vergisst die Inflationsrate. Bei einer genaueren Betrachtung sieht es für Otto – leider – ernüchternd aus.

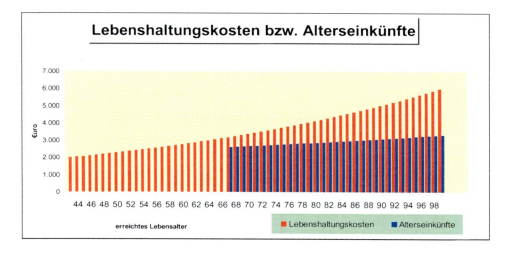

Schon zu Beginn der Ruhestandsphase droht Otto eine Versorgungslücke. Dies liegt daran, dass trotz oder gerade wegen der derzeitigen wirtschaftlichen Lage auch zukünftig Preissteigerungen bei den Lebenshaltungskosten eintreten werden.

Zudem wird die gesetzliche Rente nicht oder nicht mehr in dem Maße steigen wie in früheren Jahren. Ich gehe vorsichtig davon aus, dass eine Erhöhung des AR um jährlich 0,5 % möglich sein wird. Sollte diese Annahme zu defensiv sein, kann bei einer Kontrollrechnung in den folgenden Jahren immer noch mit einer Absenkung der zusätzlichen Altersvorsorgebeiträge reagiert werden. Sollte die erwartete Rentenerhöhung dagegen zu optimistisch gewesen sein, ist bei einer Steigerung von jährlich 0,5 % der zu erwartende Fehler nicht so gravierend, als wenn an dieser Stelle mit einer jährlichen Steigerung von 1 % bis 2 % – wie von der Deutschen Rentenversicherung in der jährlichen Renteninformation in Aussicht gestellt – gerechnet wird.

Abschließend wären bei der gesetzlichen Rentenzahlung noch der jährlich ansteigende Besteuerungsanteil sowie die Belastung mit Kranken- und Pflegeversicherungsbeiträgen zu berücksichtigen.

Da sich Inflationsraten einerseits und die Dynamik in der gesetzlichen Rente andererseits auf die Zukunft beziehen, wird es immer Unsicherheiten geben. Ich überlasse es der persönlichen Einschätzung des Lesers, ob z. B. meine Inflationserwartungen eher zu niedrig oder zu hoch taxiert wurden. In den letzten 16 Jahren jedenfalls lag die durchschnittliche jährliche Preissteigerung bei rd. 1,6 %[24]. Details zur Ermittlung Ihrer persönlichen Inflationsrate finden Sie im Internet auf den Seiten des Statistischen Bundesamtes (http://www.destatis.de) unter der Rubrik „Preise"/„Persönlicher Inflationsrechner".

Ruhestandsplanungen ohne Berücksichtigung der Inflationsraten sind jedenfalls unbrauchbar. Für eine bedarfsorientierte Altersvorsorge müssen Sie die zukünftige Preissteigerung vorsichtig schätzen. Erst dann wird klar, ob überhaupt bzw. wie viel mit Produkten der Risikovorsorge angespart werden muss, damit Sie Ihre bisherigen Vorstellungen über ein (finanziell) sorgenfreies Leben im Ruhestand verwirklichen können. Wenn Sie die zukünftigen Preise näherungsweise ermitteln wollen, können Sie die Multiplikatorentabelle in Anlage 6 verwenden.

Weil es sich bei dieser Betrachtung um eine Prognose handelt, liegt es auf der Hand, dass eine einmalige Berechnung viel zu ungenau wäre. Vielmehr müssen Sie Ihre Planungen zumindest bei wesentlichen Änderungen in der Ansparphase neu justieren. Nach Ablauf von 3–5 Jahren sollten Sie jedenfalls Ihre bisherigen Prognosen und Berechnungen einer Kontrolle unterziehen. Sie werden staunen, wie interessant es sein kann, die eigenen Einschätzungen nach diesem Zeitraum zu verifizieren – und Sie werden Freude daran finden, Ihrem Ziel wieder ein Stückchen näher gekommen zu sein.

III. Beachtung der Belastungsgrenze

Eine bedarfsorientierte Vorsorge bedeutet, sich in der Ansparphase keinesfalls übermäßig mit Beiträgen für die Altersvorsorge zu belasten. Schließlich wollen wir uns nicht „zu Tode sparen", denn wir wollen auch in jungen Jahren etwas vom Leben haben. Bilden Sie daher zuerst ein Liquiditätspolster in Höhe von etwa drei Nettogehältern, mit dem Sie unvorhergesehene Reparaturen oder Anschaffungen (Waschmaschine etc.) bestreiten können. Vergessen Sie nicht mögliche Veränderungen in Ihrem Leben (Wohnungseinrichtung, Heirat, Familiengründung, Haus- oder Wohnungskauf, Ausbildung der Kinder etc.). Bilden Sie zudem jeden Monat eine ausreichende Finanzreserve und legen Sie diese zurück. Zum Jahresende hin können Sie jeweils neu entscheiden, ob Sie die ggf. freien Mittel besser zur Risikovorsorge oder lieber zur Kapitalanlage verwenden wollen.

Tipp: Um z. B. eine Versorgungslücke von nominal 300 € über einen Ansparzeitraum von 20 Jahren zu schließen, werden Sie nur im Idealfall von Anfang an mit gleichbleibenden Sparbeiträgen beginnen können. Erforderlich wären (Zinssatz 4 % – keine staatliche Förderung) monatliche Sparbeiträge in Höhe von rd. 154 €. Sind Ihre Mittel jedoch knapp, so erreichen Sie Ihr Ziel leichter, wenn die Sparraten jährlich in Höhe der Inflationsrate (z. B. 2 %) angepasst werden. Dann reicht bereits eine anfängliche monatliche Sparrate von rd. 131 €. Durch die jährlichen Anpassungen um 2 % steigt die Sparrate bis zum Rentenbeginn auf rd. 191 €. Sie kann aber, z. B. durch tarifliche Lohnsteigerungen, ebenso leicht oder schwer erbracht werden wie zu Beginn der Ansparphase.

Diese Vorgehensweise schwächt die Wirkung des Zinseszinseffektes, dürfte jedoch der Lebenswirklichkeit der meisten privaten Haushalte am nächsten kommen. Zudem ist es unter Risikogesichtspunkten besser, mit jedem vollendeten Lebensjahr die Risikovorsorge für ein langes Leben zu verstärken und gleichzeitig die

Risikovorsorge für ein vorzeitiges Ableben zu reduzieren. Denn je älter Sie werden, umso mehr steigt die Wahrscheinlichkeit, dass Sie Ihre Risikovorsorge für ein langes Leben tatsächlich benötigen bzw. Leistungen hieraus erhalten werden.

IV. Risikostreuung bei der Risikovorsorge

Je nach Risikoneigung wird es Vorsorgesparer geben, die alles auf eine Karte setzen, so z. B. diejenigen, die im Falle eines vorzeitigen Ablebens das verbleibende Vorsorgekapital lieber vererben möchten. Dies birgt das Risiko, dass das Vorsorgekapital nicht lange genug reicht, wenn man erfreulicherweise älter werden sollte als selbst erwartet. Umgekehrt wird es Menschen geben, die lieber auf ein „Rundum-sorglos-Paket" setzen und versuchen, das gesamte Vorsorgepotenzial in Form von Risikovorsorgeprodukten statt Kapitalanlageprodukten anzusparen. Verstirbt dieser Vorsorgesparer allerdings wider Erwarten vorzeitig, hat er nichts mehr von seinem Verantwortungsbewusstsein und seine Erben stehen i. d. R. mit leeren Händen da.

Wenn Sie Ihrer Auffassung nach in der Lage sind, die Versorgungslücke vollständig zu schließen, sollten Sie sich mit der folgenden Frage auseinandersetzen: Wäre es nicht besser, wenn etwa 50–75 % der Lebenshaltungskosten mit Renten aus Risikovorsorgeprodukten bestritten werden können und die verbleibenden 25–50 % mit Renten aus Kapitalanlageprodukten? Dann würde sich folgendes Bild ergeben:

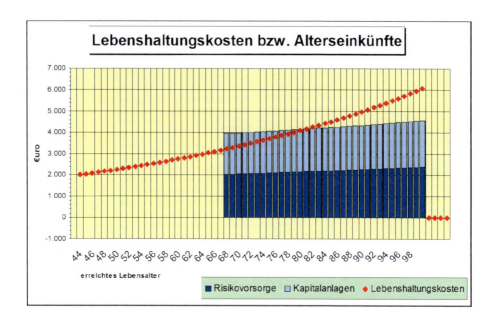

Können Sie Ihre Alterseinkünfte auf diese Weise gestalten, besteht die Möglichkeit, überschüssige Mittel in den ersten Jahren für die Lücke in den späteren Jahren (hier etwa ab dem 80. Lebensjahr) zu verwenden. Sollte der Lebensabend kürzer sein als erhofft, bleibt der aus den Kapitalanlagen noch nicht verzehrte Vorsorgeanteil für die Erben erhalten. Diese Denkweise ergibt aber nur dann Sinn, wenn Sie mit Sicherheit in den Anfangsjahren des Seniorendaseins keine Versorgungslücke zu erwarten haben. Müssen Sie bereits mit Beginn der Rentenbezugsphase mit einer Versorgungslücke rechnen, sollten Sie besser auf staatlich geförderte Risikovorsorgeprodukte (Riester-, Eichel- oder Rüruprente) setzen.

I. Von der Drei-Säulen-Theorie zur Drei-Schichten-Theorie

I. Die Drei-Säulen-Theorie

Die bisherige Drei-Säulen-Theorie stellt auf die Träger der Altersvorsorge ab.

Altersvorsorge

Gesetzliche Altersvorsorge
(gesetzliche Rentenversicherungen, berufsständische Versorgungswerke, landwirtschaftliche Alterskassen, Beamtenversorgung)

Betriebliche Altersvorsorge
(Pensionszusage, Unterstützungskasse, Direktversicherung, Pensionskasse, Pensionsfonds)

Private Altersvorsorge
(private Lebens- und Rentenversicherung, Festgelder, Sparguthaben, Wertpapiere, Investmentfonds, Immobilien etc.)

1. Die 1. Säule

Die **gesetzliche** Altersvorsorge (Einzahlungen von Pflichtbeiträgen in der Erwerbsphase): Dazu zählen die gesetzliche Rentenversicherung, die Alterssicherung der Landwirte (LAK bzw. AdL), die berufsständischen Versorgungswerke und die Beamtenversorgung. Sie basieren meist auf dem Umlageverfahren, zum Teil aber auch auf Mischfinanzierungen (bestimmte Versorgungswerke).

2. Die 2. Säule

Die **betriebliche** Altersvorsorge ist eine ergänzende, erwerbsbasierte Alterssicherung. Dazu zählen hauptsächlich die fünf Varianten der betrieblichen Altersversorgung, aber auch die Zusatzversorgung des Öffentlichen Dienstes (ZÖD, ZVK bzw. VBL).

3. Die 3. Säule

Die **private** Altersvorsorge (eigenverantwortliche Ansparung von Kapital mit der Möglichkeit des späteren Verzehrs). Hierzu zählen Bank- und Fondssparpläne, Wertpapiere, Riesterrente, private Lebens- und Rentenversicherungen sowie Immobilienbesitz.

II. Die Drei-Schichten-Theorie

Die Drei-Säulen-Theorie wird in der Literatur zunehmend von der Drei-Schichten-Theorie abgelöst. Letztere wurde durch das Alterseinkünftegesetz geschaffen und unterteilt seit dem Jahr 2005 nach der Art der staatlichen Förderung (Steuervorteil, Zulagen, ungefördert).

1. Die 1. Schicht = Rentenbasis

Die Rentenbasis wird gespeist aus der gesetzlichen Rentenversicherung, der LAK, der Beamtenversorgung, den berufsständischen Versorgungswerken und der Rüruprente.

2. Die 2. Schicht = Zusatzvorsorge

Die zusätzliche kapitalgedeckte Rente wird gespeist durch die betriebliche Altersversorgung und die Riesterrente.

3. Die 3. Schicht = übrige Vorsorge

Dieser Schicht werden reine Kapitalanlagen (z. B. Bank- oder Fondssparplan, Wertpapierdepot, Immobilienbesitz) ebenso zugeordnet wie ungeförderte Vorsorgeprodukte (z. B. Lebens- und Rentenversicherung).

J. Sonderausgabenabzug für Vorsorgeaufwendungen – Grundlagen

Vorsorgeaufwendungen waren bis zum Veranlagungszeitraum 2004 für einen Alleinstehenden in Höhe von max. 5.069 € (10.138 € Eheleute) abziehbar[25]. Bei alleinstehenden Arbeitnehmern (pflichtversichert in der gesetzlichen Rentenversicherung) mit einem Bruttoverdienst ab 19.175 € (38.350 € addierter

Bruttoverdienst bei Eheleuten)[26] betrug der Höchstbetrag nur noch 2.001 € (4.002 € Eheleute), weil der Vorwegabzug von 3.068 € (6.136 € Eheleute) um 16 % vom Brutto zu kürzen war[27] (16 % v. 19.175 = 3.068 €).

Mit Wirkung **ab 1.1.2005** wurde der Abzug von Vorsorgeaufwendungen gravierend geändert. Nunmehr sind Vorsorgeaufwendungen grundsätzlich in zwei Gruppen[28] zu unterteilen:

Vorsorgeaufwendungen für **Basisrentenprodukte** (gesetzlich und privat)	**sonstige** Vorsorgeaufwendungen (Kranken-, Pflege-, Arbeitslosen-, Berufsunfähigkeits-, Erwerbsunfähigkeits-, Unfall-, Haftpflicht-, alte Lebens- u. Rentenversicherungen)

Zusätzlich zur Basisvorsorge und den sonstigen Vorsorgeaufwendungen können Beiträge zu Riesterprodukten im Rahmen der Einkommensteuererklärung bis zu bestimmten Obergrenzen als Sonderausgaben abgezogen werden[29].

Die **Basisrentenprodukte** sind wiederum zu unterteilen in
- Produkte der gesetzlichen Basisvorsorge und
- Produkte der privaten Basisvorsorge/Rüruprente.

Zur gesetzlichen Basisvorsorge gehören die gesetzlichen Rentenversicherungen, die landwirtschaftliche Alterskasse und die berufsständischen Versorgungswerke[30]. Die private Basisvorsorge bleibt den sogenannten Rürupprodukten vorbehalten[31].

Die Beiträge zur Basisvorsorge werden höchstens bis zu 20.000 € (40.000 € Eheleute) berücksichtigt[32]. Hierzu gehören bei Arbeitnehmern sowohl die Arbeitgeber- als auch die Arbeitnehmerbeiträge[33]. Bei bestimmten Personengruppen mit betrieblicher Versorgungszusage (u. a. nicht rentenversicherungspflichtige GmbH-Gesellschafter-Geschäftsführer und Beamte) gelten ab dem Veranlagungszeitraum 2008 verminderte Obergrenzen[34]. Abziehbar sind 60 % ab dem

Jahr 2005 (= 12.000 €). Die Abzugsquote steigt jährlich um 2 Prozentpunkte, beträgt somit 68 % im Jahr 2009 und liegt ab dem Jahr 2025 bei 100 %[35]. Von den so ermittelten abziehbaren Beiträgen werden bei rentenversicherungspflichtigen Arbeitnehmern die Beiträge des Arbeitgebers gekürzt[36]. Im Ergebnis können im Jahr 2005 bereits 20 % der Arbeitnehmerbeiträge und, wie bisher, 100 % der Arbeitgeberbeiträge steuerfrei angespart werden. Die Abzugsquote der Arbeitnehmerbeiträge steigt jährlich um 4 Prozentpunkte. Im Jahr 2008 betrug die Abzugsquote 32 %, im Jahr 2009 36 % usw. und liegt im Jahr 2025 bei 100 %. Einzelheiten zu den jeweiligen Obergrenzen können den Anlagen 2–5 entnommen werden.

Alle anderen begünstigten Vorsorgeaufwendungen (Kranken-, Pflege-, Unfall-, Lebens-, Haftpflichtversicherung etc.) gehören zur Gruppe der **sonstigen Vorsorgeaufwendungen**[37]. Beiträge zu Lebens- und kapitalisierbaren Rentenversicherungen können nur noch in dieser Gruppe angesetzt werden, wenn der Vertragsbeginn vor dem 1.1.2005 liegt[38]. Der Höchstbetrag liegt bei 2.400 €[39] (i. d. R. Selbstständige, da sie keinen Zuschuss zur Krankenversicherung von Dritten erhalten). Er reduziert sich auf 1.500 €[40], wenn ein Beitragszuschuss zur Krankenversicherung oder Kostenzuschuss zu den Krankheitskosten gewährt wird (i. d. R. Arbeitnehmer, Beamte, Rentner sowie in der gesetzlichen Krankenversicherung beitragsfrei mitversicherte Ehegatten)[41]. Aufgrund einer Entscheidung des Bundesverfassungsgerichts[42] ist geplant, die Obergrenzen mit dem Bürgerentlastungsgesetz[43] ab dem VZ 2010 anzuheben.

Sollte durch die vorstehende Einteilung gegenüber der bis zum Jahr 2004 gültigen Regelung eine Verschlechterung eintreten, so wird die günstigere Altregelung angewendet. Diese Günstigerprüfung führt das Finanzamt automatisch durch. Sie erfolgt letztmals für das Jahr 2019[44].

Seit 1.1.2006 kommt eine zweite Günstigerprüfung hinzu. Diese führt i. d. R. dazu, dass Beiträge zur privaten (nicht gesetzlichen!) Basisvorsorge = Rüruprente stets in Höhe der jeweiligen Abzugsquote (64, 66, 68 % …) bei den Sonderausgaben abgesetzt werden können[44]. Wie sich die unterschiedlichen Rechtslagen des EStG auswirken, ist in den Anlagen 2 und 3 dargestellt.

Achtung!
Dieses scheinbare „Steuersparmodell mit Mindestverzinsung", wie einige Anbieter der Rüruprente derzeit verführerisch werben, ergibt nur einen Sinn, wenn und soweit Ihre bedarfsorientierte Versorgungslücke noch nicht geschlossen ist. Haben Sie keine Versorgungslücke, d. h., das lange Leben stellt also für Sie persönlich kein finanzielles Risiko dar, brauchen Sie keine Risikovorsorgeprodukte. Sie wählen besser Produkte der Kapitalanlage. Dann bleibt bei einem vorzeitigen Ableben das Restkapital im Familienverbund bzw. der Erbmasse erhalten.

Zweiter Abschnitt:
Wege zur zusätzlichen Altersvorsorge

A. Vier Wege zur zusätzlichen, kapitalgedeckten Altersvorsorge

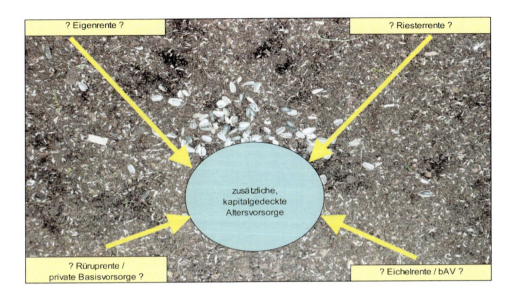

Nur der Vollständigkeit halber nenne ich hier die selbst ausfinanzierte Eigenrente, z. B. aus einem Bank-/Fondssparplan. Denn dieser Vorsorgeweg gehört nicht zu den Risikovorsorgeprodukten, da die Rente nicht lebenslang garantiert ist. Sie wird endlich sein und richtet sich in Abhängigkeit vom vorhandenen Vorsorgekapital vorrangig nach der selbst geschätzten Rentenbezugsdauer.

B. Die Eigenrente

Für die Eigenrente (mit oder ohne Kapitalverzehr) können Sie jede beliebige Kapitalanlage heranziehen, sofern deren Höhe Sie in die Lage versetzt, monatliche Liquiditätsrückflüsse für eine lebenslange Rente zu generieren. Da die Eigenrente kaum steuerlich begünstigt wird, werden nur die „Superreichen" oder absoluten Spitzenverdiener auf diesem Wege eine lebenslange Rente – ohne Versorgungslücke – finanzieren können.

Da sich dieses Buch nicht an Kapitalanleger, sondern an Vorsorgesparer wendet, möchte ich für die Eigenrente nur folgenden Hinweis geben:

Wertpapiere mit Erwerbsdatum ab Januar 2009 unterliegen – unabhängig von der Haltedauer – bei Veräußerung der Abgeltungsteuer von 25 %[45] (zzgl. SolZ u. KiSt). Gleiches gilt für die Erträge aus Kapitalanlagen. Erfolgt die zukünftige Ansparung dagegen über eine investmentbasierte Lebens- oder Rentenversicherung – ohne Riester-, Eichel- oder Rürupmantel – mit einer Mindestvertragslaufzeit von 12 Jahren und erfolgt die Rückzahlung nach dem 60. Lebensjahr, so sind bei einer Einmalauszahlung 50 %[46] der Erträge (des über den eingezahlten Beiträgen liegenden Rückzahlungsbetrages) steuerfrei. Die andere Hälfte wird dem persönlichen Steuersatz unterworfen. Die Steuerbelastung der Gesamterträge liegt damit bei investmentbasierten Lebens- oder Rentenversicherungen im Normalfall bei maximal 21 % (zzgl. SolZ u. KiSt), im Extremfall/Reichensteuer bei 22,5 % (zzgl. SolZ u. KiSt). Diese Variante ist aus steuerrechtlicher Sicht interessant für Kapitalanleger, ungeachtet des persönlichen Grenzsteuersatzes, weil die Abgeltungsteuer mit 25 % (zzgl. SolZ u. KiSt) stets zu einer höheren Belastung führt. Sie stellt aber nur eine besondere Form der Kapitalanlage dar und keine Risikovorsorge für ein langes Leben und ist deshalb ungeeignet für Vorsorgesparer, die eine Versorgungslücke zu erwarten haben. Ferner wäre in jedem Einzelfall zu klären, ob der Steuervorteil evtl. durch die zusätzlichen Kosten für Versicherungsschutz und Verwaltung wieder aufgezehrt wird.

C. Der Riesterweg (seit 2002)

Die mit dem Altersvermögensgesetz (AVmG v. 26.6.2001) eingeführte kapitalgedeckte Altersvorsorge wurde wesentlich durch den damaligen Bundesminister für Arbeit und Sozialordnung, Walter Riester, geprägt. Seither trägt dieser Vorsorgeweg seinen Namen.

Erstmals in der Geschichte der Bundesrepublik wurde neben dem Umlageverfahren der gesetzlichen

Rentenversicherung eine staatlich geförderte kapitalgedeckte Vorsorgeform eingeführt. Hintergrund war der sich abzeichnende gravierende Anstieg der Rentenbezieher, die deutliche Verlängerung der Rentenbezugsdauer durch eine höhere Lebenserwartung sowie der seit 1964 eingetretene empfindliche Rückgang der Geburtenrate. Das über Jahrzehnte so erfolgreiche Umlageverfahren stößt durch diese fundamentalen demografischen Veränderungen an seine Grenzen. Immer weniger Beitragszahler müssen den Rententopf für immer mehr Rentenbezieher füllen, Monat für Monat. Dem Beispiel anderer Länder folgend, wird seit dem Jahr 2002 das Umlageverfahren der gesetzlichen Rentenversicherung durch eine kapitalgedeckte Altersvorsorge flankiert.

Die Riesterrente wird als Bank- oder Bausparvertrag, als klassische oder investmentbasierte Rentenversicherung oder als Investmentsparvertrag angeboten. Je nach Risikomentalität des Vorsorgesparers ist mittlerweile für jeden der passende staatlich geförderte Produkttyp zu finden. Letztendlich ist mit Verabschiedung des Eigenheimrentengesetzes (EigRentG vom 4.7.2008) sogar die Vorsorge durch Darlehensvertrag ermöglicht worden, sofern dieser in Zusammenhang mit dem Erwerb oder der Errichtung einer selbst genutzten Wohnimmobilie steht.

Allerdings wurde gleichzeitig mit Einführung der Riesterrente eine Senkung des allgemeinen Rentenniveaus von 70 % auf 67 % beschlossen. Die Riesterrente wird zwar oft als zusätzliche Altersvorsorge bezeichnet, sie ist aber in vielen Fällen lediglich ein Ausgleich für die vorgenommene Absenkung des Versorgungsniveaus. Mit einem Unterschied: Die Absenkung des Rentenniveaus ist zwingend, die staatlich geförderte Riesterrente ist freiwillig.

Zunächst verkannt, entwickelt sich die Riesterrente mittlerweile zu einem echten Renner. Sehen Sie selbst.

I. Soft facts

1. Grundsätzliche Förderberechtigung[47]

Hierzu gehören alle unbeschränkt Steuerpflichtigen, d. h. Menschen mit Wohnsitz im Inland.

2. Unmittelbare Förderberechtigung[48]

Unmittelbar Förderberechtigte haben Anspruch auf eine Zulagenförderung und haben die Möglichkeit, einen zusätzlichen Sonderausgabenabzug zu beantragen, sofern dieser noch günstiger ist als die Zulagenförderung.

Zum Kreis der unmittelbar Förderberechtigten zählen:
a) Pflichtversicherte in der gesetzlichen Rentenversicherung[49]. Dies sind z. B. Arbeitnehmer (auch Mini-Jobber bei Verzicht auf die RV-Freiheit[50]), Auszubildende, Behinderte in anerkannten Werkstätten, rentenversicherungspflichtige Selbstständige (Handwerker, die in der Handwerksrolle eingetragen sind, selbstständige Lehrer, Hebammen und selbstständige Künstler und Publizisten, Hebammen etc.), Wehr- und Zivildienstleistende, Personen, die ein freiwilliges soziales oder ökologisches Jahr ableisten, Mütter und Väter während der anerkannten Kindererziehungszeiten (i. d. R. 3 Jahre, bei Mehrlingsgeburten das Mehrfache), Empfänger von Arbeitslosengeld oder ALG II (teilweise), Kurzarbeiter- oder Winterausfallgeld, Empfänger von Krankengeld, Pflegepersonen usw., um nur einige zu nennen.

Zu den Pflichtversicherten im vorstehenden Sinne gehören auch Pflichtversicherte einer ausländischen Rentenversicherung, die im Inland ihren Wohnsitz haben und als Grenzgänger im Ausland einer Beschäftigung nachgehen, sofern eine der deutschen Rentenversicherungspflicht vergleichbare Pflichtmitgliedschaft besteht. Hiervon ist z. B. bei Grenzgängern in die Anrainerstaaten Deutschlands (Österreich, Schweiz, Frankreich etc.) auszugehen[51].

b) Personen, die nach dem Gesetz über die Alterssicherung der Landwirte pflichtversichert sind, und ihre Ehepartner[52].

c) Beamte, Richter (ausgenommen ehrenamtliche Richter), Berufs- und Zeitsoldaten, Empfänger von Amtsbezügen, Mitglieder von Bundes- und Landesregierungen, Parlamentarische Staatssekretäre[53].

d) Bezieher von Renten wegen voller Erwerbsminderung oder Erwerbsunfähigkeit oder einer Versorgung wegen Dienstunfähigkeit, wenn sie unmittelbar vor dem Bezug dieser Leistungen einer der vorstehend unter a–c genannten Personengruppe angehörten[54].

Für detaillierte Informationen verweise ich auf Anlage 8 in diesem Buch.

3. Mittelbare Förderberechtigung

Mittelbar Förderberechtigte haben nur Anspruch auf eine Zulagenförderung. Sie haben keinen eigenständigen Sonderausgabenabzug.

Die Zulagenförderung des mittelbar Begünstigten wird vom Ehegatten abgeleitet, wenn die folgenden drei Voraussetzungen erfüllt sind[55]:
a) Eine Zusammenveranlagung (§ 26 Abs. 1 EStG) mit dem Ehepartner ist möglich.
b) Es besteht für beide Ehegatten ein Riestervertrag.
c) Der unmittelbar Begünstigte hat Beiträge in seinen Vertrag eingezahlt[56].

4. Zusatzrisiken[57]

Versicherungen gegen Berufsunfähigkeit, Erwerbsunfähigkeit und/oder Hinterbliebenenrenten können eingeschlossen werden.

5. Sicherheit/Kapitalerhalt

Bei Anlage nach den Riester-Zertifizierungskriterien hat der Anbieter den Erhalt des eingezahlten Kapitals sowie der Zulagen zu garantieren, allerdings erst zum Beginn der Rentenbezugsphase[58]. Bei einer vorzeitigen Vertragsbeendigung ist es daher – abhängig vom Produkttyp und der verstrichenen Laufzeit – möglich, dass nicht das volle Kapital ausgezahlt werden kann.

6. Riesterrente kontra gesetzliche Altersrente?

Die gesetzliche Regel-Altersrente wird ungeschmälert ausgezahlt und keinesfalls um die Riesterrente gekürzt. Sollte der Versorgungsempfänger mit seinen gesamten Alterseinkünften das Grundsicherungsniveau nicht überschreiten, erfolgt ebenfalls keine Kürzung der gesetzlichen Altersrente. Die Riesterrente wirkt folglich im Normalfall stets einkommenserhöhend.

7. Empfänger von ALG II (Hartz IV)[59] und von Leistungen zur Grundsicherung im Alter[60]

Während der Ansparphase wird im Falle der Arbeitslosigkeit bei Auszahlung des Arbeitslosengeldes II der Mindesteigenbeitrag zur Riesterrente bei der Einkommensgrenze nicht berücksichtigt[61], was letztendlich bedeutet, dass der Staat den Mindesteigenbeitrag finanziert. Zudem erfolgt keine Anrechnung des Vermögens[62] auf die Freibeträge.

In der jüngsten Vergangenheit wurde in verschiedenen Medien darüber berichtet, dass die Riesterrente im Ruhestand auf andere Rentenansprüche angerechnet werden würde. Diese Aussage ist unzutreffend in Bezug auf die Altersrente und lässt den Schluss zu, dass Grundsicherungsrente und gesetzliche Altersrente verwechselt wurden, weshalb ich Folgendes anmerke:

a) Ein Sozialstaat hilft Bedürftigen, wenn sie nicht ausreichend Mittel zur Bestreitung des Lebensunterhalts zur Verfügung haben. Dies ist richtig und wichtig. Die Vorstellung eines Wohlfahrtsstaates, der jedem hilft, dem gerade danach zumute ist, dürfte ein Wunschtraum bleiben.

b) Derzeit liegt in Deutschland die Grenze zur Bestreitung der Grundsicherung[63] (früher Sozialhilfe) zwischen 650 € und 680 €. Kann die Grundsicherung nicht selbst finanziert werden, schießt der Staat (d. h. der Steuerzahler bzw. die Allgemeinheit) den Rest zur Bestreitung des Lebensunterhalts zu.

c) Es liegt folglich im Interesse aller, dass ein staatlicher Zuschuss nur die Differenz zwischen eigenen Einkünften (private und betriebliche Renten, Zinsen, Dividenden, Mieten etc.[64]) und ggf. höheren Lebenshaltungskosten ausgleicht. Wird das Niveau der Grundsicherung mit den eigenen Einkünften überschritten, ist eine staatliche Hilfe nicht mehr notwendig.

d) Da im Normalfall nicht davon ausgegangen werden kann/muss, dass im Ruhestand das Grundsicherungsniveau mit eigenen Einkünften nicht überschritten werden kann, wäre es fatal, „die Flinte zu früh ins Korn zu werfen" und nur deshalb auf staatlich geförderte Vorsorgewege zu verzichten. Dies gilt umso mehr für Vorsorgesparer mit Kindern.

8. 30 % Einmalauszahlung bei Rentenbeginn möglich[65]

Bis zu 30 % des angesparten Vermögens können zu Beginn der Rentenbezugsphase sofort ausgezahlt werden.

9. Lebenslange Rente[66]

In der Rückzahlungsphase garantiert die Riesterrente eine lebenslange Rente, auch wenn Sie „steinalt" werden. Frühestens beginnt die Rentenauszahlung ab dem 60. Lebensjahr, im Normalfall aber mit Beginn der gesetzlichen Altersrente. Ein späterer Auszahlungsbeginn darf jedoch vereinbart werden.

10. Vererbung möglich

Stirbt der Vertragsinhaber während der Ansparphase, so ist eine Vererbung des angesammelten Kapitals möglich[67]. Das hat grundsätzlich zur Folge, dass Zulagen und Steuervorteile vom Staat zurückgefordert werden. Zudem haben die Erben dafür zu sorgen, dass die erwirtschafteten Erträge der Besteuerung unterworfen werden[68].

Eine Vererbung auf den Ehegatten ist dagegen nicht „riesterschädlich"[69]. Wird das angesammelte Kapital auf einen Riestervertrag des überlebenden, nicht dauernd getrennt lebenden Ehegatten übertragen, werden Zulagen und Steuervorteile nicht zurückgefordert. Hierzu reicht es sogar aus, wenn spätestens im Zeitpunkt der Übertragung auf den überlebenden Ehegatten ein Riestervertrag abgeschlossen wird. So lange sollte aber zumindest bei mittelbar berechtigten Ehegatten nicht gewartet werden, weil ansonsten die möglichen Zulagen verschenkt werden.

11. Riesterschädliche Verwendung[70]

Wird das Riesterprodukt nicht nach den Vorstellungen des Gesetzgebers verwendet, also z. B. nicht für eine lebenslange Rente oder einen Auszahlplan, sind Zulagen und Steuervorteile zurückzuzahlen. Als schädlich gelten z. B. auch der Wegzug ins Ausland[71], die vollständige Kapitalrückzahlung oder die Vererbung auf die Kinder und andere Erben, ausgenommen Ehepartner. Das Kapital und die erwirtschafteten Erträge bleiben aber auf jeden Fall erhalten.

Strittig ist vor dem EuGH gegenwärtig, ob der Wegzug ins Ausland als schädlich eingestuft werden darf, weil – so die Kritiker der Vorschrift – dies die Freizügigkeit innerhalb der Europäischen Union einschränken würde und Ausländer diskriminiert[72]. Solange der EuGH diese Rechtsnorm nicht verwirft, kann bei Wegzug ins Ausland der Rückzahlungsbetrag (Zulagen und Steuervorteil) bis zum Beginn der Rentenbezugsphase gestundet werden. Die Stundung wird auf Antrag weiter verlängert, wenn ab Beginn der Rentenbezugsphase 15 % der monatlichen Leistungen für die Tilgung des Rückzahlungsbetrages verwendet werden. Die Tilgung endet, wenn der Rückzahlungsbetrag vollständig beglichen ist[73].

12. Riesterförderung im Rahmen der betrieblichen Altersvorsorge

Riesterverträge (Pensionsfonds, Pensionskasse und Direktversicherung) können auch über den Arbeitgeber abgeschlossen werden, sofern der Betrieb diese Möglichkeit anbietet. Unterliegen diese Verträge dem Betriebsrentengesetz, brauchen sie nicht gemäß AltZertG zertifiziert zu sein. Sie werden zwar in der Ansparphase wie private Riesterverträge gefördert [74], in der Rentenbezugsphase gelten sie aber nach dem Sozialversicherungsrecht als betriebliche Altersversorgung. Dies hat zur Folge, dass die Rentenzahlungen mit Beiträgen zur gesetzlichen Kranken- und Pflegeversicherung (zzt. 16,85–17,1 %) belastet sind[75]. Für viele Vorsorgesparer ist es daher ratsam, einen zertifizierten, rein privaten Riestervertrag abzuschließen, u. a. auch, weil betriebliche Riesterverträge nicht für wohnwirtschaftliche Zwecke (Wohn-Riester) verwendet werden können.

II. Hard facts

Die staatliche Förderung des Riesterweges erfolgt in der Ansparphase durch einen weitgehenden Besteuerungsverzicht. Der Staat wartet bis zur Rentenbezugsphase und holt dann die Besteuerung nach. Hieraus ergeben sich Vorteile durch Zulagenförderung oder Steuerersparnis, Zinsvorteile durch Steuerstundung und Steuersatzvorteile durch eine meist niedrigere Steuerbelastung im Ruhestand.

1. Nachgelagerte Besteuerung

Die Sparbeiträge werden in der Ansparphase durch Zulage und, bei unmittelbar Begünstigten, einen zusätzlichen Sonderausgabenabzug staatlich gefördert. Die Anlageerträge sind bei „riesterkonformer" Verwendung steuerfrei. Erst in der

Rentenbezugsphase wird die Rückzahlung des angesammelten Kapitals (Eigenleistung, Zulagen und Erträge) der Besteuerung unterworfen, dann aber zu 100 %, egal in welchem Jahr mit der Rentenzahlung begonnen wird (nachgelagerte Besteuerung)[76]. Die Erträge und Rentenzahlungen unterliegen nicht der Abgeltungsteuer.

2. Staatliche Förderung:

a) Zulagenförderung[77]

Der Vertragsinhaber erhält die Grundzulage in Höhe von 154 €[78]. Zusätzlich wird eine Kinderzulage in Höhe von 185 € gewährt. Ab dem Geburtsjahrgang 2008 steigt die Kinderzulage auf 300 €[79]. Die Kinderzulage wird für jedes Jahr gewährt, in dem für das Kind Kindergeld gezahlt wird. Ein Monat Kindergeldbezug im Jahr reicht[80].

Eine doppelte Zulagenförderung kann in den Fällen erreicht werden, in denen die Kinder bereits eine Berufsausbildung absolvieren und die Einkommensgrenzen (für das Kindergeld)[81] nicht überschreiten. Dann nämlich erhalten die Eltern (Mutter oder Vater) auf ihren Vertrag die Kinderzulage gutgeschrieben, solange Kindergeld gewährt wird. Die Kinder selbst bekommen eine Grundzulage, wenn sie einen eigenen Riestervertrag besparen.

Grundsätzlich wird Kindergeld bis zum 18. Lebensjahr gewährt, wenn sich das Kind in Ausbildung befindet. Ab dem 18. Lebensjahr sind zudem bestimmte Einkommensgrenzen zu beachten. Im Normalfall wird Kindergeld längstens bis zur Vollendung des 25. Lebensjahres[82] gewährt. Sind Kinder behindert und außerstande, sich selbst zu unterhalten, können Eltern Kindergeld über das 25. Lebensjahr hinaus erhalten, wenn die Behinderung vor dem 25. Lebensjahr eingetreten ist[83]. In diesem Falle wird die Kinderzulage gewährt, solange Kindergeld gezahlt wird.

Ist das Kind zudem in einer anerkannten Werkstätte für Behinderte beschäftigt, hat es selbst einen eigenständigen Anspruch und ist unmittelbar förderberechtigt.

Sollte zudem ein Elternteil als Pflegeperson im Sinne des § 18 SGB XI fungieren, wäre der pflegende Elternteil unmittelbar förderberechtigt. Bezieht der pflegende Elternteil kein Entgelt und erhält von der zuständigen Krankenkasse nur eine Bescheinigung über die an die gesetzliche Rentenversicherung gemeldeten Beträge, ist dies im Zulagenantrag gesondert zu vermerken. Dann nämlich reicht eine Sockelzahlung von 60 €, damit die Grund- und Kinderzulage der Pflegeperson ungekürzt gewährt wird.

Die Kinderzulage wird vorrangig auf den Vertrag der Mutter überwiesen[84]. Auf gemeinsamen Antrag kann die Kinderzulage auch dem Vertrag des Vaters gutgeschrieben werden[85]. Leben die Eltern nicht in einem gemeinsamen Haushalt, so erhält der Elternteil die Kinderzulage, der das Kindergeld bekommt[86].

Berufseinsteiger und junge Erwachsene[87] erhalten erstmals für das Vorsorgejahr 2008 neben der Grundzulage (154 €) einen „Starterbonus" in Form einer erhöhten Zulage (200 €). Diesen Bonus erhalten einmalig junge Erwachsene, die zu Beginn des jeweiligen Vorsorgejahres das 25. Lebensjahr noch nicht vollendet haben. Dies sind für das Sparjahr 2009 alle Berufseinsteiger, die ab dem 2.1.1984 geboren sind[88]. Im Jahr 2009 braucht ein junger Erwachsener mit Anspruch auf „Starterbonus" folglich nur den Sockelbetrag von 60 € zu bezahlen, wenn sein RV-pflichtiges Entgelt im Jahr 2008 max. 10.350 € betragen hat (4% v. 10.350 € = 414 € abzgl. 354 € Zulagen = 60 € Eigenleistung). Für die Gewährung dieser einmalig erhöhten Zulage ist die Erbringung des Mindesteigenbeitrags (abzgl. 354 € Grundzulage und Starterbonus) auf *Jahres*basis erforderlich. Anderenfalls wird der Starterbonus ebenso wie die Grundzulage gekürzt. Das Kürzungsproblem taucht immer wieder bei Neuabschlüssen während des Jahres auf. Ich empfehle daher, den Mindesteigenbeitrag exakt zu berechnen und, bei monatlichen Sparraten, den Beitrag von Januar bis zum Abschlussmonat ggf. als Einmalbeitrag sofort einzuzahlen.

Grund- und Kinderzulage werden nur auf jährlichen Antrag gewährt. Die Anträge erhalten Sie von Ihrem Produktanbieter. Sie sind von Ihnen auszufüllen. Nach Prüfung durch Ihren Anbieter erhält die zentrale Zulagenstelle für Altersvermögen (ZfA bei der Deutschen Rentenversicherung – Bund) die Anträge zur weiteren Bearbeitung. Zur Verwaltungsvereinfachung kann ein „Dauerzulagenantrag" gestellt werden. Dadurch sparen Sie sich den jährlichen Antrag, denn der Dauerzulagenantrag gilt, bis sich in Ihren persönlichen und/oder familiären Verhältnissen Änderungen ergeben.

Selbst wenn Sie glauben, der Sonderausgabenabzug würde in Ihrem Falle zu einem günstigeren Ergebnis führen als die Zulage, sollten Sie stets die Zulage beantragen. Ob und in welcher Höhe die Zulage gewährt wurde, können Sie der jährlichen „Bescheinigung gem. § 92 EStG" entnehmen. Differiert die gutgeschriebene Zulage von dem vom Finanzamt ermittelten Zulagenanspruch, sollte dies Anlass sein, sich mit Ihrem Finanz- oder Steuerberater in Verbindung zu setzen. Denn dies könnte auch ein Indiz für eine falsche Günstigerprüfung sein, da das Finanzamt mit dem Zulagenanspruch rechnet und nicht mit der tatsächlich für das Sparjahr gutgeschriebenen Zulage. Diese Empfehlung gilt selbst dann, wenn Sie die Zulage nicht beantragen[89]. Deshalb: Zulagenantrag jährlich stellen. Oder noch besser, Dauerzulagenantrag bereits bei Abschluss des Vertrages stellen, dann brauchen Sie nur noch Änderungen zu übermitteln.

Berechnen Sie jährlich (nach Erhalt der Lohnunterlagen für das Vorjahr) gemeinsam mit Ihrem Berater Ihren Mindestbeitrag und lassen Sie den Beitragseinzug ggf. anpassen. Damit ist sichergestellt, dass Sie stets die ungekürzte Zulage erhalten. Für die Berechnung wird Ihr rentenversicherungspflichtiges Jahresentgelt des Vorjahres benötigt. Dieses können Sie z. B. der „Meldebescheinigung zur Sozialversicherung" entnehmen, die Sie jährlich in den ersten Monaten des Folgejahres von Ihrem Arbeitgeber erhalten. Auch auf der Entgeltabrechnung für Dezember des Vorjahres finden Sie diesen Wert. Wenn Sie es sich leisten können, empfehle ich bei einem unmittelbar Förderberechtigten stets den jährlichen Maximalbeitrag – vermindert um die Grund-, Starter- und Kinderzulagen – anzusparen. In diesem Fall brauchen Sie Ihren Sparbeitrag nur noch anzupassen, wenn sich Kinderzahl, Zulagen oder Rechtslage ändert.

b) Zusätzlicher Sonderausgabenabzug[90]

Der zusätzliche Sonderausgabenabzug muss im Rahmen der jährlichen Einkommensteuererklärung beantragt werden. Er beträgt für den unmittelbar Begünstigten max. 2.100 €. Die gewährten Zulagen sind in diesem Rahmen ebenfalls begünstigt. Dem mittelbar Begünstigten steht kein zusätzlicher Sonderausgabenabzug zu.

Die Beantragung erfolgt bis einschließlich des Veranlagungszeitraums 2009[91] mit Anlage AV zum Mantelbogen. Der Anlage AV ist die nach amtlich vorgeschriebenem Vordruck erstellte „Bescheinigung nach § 10a Abs. 5 EStG" des Anbieters/Vertragspartners beizufügen. Ab dem VZ 2010 werden diese Daten elektronisch[92] vom Anbieter übermittelt, sofern ihm eine Ermächtigung erteilt wurde. Beim zusätzlichen Sonderausgabenabzug werden die bescheinigte Eigenleistung und der vom Finanzamt ermittelte Zulagenanspruch (= Eigenbeitrag) angesetzt. Das Finanzamt hat das Ergebnis der Günstigerprüfung im Steuerbescheid festzustellen und ggf. die Steuervorteile zu erstatten, die sich über den Zulagenanspruch hinaus errechnen[93]. Der zusätzliche Sonderausgabenabzug steht Ehegatten doppelt zu, wenn beide unmittelbar förderberechtigt sind[94].

Auch wenn Sie glauben, dass der Sonderausgabenabzug nicht günstiger ist als die Zulage, sollten Sie rein vorsorglich bei der Steuererklärung stets die Anlage AV ausfüllen und die Anbieterbescheinigung beilegen. Nur so zwingen Sie das Finanzamt, das Ergebnis der Günstigerprüfung im Steuerbescheid aufzuführen. Dadurch erreichen Sie auch, dass bei späteren Bescheidänderungen – etwa nach einem Einspruch, einem geänderten Grundlagenbescheid oder einer Außenprüfung – die Günstigerprüfung erneut vorgenommen werden muss. Denn eine nachträgliche Vorlage der Anbieterbescheinigung verpflichtet das Finanzamt i. d. R. nicht mehr zur Berücksichtigung[95].

3. Mindestbeitrag, Eigenleistung[96]

Die staatliche Zulagenförderung wird ungekürzt gewährt, wenn in den Riestervertrag des unmittelbar Begünstigten der Mindestbeitrag einfließt. Dieser beträgt 4 % des für den Rentenversicherungsbeitrag maßgeblichen Entgelts des Vorjahres. Wird weniger eingezahlt, wird die Zulage anteilig gekürzt. Der Mindestbeitrag setzt sich zusammen aus der Eigenleistung des Sparers und der staatlichen Zulage.

Grundsätzlich ist das rentenversicherungspflichtige Einkommen des Vorjahres maßgebend, für das Sparjahr 2009 also das Einkommen des Jahres 2008, bei Landwirten das Vor-Vorjahr, also das Einkommen des Jahres 2007. Von dem so ermittelten Mindestbeitrag darf die Zulage (einschließlich Kinderzulage), die der Staat unmittelbar in den Vertrag leistet, abgezogen werden. Der verbleibende Betrag ist die tatsächliche Eigenleistung, die der Vorsorgesparer aufbringen muss. Sollte die errechnete Eigenleistung den Sockelbetrag von 60 € unterschreiten, so ist vom unmittelbar Förderberechtigten zumindest der Sockelbetrag zu leisten[97]. Gibt es bei unmittelbar Berechtigten im Vorjahr kein maßgebliches Einkommen wie z. B. bei Berufseinsteigern/Auszubildenden, greift stets der Sockelbetrag von 60 €[98].

Der mittelbar förderberechtigte Ehegatte braucht den Sockelbetrag nicht zu leisten und erhält dennoch die Zulage – auch wenn einige Anbieter anderes behaupten[99]. Einzige Voraussetzung: Der unmittelbar förderberechtigte Ehegatte hat seine persönliche Eigenleistung auf seinen eigenen Vertrag zumindest in der Höhe erbracht, die gemeinsam mit den Zulagen (2 × Grundzulage + Kinderzulagen) den Mindestbeitrag erreicht.

In welchen Vertrag die Kinderzulagen geleitet werden, spielt hinsichtlich der Ermittlung der richtigen Eigenleistung eine entscheidende Rolle für den Zulagenanspruch. Beim Sonderausgabenabzug gilt dies ebenfalls, sofern die Ehegatten getrennt veranlagt werden[100], nicht dagegen, wenn die Ehegatten Zusammenveranlagung beantragen. In diesem Fall werden für den Sonderausgabenabzug die Eigenleistungen und die Zulagen beider Ehegatten zusammengefasst[101].

Sind beide Ehegatten/Eltern unmittelbar begünstigt, ist für die Berechnung des jeweiligen Mindestbeitrags die Kinderzulage exakt bei dem Vorsorgenden zu berücksichtigen, dessen Vertrag die Kinderzulage gutgeschrieben wird[102].

Grundsätzlich sieht das EStG vor, Rentenzahlungen nur insoweit nachgelagert zu besteuern, als sie aus Beiträgen resultieren, die zulagen- bzw. steuerbegünstigt erbracht wurden, sowie aus den Zulagen selbst und den Erträgen[103]. Als zulagen- bzw. steuerbegünstigt gelten ab dem Sparjahr 2008 Beiträge bis zu 2.100 €[104]. Bei einem Alleinstehenden mit nur einem Riestervertrag ist es für den Anbieter kein Problem, diese Grenze zu erkennen. Bei zwei Verträgen und unterschiedlichen Anbietern gibt es schon praktische Probleme. Bei Verheirateten kann m. E. die Feststellung der Zulagen- bzw. Steuerbegünstigung für den Anbieter eine fast unlösbare Aufgabe darstellen – so z. B. wenn Ehegatten bei verschiedenen Anbietern einen Riestervertrag abschließen, oder im Falle von mittelbar begünstigten Ehegatten.

Deshalb gilt zur Vermeidung einer freiwilligen Doppelbesteuerung:

Führt ein Ehegatte den Haushalt und ein Ehegatte geht einer Beschäftigung nach, die eine unmittelbare Förderberechtigung erlaubt, so können beide Ehegatten eine Grundzulage erhalten, aber nur der unmittelbar Förderberechtigte hat den zusätzlichen Sonderausgabenabzug. Im Jahr 2009 beträgt die gemeinsame Obergrenze für beide Ehegatten insgesamt 2.100 €. Eine Auffüllung auf den Maximalbetrag ist für den mittelbar Förderberechtigten „fördertechnisch" sinnlos, da sich dadurch die Zulage nicht erhöht und er keinen eigenständigen Anspruch auf Sonderausgabenabzug hat. Die späteren Rentenbezüge aus seinem Vertrag müssen trotzdem der Besteuerung unterworfen werden, wenn die Beiträge im Rahmen des Höchstbetrags (2.100 €) geleistet wurden. Denn sie waren zulagebegünstigt[105]. Hat also der unmittelbar förderberechtigte Ehegatte die für eine ungekürzte Zulage erforderliche Mindesteigenleistung in seinen Vertrag erbracht, sollte darüber hinaus in den Vertrag des mittelbar Förderberechtigten maximal bis zur gemeinsamen Obergrenze (2.100 €) ein freiwilliger Beitrag erbracht werden. Selbst dies ergibt im Hinblick auf die Förderquote nur einen Sinn, sofern der Sonderausgabenabzug über die Günstigerprüfung eine steuerliche Entlastung bringt.

Bei einem Alleinverdiener-Ehepaar gilt folglich der Ratschlag „Null-Vertrag" für den mittelbar Begünstigten, Mindestbeitrag für den unmittelbar Begünstigten. Nur wenn der zusätzliche Sonderausgabenabzug eine zusätzliche Steuerersparnis bringt, sollte nach Möglichkeit für den Ehegatten mit den niedrigsten Alterseinkünften bzw. der höchsten Lebenserwartung freiwillig bis zum gemeinsamen Maximalbeitrag von 2.100 € (vermindert um die gemeinsamen Zulagen) aufgestockt werden.

Ergänzender Hinweis für Spitzenverdiener:
Bei unmittelbar begünstigten Vorsorgesparern, die einer hohen Steuerbelastung ausgesetzt sind, kann eine bewusste Überschreitung der Obergrenzen für den Sonderausgabenabzug interessant sein. Das EStG sieht nämlich vor, dass Beiträge, die über den Sonderausgabenhöchstbetrag hinaus geleistet werden, in einem „fiktiven Sondertopf" angesammelt werden. Die Erträge während der Ansparphase sind weiterhin steuerfrei[106]. Die Rentenzahlungen aus den „Überzahlungen" sind dagegen nicht mit 100 % nachgelagert zu versteuern, sondern – wie bei sonstigen privaten Rentenversicherungen – nur mit dem niedrigeren Ertragsanteil[107]. Ein durchaus überlegenswerter Schritt – sofern es um die Schließung einer Versorgungslücke geht und die anderen staatlich geförderten Vorsorgewege (Eichel-/Rüruprente) ausgeschöpft sind bzw. nicht beansprucht werden können und wenn der Vertragsanbieter erlaubt, das freiwillig überzahlte Kapital ggf. in voller Höhe auf einmal auszuzahlen. Dann vermeiden Sie zudem die Abgeltungsteuer. Vielmehr versteuern Sie, je nachdem wann der Riestervertrag abgeschlossen wurde, entweder die Hälfte der Erträge mit Ihrem persönlichen Grenzsteuersatz (Vertragsbeginn ab dem 1.1.2005, Auszahlung nicht vor dem 60. Lebensjahr, Vertragslaufzeit über 12 Jahre)[108] oder die Auszahlung ist – bei Vertragsabschluss vor dem 1.1.2005 und wenn weitere Voraussetzungen erfüllt sind – gänzlich steuerfrei[109].

4. Sozialabgabenbelastung bzw. -entlastung

In der Ansparphase gibt es weder auf dem privaten noch auf dem betrieblichen Riesterweg eine Entlastung von Sozialabgaben. In der Rentenbezugsphase ist die Riesterrente grundsätzlich nicht mit Beiträgen zur Kranken- und Pflegeversicherung belastet.

Es gibt aber zwei Ausnahmen:
a) Bei Renten aus nicht zertifizierten Riesterverträgen, die unter Mitwirkung des Arbeitgebers im Rahmen der betrieblichen Altersvorsorge[110] angespart wurden, handelt es sich um Leistungen aus einer betrieblichen Altersversorgung. Sofern Sie in der Ruhestandsphase der Krankenversicherung der Rentner (KVdR) angehören, sind die Bruttorentenbeträge mit Beiträgen zur Kranken- und Pflegeversicherung belastet[111]. Einen steuerfreien Zuschuss des Arbeitgebers zu den KV- bzw. PflV-Beiträgen gibt es nicht[112].
b) Sind Sie als Rentner voraussichtlich freiwillig versichert, hat die Krankenkasse für die Beitragsbemessung die gesamte wirtschaftliche Leistungsfähigkeit zu berücksichtigen[113]. Im Rahmen der Beitragsbemessungsgrenze können somit auch die Rentenbezüge aus privaten Riesterverträgen für die Beitragsbemessung herangezogen werden.

5. Zusammenfassende Riester-Beispiele

Beispiel, Anton, alleinstehend, ohne Kind:

Riester-, Eichel- oder Rüruprente? Anton, alleinstehend ohne Kind		Vorsorgebeginn: 2009 Jahrgang: 1966		Stand: 20.02.2009 (incl. Konjunkturpaket II)	
	2008	2009			
rentenversicherungspflichtiges Entgelt	30.000 €	30.000 €	Beitrags-		
Beitragsbemessungsgrenze KV, PflV (bundeseinheitlich)	43.200 €	44.100 €	satz		
gesetzliche Krankenversicherung		gkv	14,00%		
ggf. Sonderbeitrag Zahnersatz (vom AN allein zu tragen)			0,90%		
Pflegepflichtversicherung			1,95%		
ggf. Sonderbeitrag für Kinderlose?		j	0,25%		
Beitragsbemessungsgrenze allgem. RV, AlV (West):	63.600 €	64.800 €		Riesterweg	
pflichtversichert in der ges. Renten- u. Arbeitslosenversicherung		drv	22,70%	%	€uro
Grenzsteuersatz, ESt **geschätzt**		30,00%			
Grundhöchstbetrag Altersvorsorge					2.100,00
max. Abzugsquote im Sparjahr				100,000	
Mindesteigenbeitrag in % v. RV-pflichtigen Vorjahresentgelt				4,000	1.200,00
Sockelbetrag des unmittelbar Begünstigten					60,00
Minimaler Beitrag für **ungekürzte** Zulage = maximale Förderquote					
Bruttobeitrag p.a. (in den Vorsorgevertrag)				30,000	1.200,00
Entlastung Lohnsteuer aus Bruttobeitrag				30,000	
Entlastung AN-Anteil KV, PPflV (West) aus Bruttobeitrag					
Entlastung AN-Anteil RV, AlV (West) aus Bruttobeitrag					
Summe der Riesterzulagen				18,333	154,00
= **Mindesteigenleistung i.S. § 10a EStG, pro Jahr**					1.046,00
zusätzliche Steuerersparnis (ohne SolZ, KiSt) ab Grenzsteuersatz:		12,83%			206,00
= effektive Eigenleistung (Vergleichsbasis)				100,000	840,00
staatliche Ansparförderung (LSt/ESt, SV, Zulagen) in % zur Eigenleistung bzw. absolut				42,857	360,00

Anton, ledig, hat keine Kinder und ist rentenversicherungspflichtig beschäftigt. Sein rentenversicherungspflichtiges Einkommen lag im Vorjahr (2008) bei 30.000 € und bleibt unverändert im Jahr 2009. Anton hat 1.046 € in seinen Riestervertrag eingezahlt. Sein Grenzsteuersatz wird in beiden Jahren auf rd. 30 % geschätzt (SolZ und KiSt werden aus Vereinfachungsgründen vernachlässigt).

Lösung für das Sparjahr 2009:
Der Mindestbeitrag im Jahr 2009 beträgt 4 % aus dem Vorjahreseinkommen = 1.200 €. Hiervon trägt der Staat in Form der Grundzulage 154 € (sofern beantragt). Anton hat 1.046 € zu tragen (= 1.200 € ./. 154 €). Überweist Anton die Eigenleistung in Höhe von 1.046 € in den Altersvorsorgevertrag, erhält er nach Antragstellung im Jahr 2010 die Zulage auf seinem Altersvorsorgevertrag gutgeschrieben. Zahlt

er weniger, wird die Zulage anteilig gekürzt. Zahlt er z. B. nur 500 €, wird die Grundzulage auf 73,61 € (= 154/1.046 × 500) gekürzt.

Zudem beantragt Anton in seiner Steuererklärung 2009 mit der Anlage AV einen zusätzlichen Sonderausgabenabzug in Höhe von 1.200 € (= Eigenleistung + Zulage). Hierzu legt er dem Finanzamt die „Bescheinigung gem. § 10a Abs. 5 EStG" (Anbieterbescheinigung) vor. Das Finanzamt wird bei der angenommenen Grenzsteuerbelastung von 30 % feststellen, dass der zusätzliche Sonderausgabenabzug noch günstiger ist als die Zulagenförderung. Die Steuerersparnis beträgt 360 € (= 30 % von 1.200 €, SolZ u. KiSt werden hier vernachlässigt). Da Anton einen Anspruch auf ungekürzte Grundzulage in Höhe von 154 € hat, zahlt das Finanzamt die verbleibende Steuerersparnis von 206 € (= 360 € ./. 154 €) aus. Anton ist bei einem Beitrag in Höhe von 1.200 € nach Abzug von Zulage und Steuerrückerstattung effektiv nur mit einer Eigenleistung von 840 € belastet, die Gesamtförderung beträgt 360 €. Ich überlasse es dem Leser, ob er diese Förderung auf den Bruttobeitrag, die Mindesteigenleistung oder die effektive Eigenleistung beziehen will. Egal wie man es rechnet: Die Förderquote liegt zwischen 30 % und 42,86 %.

Achtung Schlamperfalle!
Die Kürzung um den individuellen Zulagenanspruch nimmt das Finanzamt selbst dann vor, wenn Anton den Zulagenantrag nicht gestellt hat.

Beispiel Berthold und Elvira, beide Arbeitnehmer, zwei Kinder

Riester-, Eichel- oder Rüruprente?		Vorsorgebeginn:	2009		
Berthold u. Elvira, 2 Kinder		Jahrgang:	1966	Stand: 20.02.2009	
	2008	2009		(incl. Konjunkturpaket II)	
rentenversicherungspflichtiges Entgelt	40.000 €	40.000 €	**Beitrags-**		
Beitragsbemessungsgrenze KV, PflV (bundeseinheitlich)	43.200 €	44.100 €	**satz**		
gesetzliche Krankenversicherung		gkv	14,00%		
ggf. Sonderbeitrag Zahnersatz (vom AN allein zu tragen)			0,90%		
Pflegepflichtversicherung			1,95%		
ggf. Sonderbeitrag für Kinderlose?		n	0,00%		
Beitragsbemessungsgrenze allgem. RV, AlV (West):	63.600 €	64.800 €		**Riesterweg**	
pflichtversichert in der ges. Renten- u. Arbeitslosenversicherung		drv	22,70%		
Grenzsteuersatz, ESt **geschätzt**		30,00%		**%**	**€uro**
Grundhöchstbetrag Altersvorsorge					2.100,00
max. Abzugsquote im Sparjahr				100,000	
Mindesteigenbeitrag in % v. RV-pflichtigen Vorjahresentgelt				4,000	1.600,00
Sockelbetrag des unmittelbar Begünstigten					60,00
Minimaler Beitrag für **ungekürzte** Zulage = maximale Förderquote					
Bruttobeitrag p.a. (in den Vorsorgevertrag)				32,750	1.600,00
Entlastung Lohnsteuer aus Bruttobeitrag				30,000	
Entlastung AN-Anteil KV, PPflV (West) aus Bruttobeitrag					
Entlastung AN-Anteil RV, AlV (West) aus Bruttobeitrag					
Summe der Riesterzulagen				48,699	524,00
= **Mindesteigenleistung i.S. § 10a EStG, pro Jahr**					1.076,00
zusätzliche Steuerersparnis (ohne SolZ, KiSt) ab Grenzsteuersatz:		32,75%			0,00
= effektive Eigenleistung (Vergleichsbasis)				100,000	1.076,00
staatliche Ansparförderung (LSt/ESt, SV, Zulagen) in % zur Eigenleistung bzw. absolut				48,699	524,00

Berthold und Elvira sind verheiratet und haben zwei Kinder, für die Kindergeld gezahlt wird. Berthold verdiente im Jahr 2008 40.000 €, Elvira mit einem Teilzeitjob 6.000 €. Beide sind rentenversicherungspflichtig beschäftigt. Da die freien Finanzmittel durch Wohnungskauf und -einrichtung bis zur vollständigen Entschuldung knapp sind, wollen die Ehegatten die Zulagen zwar ungekürzt erhalten, trotzdem jedoch möglichst wenig in den Riestervertrag einzahlen. Der Grenzsteuersatz liegt im Jahr 2009 bei 30 %.

Lösung für das Sparjahr 2009:
Beide Ehegatten sind unmittelbar förderberechtigt, folglich hat jeder Ehegatte seinen Mindesteigenbeitrag (4 % aus dem Vorjahresentgelt) individuell zu berechnen. Er beträgt für Berthold 1.600 € und für Elvira 240 €. Bleibt es bei der gesetzlichen Fiktion, werden die Kinderzulagen auf den Vertrag von Elvira geleistet. Dies hätte zur Folge, dass die Eigenleistung von Elvira unter den Sockelbetrag sinkt, weshalb mindestens 60 € in den Vertrag von Elvira zu leisten ist. Gleichzeitig hätte Berthold eine

Eigenleistung von 1.446 € zu erbringen. In Summe haben die Ehegatten 1.506 € zu leisten und erhalten Zulagen in Höhe von 678 € (= 2 × 154 € + 2 × 185 €).

Optieren die Eheleute allerdings dafür, die Kinderzulagen in den Vertrag des Vaters umzuleiten, so sinkt bei Berthold die Eigenleistung auf 1.076 € (= 1.600 € ./. 154 € ./. 2 × 185 €). Die Eigenleistung von Elvira würde noch 86 € (= 240 € ./. 154 €) betragen. Beide Ehegatten leisten in Summe bei dieser Alternative nur 1.162 € und erhalten trotzdem die vollen Zulagen von 678 €. Der Sonderausgabenabzug ist im Beispiel nicht günstiger.

Beispiel Adam und Eva, Einverdiener-Familie mit zwei Kindern:

Riester-, Eichel- oder Rüruprente? Adam u. Eva, 1-Verdiener-Fam. + 2 Kinder		Vorsorgebeginn: 2009 Jahrgang: 1966		Stand: 20.02.2009 (incl. Konjunkturpaket II)
	2008	2009		
rentenversicherungspflichtiges Entgelt	30.000 €	30.000 €	Beitrags-	
Beitragsbemessungsgrenze KV, PflV (bundeseinheitlich)	43.200 €	44.100 €	satz	
gesetzliche Krankenversicherung		gkv	14,00%	
ggf. Sonderbeitrag Zahnersatz (vom AN allein zu tragen)			0,90%	
Pflegepflichtversicherung			1,95%	
ggf. Sonderbeitrag für Kinderlose?		n	0,00%	
Beitragsbemessungsgrenze allgem. RV, AlV (West):	63.600 €	64.800 €		Riesterweg
pflichtversichert in der ges. Renten- u. Arbeitslosenversicherung		drv	22,70%	%	€uro
Grenzsteuersatz, ESt **geschätzt**		25,00%			
Grundhöchstbetrag Altersvorsorge					2.100,00
max. Abzugsquote im Sparjahr				100,000	
Mindesteigenbetrag in % v. RV-pflichtigen Vorjahresentgelt				4,000	1.200,00
Sockelbetrag des unmittelbar Begünstigten					60,00
Minimaler Beitrag für **ungekürzte** Zulage = maximale Förderquote					
Bruttobeitrag p.a. (in den Vorsorgevertrag)				56,500	1.200,00
Entlastung Lohnsteuer aus Bruttobeitrag				25,000	
Entlastung AN-Anteil KV, PPflV (West) aus Bruttobeitrag					
Entlastung AN-Anteil RV, AlV (West) aus Bruttobeitrag					
Summe der Riesterzulagen				129,885	678,00
= Mindesteigenleistung i.S. § 10a EStG, pro Jahr					522,00
zusätzliche Steuerersparnis (ohne SolZ, KiSt) ab Grenzsteuersatz:		56,50%			0,00
= effektive Eigenleistung (Vergleichsbasis)				100,000	522,00
staatliche Ansparförderung (LSt/ESt, SV, Zulagen) in % zur Eigenleistung bzw. absolut				129,885	678,00

Adam und Eva sind verheiratet. Adam ist rentenversicherungspflichtig beschäftigt. Eva führt den ehelichen Haushalt und versorgt die beiden Kinder. Von der Familienkasse wird für beide Kinder Kindergeld gezahlt. Das steuerpflichtige Einkommen von Adam lag im Vorjahr (2008) bei 30.000 € und bleibt im Jahr 2009 unverändert. Der angenommene Grenzsteuersatz beträgt im Vorsorgejahr 2009 voraussichtlich

25 % (SolZ und KiSt werden vernachlässigt). Beide Ehegatten haben einen privaten Riestervertrag.

Lösung für das Sparjahr 2009:
Adam ist unmittelbar förderberechtigt. Sein Mindestbeitrag beträgt im Jahr 2009 4 % aus dem Vorjahreseinkommen = 1.200 €. Eva ist mittelbar förderberechtigt, da Adam einen Riestervertrag abgeschlossen hat. Ihr Mindestbeitrag liegt bei 0 €[114]. Adam und Eva können jeweils eine ungekürzte Grundzulage von 154 € sowie eine ungekürzte Kinderzulage von 2 × 185 € erhalten. Hierzu muss Adam die Mindesteigenleistung in Höhe von 522 € (= 1.200 € ./. 678 €) in seinen Altersvorsorgevertrag einzahlen. Die Kinderzulage wird grundsätzlich auf den Vertrag der Mutter gutgeschrieben. Auf gemeinsamen Antrag könnte die Kinderzulage dem Vertrag von Adam gutgeschrieben werden. Da Eva mittelbar begünstigt ist, führt diese Option nicht zu einer höheren Eigenleistung von Eva, aber auch nicht zu einer Kürzung der Eigenleistung von Adam[115]. Es bleibt bei einer unveränderten Eigenleistung von 522 € für Adam. Zahlt Adam weniger als 522 € in seinen Vertrag, werden alle Zulagen (678 €) anteilig gekürzt.

Zudem beantragen Adam und Eva (vorsichtshalber) in ihrer Steuererklärung 2009 mit der Anlage AV unter Vorlage der Anbieterbescheinigung gem. § 10a Abs. 5 EStG einen zusätzlichen Sonderausgabenabzug in Höhe von 1.200 €. Das Finanzamt wird bei der angenommenen Spitzenbelastung von 25 % feststellen, dass der Sonderausgabenabzug keine zusätzliche Steuerentlastung bringt, da die mögliche Steuerermäßigung von 300 € (= 25 % von 1.200 €) niedriger ist als die gesamten Zulagen mit 678 €. Die Deutsche Rentenversicherung würde in diesem Fall die defensive Förderquote von 56,5 % angeben (= 678 € × 100/1.200 €). Ich favorisiere die Förderquote von 129,9 %, nämlich das Verhältnis von Zulagen zu Mindesteigenleistung (= 678 € × 100/522 €).

Im Falle von Adam und Eva würde sich bei vorstehender Eigenleistung erst ab einer Grenzsteuerbelastung von (rechnerisch) 57 % ein zusätzlicher Steuervorteil ergeben. Bei einer freiwilligen Aufstockung auf den Sonderausgabenhöchstbetrag müsste die Eigenleistung auf 1.422 € (= 2.100 € ./. 678 €) erhöht werden. In diesem Fall wäre bereits ab einem Grenzsteuersatz von rd. 33 % der zusätzliche Sonderausgabenabzug günstiger als die reine Zulagenförderung.

Da Adam seine Mindesteigenleistung auf seinen Vertrag erbracht hat, werden die Zulagen jedenfalls ungekürzt in den Vertrag geleitet. Für die freiwillige Aufstockung ist es egal, ob der Aufstockungsbetrag in den Vertrag von Adam oder Eva eingezahlt wird, denn für den Sonderausgabenabzug dürfen die addierten Eigenleistungen der Ehegatten angesetzt werden, sofern eine Zusammenveranlagung möglich ist[116].

Beispiel Wilma und Fred (selbstständige Ärztin und Mini-Jobber):

Riester-, Eichel- oder Rüruprente? Fred u. Wilma, verheiratet, 2 Kinder	Vorsorgebeginn: 2009 Jahrgang: 1966		Stand: 20.02.2009 (incl. Konjunkturpaket II)	
	2008	2009		
rentenversicherungspflichtiges Entgelt	- €	- €	Beitragssatz	
Beitragsbemessungsgrenze KV, PflV (bundeseinheitlich)	43.200 €	44.100 €		
gesetzliche Krankenversicherung		gkv	14,00%	
ggf. Sonderbeitrag Zahnersatz (vom AN allein zu tragen)			0,90%	
Pflegepflichtversicherung			1,95%	
ggf. Sonderbeitrag für Kinderlose?		n	0,00%	
Beitragsbemessungsgrenze allgem. RV, AIV (West):	63.600 €	64.800 €	**Riesterweg**	
nicht pflichtversichert in der ges. Renten- u. Arbeitslosenversicherung		n	22,70%	
Grenzsteuersatz, ESt **geschätzt**		42,00%	%	€uro
Grundhöchstbetrag Altersvorsorge				2.100,00
max. Abzugsquote im Sparjahr			100,000	
Mindesteigenbeitrag in % v. RV-pflichtigen Vorjahresentgelt			4,000	60,00
Sockelbetrag des unmittelbar Begünstigten				60,00
Minimaler Beitrag für **ungekürzte** Zulage = maximale Förderquote				
Bruttobeitrag p.a. (in den Vorsorgevertrag)			91,870	738,00
Entlastung Lohnsteuer aus Bruttobeitrag			42,000	
Entlastung AN-Anteil KV, PPflV (West) aus Bruttobeitrag				
Entlastung AN-Anteil RV, AIV (West) aus Bruttobeitrag				
Summe der Riesterzulagen			1.130,000	678,00
= **Mindesteigenleistung** i.S. § 10a EStG, pro Jahr				60,00
zusätzliche Steuerersparnis (ohne SolZ, KiSt) ab Grenzsteuersatz:	91,87%			0,00
= **effektive Eigenleistung** (Vergleichsbasis)			100,000	60,00
staatliche Ansparförderung (LSt/ESt, SV, Zulagen) in % zur Eigenleistung bzw. absolut			1.130,000	678,00

Wilma und Fred sind verheiratet. Wilma ist im Versorgungswerk der Ärzte pflichtversichert. Fred führt den ehelichen Haushalt und versorgt die beiden Kinder (geb. 2004 und 2007). Von der Familienkasse wird für beide Kinder Kindergeld gezahlt. Zudem erledigt der Betriebswirt Fred für die Praxis von Wilma die Buchführung und Abrechnungsarbeiten auf 400-€-Basis.

Lösung:
Fred ist aufgrund seines Mini-Jobs nicht rentenversicherungspflichtig. Da Wilma

nicht in der gesetzlichen Rentenversicherung pflichtversichert ist, sondern im Versorgungswerk der Ärzte, hätten Fred und Wilma auf den ersten Blick keinen Anspruch auf Riesterförderung.

Da aber Fred die Kinder erzieht und ihm entsprechende Kindererziehungszeiten zugerechnet werden, ist er für die ersten 36 Monate nach der Geburt pflichtversichert in der gesetzlichen Rentenversicherung. Da das jüngste Kind im Jahr 2007 geboren wurde, sind die Eheleute noch in den Jahren 2009 und 2010 zulageberechtigt, Fred unmittelbar und Wilma mittelbar. Der Mindesteigenbeitrag für Fred liegt bei 192 € (= 4 % v. 4.800 €). Nach Kürzung um die Grundzulage greift hinsichtlich der Mindesteigenleistung der Sockelbetrag von 60 €. Wilma braucht als mittelbar Begünstigte keine Eigenleistung zu erbringen[117]. Somit können die Eheleute für 60 € Eigenleistung eine Gesamtförderung von 678 € erhalten. Die Förderquote liegt nach meiner Berechnungsmethode bei 1.130 %, nach der Methode der Deutschen Rentenversicherung immerhin bei 91,9 %.

Beispiel Wilma und Fred ab dem Jahr 2011:

Riester-, Eichel- oder Rüruprente? Fred u. Wilma, verheiratet, 2 Kinder		Vorsorgebeginn: 2009 Jahrgang: 1966		Stand: 20.02.2009 (incl. Konjunkturpaket II)	
	2010	2011			
rentenversicherungspflichtiges Entgelt	4.800 €	4.800 €	Beitrags- satz		
Beitragsbemessungsgrenze KV, PflV (bundeseinheitlich)	43.200 €	44.100 €			
gesetzliche Krankenversicherung		gkv	14,00%		
ggf. Sonderbeitrag Zahnersatz (vom AN allein zu tragen)			0,90%		
Pflegepflichtversicherung			1,95%		
ggf. Sonderbeitrag für Kinderlose?		n	0,00%		
Beitragsbemessungsgrenze allgem. RV, AlV (West):	63.600 €	64.800 €		**Riesterweg**	
pflichtversichert in der ges. Renten- u. Arbeitslosenversicherung		drv	22,70%	%	€uro
Grenzsteuersatz, ESt **geschätzt**		42,00%			
Grundhöchstbetrag Altersvorsorge					2.100,00
max. Abzugsquote im Sparjahr				100,000	
Mindesteigenbeitrag in % v. RV-pflichtigen Vorjahresentgelt				4,000	192,00
Sockelbetrag des unmittelbar Begünstigten					60,00
Minimaler Beitrag für **ungekürzte** Zulage = maximale Förderquote					
Bruttobeitrag p.a. (in den Vorsorgevertrag)				91,870	738,00
Entlastung Lohnsteuer aus Bruttobeitrag				42,000	
Entlastung AN-Anteil KV, PPflV (West) aus Bruttobeitrag					
Entlastung AN-Anteil RV, AlV (West) aus Bruttobeitrag					
Summe der Riesterzulagen				1.130,000	678,00
= Mindesteigenleistung i.S. § 10a EStG, pro Jahr					60,00
zusätzliche Steuerersparnis (ohne SolZ, KiSt) ab Grenzsteuersatz:		91,87%			0,00
= effektive Eigenleistung (Vergleichsbasis)				100,000	60,00
staatliche Ansparförderung (LSt/ESt, SV, Zulagen) in % zur Eigenleistung bzw. absolut				1.130,000	678,00

Ab dem Jahr 2011 sind beide Ehegatten grundsätzlich nicht mehr zulageberechtigt. Doch der Betriebswirt Fred möchte seine gesetzliche Rentenversicherung weiter aufrechterhalten. Er verzichtet ab dem Jahr 2011 auf die Rentenversicherungsfreiheit des Mini-Jobs. Dadurch mutiert der Mini-Job von Fred (nur im Hinblick auf die Rentenversicherung) zu einem regulären rentenversicherungspflichtigen Beschäftigungsverhältnis. Fred muss den pauschalen Beitrag des Arbeitgebers zur Rentenversicherung (15 %) auf den regulären Beitragssatz zur gesetzlichen Rentenversicherung (zzt. 19,9 %) aufstocken. Die Differenz von derzeit 4,9 Prozentpunkten (= 19,9 % ./. 15 %) muss Fred aus eigener Tasche bezahlen. Er erhält 19,60 € weniger Nettolohn. Auf ein ganzes Jahr hochgerechnet kostet dies Fred 235,20 €. Allerdings hat sich Fred durch diese Gestaltung den Riesterweg und das volle Leistungsspektrum der gesetzlichen Rentenversicherung (Reha etc.) erschlossen. Er hat dann erneut unmittelbaren Anspruch, Wilma einen mittelbaren Anspruch auf Riesterförderung.

Der Mindesteigenbeitrag beträgt ab 2011 (derzeitige Rechtslage unverändert unterstellt) 192 €. Die Eigenleistung sinkt nach Abzug der Zulagen unter den Sockelbetrag, weshalb mindestens 60 € in den Vertrag von Fred zu leisten sind. Wilma braucht als mittelbar Begünstigte keine Eigenleistung zu erbringen. In Summe erhalten die Ehegatten 678 € Zulagen.

Ergebniszusammenfassung:
Verzichtet Fred auf die RV-Freiheit, kostet ihn dies im Jahr 2009 235,20 € RV-Beitrag. Dadurch wird sein Job in der gesetzlichen Rentenversicherung als vollwertiges Beschäftigungsverhältnis geführt. Im Gegenzug erhalten Wilma und Fred für 60 € Eigenleistung insgesamt 678 € Zulagen. Da der Grenzsteuersatz max. bei 42 % bzw. 45 % (Reichensteuer) liegt, kann der Sonderausgabenabzug keine zusätzliche Wirkung entfalten.

Beispiel Wilma und Fred mit freiwilliger Aufstockung auf den gemeinsamen Höchstbetrag für den Sonderausgabenabzug:

Riester-, Eichel- oder Rüruprente? Fred u. Wilma, verheiratet, 2 Kinder	Vorsorgebeginn: 2009 Jahrgang: 1966		Stand: 20.02.2009 (incl. Konjunkturpaket II)	
	2010	2011		
rentenversicherungspflichtiges Entgelt	4.800 €	4.800 €	Beitrags-	
Beitragsbemessungsgrenze KV, PflV (bundeseinheitlich)	43.200 €	44.100 €	satz	
gesetzliche Krankenversicherung		gkv	14,00%	
ggf. Sonderbeitrag Zahnersatz (vom AN allein zu tragen)			0,90%	
Pflegepflichtversicherung			1,95%	
ggf. Sonderbeitrag für Kinderlose?		n	0,00%	
Beitragsbemessungsgrenze allgem. RV, AIV (West):	63.600 €	64.800 €		Riesterweg
pflichtversichert in der ges. Renten- u. Arbeitslosenversicherung		drv	22,70%	
Grenzsteuersatz, ESt geschätzt		42,00%	%	€uro
Grundhöchstbetrag Altersvorsorge				2.100,00
max. Abzugsquote im Sparjahr			100,000	
Mindesteigenbeitrag in % v. RV-pflichtigen Vorjahresentgelt			4,000	192,00
Sockelbetrag des unmittelbar Begünstigten				60,00
Maximaler Beitrag = maximale Riesterförderung				
individueller Bruttobeitrag p.a. (in den Vorsorgevertrag)				2.100,00
Bruttobeitrag (in den Vorsorgevertrag)				2.100,00
Summe der Riesterzulagen			55,665	678,00
= Mindesteigenleistung i.S. § 10a EStG, pro Jahr				1.422,00
zusätzliche Steuerersparnis (ohne SolZ, KiSt) ab Grenzsteuersatz:		32,29%		204,00
= effektive Eigenleistung (Vergleichsbasis)			100,000	1.218,00
staatliche Ansparförderung (LSt/ESt, SV, Zulagen) in % zur Eigenleistung bzw. absolut			72,414	882,00

Trotz der interessanten Förderquoten ist sich Fred klar darüber, dass der Mindestbeitrag allein nicht zu einer üppigen Rente führen wird. Er lässt sich daher nicht nur von einer Optimierung der Förderquote leiten, sondern möchte den maximal geförderten Beitrag in seinen Riestervertrag einzahlen. Dann sinkt zwar die relative Förderquote, die absolute Förderhöhe kann dennoch weiter gesteigert werden. Denn sowohl die erhöhte Eigenleistung (1.422 €) als auch die Zulagen (678 €) können als Sonderausgaben abgezogen werden. Daher beantragen Fred und Wilma in ihrer Steuererklärung 2009 mit Anlage AV unter Vorlage der „Anbieterbescheinigung gem. § 10a Abs. 5 EStG" einen zusätzlichen Sonderausgabenabzug in Höhe von 2.100 €. Das Finanzamt wird die beantragte Günstigerprüfung durchführen und feststellen, dass bei dem angenommenen Grenzsteuersatz von 42 % der Sonderausgabenabzug eine Steuerentlastung von 882 € bringt. Nach Abzug der gesamten Zulagen, die bereits in die Riesterverträge überwiesen wurden, zahlt das Finanzamt 204 € aus.

Dieses Beispiel verdeutlicht die besondere Wirkung der steuerlichen Förderung auf die Zulagen, denn selbst bei einem Spitzensteuersatz von 42 % beträgt die Gesamtförderquote, bezogen auf die Eigenleistung, stolze 62 % (= 882 € × 100/1.422 €), bezogen auf die effektive Eigenleistung rd. 72 % (= 882 € × 100/1.218 €).

Wilma hat als mittelbar Begünstigte keinen Sonderausgabenabzug. Würde Wilma auch auf ihren Vertrag den Maximalbeitrag einzahlen, ergäbe sich keine zusätzliche Steuerwirkung in der Ansparphase. In der Rentenbezugsphase müsste Wilma aber die Renten ebenso in voller Höhe der Besteuerung unterwerfen, meint jedenfalls die Finanzverwaltung.

Beispiel familiäre Gesamtbetrachtung:

Verzicht auf RV-Freiheit bei Mini-Job eines Ehegatten, zur Erlangung der Riesterförderung. Annahme: Arbeitgeber ist der Ehegatte			
Ergebnis für Arbeitnehmer-Ehegatten:		mtl.	p.a.
Entgelt		400,00 €	4.800,00 €
Erhöhungsbeitrag Ehefrau		4,90%	235,20 €
Auszahlungsbetrag			4.564,80 €
Ergebnis für Arbeitgeber-Ehegatten:			
Personalkosten (Lohn)			4.800,00 €
pauschale Abgabe (RV, KV, LSt = 30 %)			
weitere Personalnebenkosten (U1, UV rd. 2 %)		32,00%	1.536,00 €
Betriebsausgabe			6.336,00 €
Steuersatz		42,00%	2.661,12 €
Ergebnis nach Steuern			3.674,88 €
			Verzicht
Familienergebnis:			auf RV-Freiheit
Entgeltzufluss beim Mini-Jobbler			4.800,00 €
./. Abfluss Erhöhungsbeitrag RV Mini-Jobber			- 235,20 €
./. Kostenbelastung beim Arbeitgeber			- 6.336,00 €
+ Steuerersparnis Arbeitgeber			2.661,12 €
Zwischensumme vor Riester			889,92 €
+ Riesterzulage			678,00 €
+ Steuerersparnis aus Riestervertrag			204,00 €
Ergebnis			1.771,92 €

Wilma ist Arbeitgeberin von Fred. Da Fred auf die RV-Freiheit des Mini-Jobs verzichtet, hat er für beide Ehegatten den Riesterweg geöffnet. Der Verzicht kostet 235,20 € RV-Beiträge jährlich. Im Gegenzug hat Fred Anspruch auf das volle

Leistungspaket der gesetzlichen Rentenversicherung und Wilma und Fred erhalten Zulagen in Höhe von 678 € und eine Steuererstattung von 204 €. Sollte Fred die Arbeiten bislang womöglich ohne Anstellungsverhältnis erledigt haben, so drängt sich die Schaffung eines Mini-Jobs geradezu auf, denn die Personalkosten (einschließlich Nebenkosten) sind bei Wilma als Betriebsausgaben abzugsfähig und brauchen bei Fred in der Steuererklärung nicht angegeben zu werden. In diesem Fall kann durch die Anstellung des Ehegatten, den Verzicht auf die RV-Freiheit und den Abschluss von zwei Riesterverträgen ein Gesamtvorteil von rd. 1.772 € generiert werden.

III. Der Riesterweg – Fazit

Der Riesterweg ist bereits aufgrund der soft facts (Möglichkeit von 30 % Einmalauszahlung bei Rentenbeginn, wohnwirtschaftliche Verwendung zu 100 %, mögliche Vererbung, Ansparung unabhängig vom Arbeitgeber, geförderte Fortführung auch bei Arbeitslosigkeit, Kindererziehung, variable Beitragshöhe in Abhängigkeit von Verdienst und/oder Familiengröße etc.) sehr interessant. Die hard facts machen den Riesterweg für jeden attraktiv, der in den Genuss der mittelbaren oder gar unmittelbaren Förderung kommen kann. Dies gilt gleichermaßen für Gering- wie für Spitzenverdiener und wird mit zunehmender Kinderzahl fast zu einem „Selbstläufer".

Zur Schließung einer Versorgungslücke empfehle ich den Riesterweg stets zuerst zu beschreiten.

Der Abschluss eines nicht zertifizierten Riestervertrages über den Arbeitgeber im Rahmen der betrieblichen Altersvorsorge empfiehlt sich nur in Ausnahmefällen: so z. B. bei Arbeitnehmern, bei denen davon auszugehen ist, dass sie im Ruhestand privat oder freiwillig krankenversichert sein werden, den Arbeitgeber voraussichtlich nicht mehr wechseln und eine wohnwirtschaftliche Verwendung nicht benötigen.

IV. Wohn-Riester

Das Thema Wohneigentum steht bei den meisten Bundesbürgern auf der Wunschliste ganz oben. Viele denken dabei an Lebensqualität durch Unabhängigkeit, keine Angst vor Mieterhöhungen, inflationsgeschütztes Eigentum, Rente aus Mietersparnis etc. Die große Koalition hat daher die Möglichkeiten zur Nutzung der Riesterförderung im Rahmen des Eigenheimrentengesetzes[118] deutlich erweitert. Die Wohn-Riesterförderung während der Ansparphase durch Zulage und Sonderausgabenabzug unterscheidet sich nicht von den bereits beschriebenen Regelungen. Da das Kapital bei wohnwirtschaftlicher Verwendung in Steinen und Erde gebunden ist, bedurfte es aber Sonderregelungen hinsichtlich der nachgelagerten Besteuerung in der Rentenbezugsphase und vor allem hinsichtlich der „schädlichen Verwendung" des geförderten Altersvorsorgevertrages. Die Regelungen gelten rückwirkend für wohnwirtschaftliche Verwendungen ab 1.1.2008. Nachfolgend werden die wichtigsten Eckpunkte der Wohn-Riesterförderung dargestellt. Allerdings würde es den Rahmen dieses Buches sprengen, wenn alle nur denkbaren Konstellationen und Ausnahmen besprochen würden. Hierzu verweise ich auf Spezialliteratur (z. B. NWB Nr. 29 v. 14.7.2008, S. 2719 ff).

1. Vier Grundmodelle sind zu unterscheiden:

- Guthabenentnahme in der Ansparphase
- Guthabenentnahme zu Beginn der Rentenbezugsphase
- Fremddarlehen
- Erwerb von Genossenschaftsanteilen

2. Guthabenentnahme (Altersvorsorge-Eigenheimbetrag) in der Ansparphase[119]

Während der Ansparphase können Sie bei Erwerb oder Errichtung einer selbst genutzten Wohnimmobilie das auf Ihrem Riester-Vorsorgevertrag angesammelte

Guthaben teilweise, d. h. bis zu 75 % oder in voller Höhe zur Finanzierung entnehmen[120]. Diese Möglichkeit besteht nur während der Ansparphase. Für Altersvorsorgeverträge, die vor dem 1.1.2008 abgeschlossen wurden, gilt bis zum 31.12.2009 weiterhin ein Mindestentnahmebetrag in Höhe von 10.000 €[121]. Das Guthaben kann, muss aber nicht in den Riestervorsorgevertrag zurückgezahlt werden.

3. Guthabenentnahme (Altersvorsorge-Eigenheimbetrag) zu Beginn der Rentenbezugsphase[122]

Ferner besteht (nur) zu Beginn der Rentenbezugsphase die Möglichkeit, bis zu 75 % oder das gesamte Vorsorgeguthaben aus einem Riestersparvertrag zur Tilgung eines Wohnbaudarlehens einzusetzen. Nach dem Wortlaut des BMF-Schreibens vom 20.1.2009 kommt es „auf den Anschaffungs-/Herstellungszeitpunkt insoweit nicht an"[123]. Diese Aussage erlaubt die Annahme, dass Darlehen aus wohnwirtschaftlichen Verwendungen vor 2008 ebenfalls mit dem Altersvorsorge-Eigenheimbetrag getilgt werden können, was für mich zwar überraschend ist, für viele Vorsorgesparer aber eine interessante Alternative darstellt. Eine Rückzahlung des entnommenen Betrages in den Riestervertrag erübrigt sich, weil die Rentenbezugsphase bereits beginnt.

4. Das Fremddarlehen[124]

Gänzlich neu ist, dass reine Darlehensverträge, die Kombination von Spar- und Darlehensverträgen (i. d. R. Bausparverträge) und Vorfinanzierungsdarlehen in den Kreis der begünstigten Altersvorsorgeverträge aufgenommen wurden, sofern sie in Verbindung mit einer wohnwirtschaftlichen Verwendung stehen. Zertifizierungsvoraussetzung für diese Produkte ist u. a. die Vereinbarung einer Darlehenstilgung spätestens bis zur Vollendung des 68. Lebensjahres[125].

5. Erwerb von Genossenschaftsanteilen[126]

Das Vorsorgeguthaben kann zur Zeichnung (weiterer) Geschäftsanteile an einer Wohnbaugenossenschaft verwendet werden, welche die Selbstnutzung einer Genossenschaftswohnung ermöglicht. Voraussetzung ist, dass z. B. die Genossenschaft frühestens ab dem 60. Lebensjahr das monatliche Nutzungsentgelt für die Überlassung einer Genossenschaftswohnung lebenslang ermäßigt. Möglich ist ferner eine zeitlich befristete Nutzungsermäßigung mit anschließender Restkapitalverrentung spätestens ab dem 85. Lebensjahr[127].

6. Das Förderkonzept

Grundsätzlich gilt das Eigenheim-Rentengesetz erst ab 1.8.2008. Die Bestimmungen über die wohnwirtschaftliche Verwendung gelten aber bereits für Objekte, die nach dem 31.12.2007 erworben oder errichtet wurden[128]. Gefördert werden Wohnungen, Eigentumswohnungen, Genossenschaftswohnungen oder Wohnungsrechte[129] nur, wenn sie in Deutschland liegen. Unerheblich ist, ob es sich um eine Wohnung in einem Einfamilien-, Zweifamilien- oder Mehrfamilienwohnhaus handelt[130]. Die Wohnung muss den Lebensmittelpunkt des Zulageberechtigten bilden und vom Vorsorgesparer zu eigenen Wohnzwecken selbst genutzt werden. Dabei muss es sich um den Hauptwohnsitz handeln[131]. Ob die auf Deutschland einschränkenden Regelungen vor dem EuGH langfristig bestehen werden, wage ich zu bezweifeln, da bereits andere Rechtsnormen mit derartigen Ausprägungen als europarechtswidrig eingestuft wurden[132].

Bei Wohn-Riester kommen im Wesentlichen die allgemeinen Förderregelungen für die Riesterrente zur Anwendung. Dies bedeutet, dass nur Verträge gefördert werden, die auf einen bestimmten Vorsorgesparer bzw. Darlehensnehmer lauten. Darlehen, die z. B. auf die Ehegatten gemeinsam lauten, sind daher nicht förderfähig[133]. Ob es sich bei der Wohnung um Allein- oder Miteigentum handelt, ist unerheblich[134]. In der Erwerbsphase erfolgt die Förderung von Sparbeiträgen und/oder Tilgungsleistungen durch Zulagen und ggf. zusätzlichen Sonderausgabenabzug (max. 2.100 €). In der Ruhestandsphase erfolgt die Besteuerung nachgelagert, jedoch abweichend von den Regelungen zum Riester-Altersvorsorgesparvertrag.

7. Schädliche Verwendung und deren Folgen

Wird die geförderte Wohnung nicht mehr selbst genutzt bzw. wird sie vermietet oder verkauft, so liegt grundsätzlich eine schädliche Verwendung vor[135]. Diese lässt sich in drei Kategorien einteilen:
a) Aufgabe der Selbstnutzung in der Erwerbsphase
b) Aufgabe der Selbstnutzung in der Ruhestandsphase
ba) vor dem 85. Lebensjahr bei ratierlicher Versteuerung des Wohnförderkontos
bb) vor Ablauf von 20 Jahren nach Sofortversteuerung des Wohnförderkontos

Hinsichtlich der Folgen bei schädlicher Verwendung unterscheiden sich die Regelungen bei Wohn-Riester gravierend von der allgemeinen Riesterrente, weshalb ich diesen sehr interessanten Punkt ausdrücklich hervorheben möchte. Bei den Regelungen zur normalen Riesterrente sind die Zulagen und die gewährten Steuervorteile im Falle einer schädlichen Verwendung zurückzuzahlen[136]. Ferner ist die Kapitalrückzahlung der Sofortversteuerung zu unterwerfen[137]. Bei Wohn-Riester ist dagegen die Rückzahlung von Zulagen oder Steuervorteilen ausdrücklich ausgenommen[138]. Erforderlich ist nur die Versteuerung des Wohnförderkontos[139]. Diese Regelung leuchtet ein, ist doch das Kapital in Steinen und Erde gebunden und kann in vielen Fällen nicht sofort realisiert werden.

8. Großzügige Ausnahmeregelungen

Die vorzeitige Versteuerung des Wohnförderkontos kann in den folgenden Fällen vermieden werden.

a) Berufliche Gründe

Von einer schädlichen Verwendung ist auf Antrag des Steuerpflichtigen nicht auszugehen, wenn die (vorübergehende) Aufgabe der Selbstnutzung aus beruflichen Gründen erfolgt. Der Steuerpflichtige muss aber die Absicht äußern, die Selbstnutzung zu einem späteren Zeitpunkt fortzusetzen, und er muss seiner Absicht Taten folgen lassen, spätestens bis zur Vollendung des 67. Lebensjahres[140].

b) Reinvestition

Bei Reinvestition in eine selbst genutzte Wohnung innerhalb eines Jahres vor bzw. innerhalb von vier Jahren nach der Aufgabe der Selbstnutzung der geförderten Wohnung. Der Reinvestitionsbetrag muss mindestens dem Stand des Wohnförderkontos bei Aufgabe der Selbstnutzung entsprechen[141].

c) Tod und fortgesetzte Nutzung durch Ehegatten als Eigentümer

Bei Tod des Steuerpflichtigen, wenn sein Ehegatte innerhalb eines Jahres Eigentümer der Wohnung wird und sie zu eigenen Wohnzwecken nutzt, sofern im Todeszeitpunkt die Voraussetzungen für eine Zusammenveranlagung gegeben waren[142].

d) Scheidung

Im Scheidungsfalle, wenn die eheliche Wohnung aufgrund einer richterlichen Entscheidung dem Ehegatten des Zulageberechtigten zu überlassen ist[143].

e) Krankheits- oder pflegebedingte Verhinderung

Wenn der Zulageberechtigte krankheits- oder pflegebedingt nicht mehr in der Lage ist, die geförderte Wohnung zu bewohnen, wenn er Eigentümer der Wohnung bleibt, die Wohnung ihm zur Selbstnutzung weiterhin zur Verfügung steht und nicht von Dritten genutzt wird. Die Nutzung durch den Ehegatten ist unschädlich[144].

f) Einzahlung auf einen zertifizierten Altersvorsorgevertrag

Bei Einzahlung auf einen auf seinen Namen lautenden zertifizierten Altersvorsorgevertrag, wenn die Einzahlung mindestens dem Betrag des Wohnförderkontos des Jahres entspricht, in dem die geförderte Wohnung letztmals zu eigenen Wohnzwecken genutzt wird. Die Einzahlung hat spätestens ein Jahr nach Ablauf des Veranlagungszeitraums zu erfolgen, in dem die Selbstnutzung aufgegeben wurde[145]. Diesen Punkt habe ich bewusst zuletzt angeführt, da ich persönlich die dadurch wiederauflebenden Folgen einer Rückzahlungsverpflichtung von Zulagen und Steuervorteilen oder etwa der eingeschränkten Vererbbarkeit lieber vermeiden würde.

9. Funktionsweise in der Praxis

Nach den Vorstellungen des Gesetzgebers richtet der jeweilige Vertragsanbieter ein Wohnförderkonto ein. Erfasst wird im Entnahmefall das entnommene Guthaben. Im Darlehensfall werden die Tilgungen sowie die auf die Tilgungen gewährten Zulagen erfasst[146]. Das Wohnförderkonto wird vermindert um Zahlungen auf einen zertifizierten Altersvorsorgevertrag[147]. Jährlich wird das Wohnförderkonto zum Jahresschluss um einen fiktiven Zinssatz von 2 % erhöht[148], letztmals im Jahr des Beginns der Rentenbezugsphase[149]. Der auf dem Wohnförderkonto ermittelte Betrag ist der nachgelagerten Besteuerung zu unterwerfen, entweder jährlich, ratierlich oder sofort in einem verminderten Einmalbetrag.

a) Jährliche Versteuerung

Bei Beginn der Rentenbezugsphase (frühestens mit dem 60. Lebensjahr) wird der Stand des Wohnförderkontos dividiert durch die Anzahl der Jahre bis zum 85. Lebensjahr[150]. Der so ermittelte Betrag vermindert jährlich das Wohnförderkonto[151] und ist jährlich mit dem persönlichen Steuersatz zu versteuern[152]. Bei einem Bausparvertrag erfolgt die Behandlung in der Sparphase wie beim normalen Altersvorsorgevertrag, in der Darlehensphase wie im Darlehensfall. Ob im Ruhestand Steuern anfallen, richtet sich im Einzelfall nach der Höhe des zu versteuernden Einkommens und dem Familienstand.

Beispiel:
Der auf dem Wohnförderkonto bei Beginn der Rentenbezugsphase erfasste Betrag sei einschließlich fiktiver Zinsen 30.000 €. Die gewöhnlichen Alterseinkünfte führen zu einem zu versteuernden Einkommen von 15.000 €. Der alleinstehende Vorsorgesparer tritt mit Vollendung des 60. Lebensjahrs in die Rentenbezugsphase.

Lösung:
Bis zur Vollendung des 85. Lebensjahrs vergehen noch 25 Jahre. Wird der Betrag des Wohnförderkontos auf diese 25 Jahre gleichmäßig verteilt, errechnet sich ein jährlicher Verminderungsbetrag von 1.200 €. Das zu versteuernde Einkommen erhöht sich folglich um 1.200 € auf 16.200 €. Die Mehrsteuer (ESt, SolZ u. 8 % KiSt) beträgt rd. 345 € jährlich, auf 25 Jahre somit rd. 8.625 €.

Verstirbt der Vorsorgesparer vor dem 85. Lebensjahr oder verkauft er die Wohnung (z. B. zur Finanzierung eines Aufenthalts in einem Alten- oder Pflegeheim), so ist der noch nicht versteuerte Betrag des Wohnförderkontos im letzten Jahr der Selbstnutzung in einem Einmalbetrag zu versteuern[153]. Steuerpflichtiger ist der Inhaber des Wohnförderkontos, d. h. bei Tod noch der Verstorbene und nicht die Erben[154]. Anschließend wird das Wohnförderkonto gelöscht[155].

b) Sofortversteuerung

Bei Sofortversteuerung braucht der Steuerpflichtige nur 70 % des Wohnförderkontos zu versteuern[156]. Allerdings wird der „Rabatt" von 30 % an die Verpflichtung gekoppelt, die Immobilie nachfolgend mindestens 20 Jahre selbst zu nutzen. Wird die Selbstnutzung zwischen dem 11. und 20. Jahr aufgegeben, wird der Versteuerungsabschlag von 30 % mit dem 1,0-Fachen (= 30 %) nachgeholt[157]. Wird bereits innerhalb der ersten 10 Jahre die Selbstnutzung aufgegeben, ist der erhaltene Abschlag sogar mit dem 1,5-Fachen (= 45 %) der Besteuerung zu unterwerfen[158]. Dadurch wird der vermeintliche Vorteil der Sofortversteuerung sogar ins Negative gekehrt. Die Nachversteuerung unterbleibt lediglich im Todesfall[159]. Ob der Abschlag auf das Wohnförderkonto tatsächlich ein Vorteil ist, sollte also in jedem Einzelfall gemeinsam mit Ihrem Steuerberater geprüft werden.

Beispiel:
Stand des Wohnförderkontos bei Beginn der Rentenbezugsphase: 30.000 €. Das zu versteuernde Einkommen beträgt 15.000 €. Der alleinstehende Vorsorgesparer tritt mit Vollendung des 60. Lebensjahrs in die Rentenbezugsphase.

Lösung:
Wählt der Vorsorgesparer die Sofortversteuerung, braucht er nur 21.000 € zu versteuern. Das zu versteuernde Einkommen erhöht sich im Jahr der Sofortversteuerung um 21.000 € auf 36.000 €. Die Mehrsteuer beträgt rd. 7.105 € und ist nach Eingang des ESt-Bescheides zu erbringen.

Auf den ersten Blick scheint die Sofortversteuerung gegenüber dem Beispiel bei jährlicher Versteuerung um 1.520 € (= 8.625 € ./. 7.105 €) günstiger zu sein. Berücksichtigt man aber die Möglichkeit, die Sofortsteuer (7.105 €) mit z. B. 3 % anzulegen und erst über die Jahre verteilt (hier 25 Jahre) an den Staat zinslos zu bezahlen, so könnte der Steuerpflichtige unter Berücksichtigung von Zins und Zinseszins einen Nominalbetrag von insgesamt rd. 10.100 € bestreiten. Die jährliche Versteuerung wäre folglich um 1.475 € günstiger. Dieser Umstand führt dazu, dass – abhängig vom Vergleichszinssatz und -zeitraum – die jährliche Versteuerung des Wohnförderkontos in vielen Fällen günstiger sein wird als die

Sofortversteuerung. Dies trifft umso mehr zu, je weiter der Grenzsteuersatz bei jährlicher Versteuerung und der Grenzsteuersatz bei Sofortversteuerung auseinanderliegen. Um die Wirkung bei Sofortversteuerung abzumildern, wäre die Möglichkeit einer ermäßigten Besteuerung (z. B. § 34 EStG) wünschenswert, was aber gegenwärtig nicht auf der steuerpolitischen Agenda steht.

10. Grundsätzliche Bedenken

Aufgrund der zahlreichen positiven Möglichkeiten, die mit den Regelungen zu Wohn-Riester geschaffen wurden, würde ich jedem empfehlen, diese Chancen der Eigenheimförderung zu nutzen, sofern er zur Gruppe der Förderberechtigten zählt. Allerdings möchte ich abschließend zwei kritische Fragen aufwerfen, die sich jeder Vorsorgesparer stets stellen sollte:

a) Kann ich mir eine Rente ohne Kapitalverzehr leisten?

Die Theorie der Mietersparnis im Alter unterstellt automatisch, man würde den Kapitalstock – weil in Steinen und Erde gebunden – nicht verbrauchen. Problematisch könnte dieser Denkansatz für diejenigen sein, die nur aufgrund der Wohn-Riesterförderung Wohneigentum anstreben und nicht ausreichend Zeit oder Finanzmittel zur Verfügung haben, parallel zur Entschuldung anderweitige Rentenansprüche aufzubauen. Hat jemand eine Versorgungslücke zu schließen und schafft er dies nur schwer, so sollte er keinesfalls nur wegen der Wohn-Riesterförderung Wohneigentum erwerben. Wenn er nämlich im Alter zur Schließung seiner Versorgungslücke die Immobilie verkaufen will, wird er womöglich feststellen, dass die Nachfrage nach Wohnraum durch den sich abzeichnenden Bevölkerungsrückgang eher bescheiden sein könnte. Ferner wird nur in Top-Wohnlagen eine Veräußerung zu dem Preis möglich sein, den man sich wünscht, oder zumindest zu Anschaffungs- oder Herstellungskosten – Letzteres aber auch nur, wenn die Immobilie keine größeren Instandhaltungsrückstände aufweist. Wird die Immobilie gepflegt und laufend in Stand gehalten, so verursacht dies Zusatzkosten, die ein Mieter im Normalfall nicht zu tragen braucht. Weil die Rente bei Kapitalerhalt aber deutlich geringer ausfällt als die mögliche Rente bei Kapitalverzehr, sollte mit Blick auf die Versorgungslücke diese Variante der Riesterförderung nur in Anspruch genommen werden, wenn

- die gesparte Miete so hoch ist, dass die Immobilienfinanzierung in der Erwerbsphase sicher getilgt werden kann,
- die laufenden Erhaltungsaufwendungen in der Erwerbs- und Rentenbezugsphase kein finanzielles Problem darstellen,
- die Lage der Immobilie einen hinreichenden Werterhalt oder gar eine Wertsteigerung verspricht,
- trotz Kapitalbindung in der Immobilie ausreichend Alterseinkünfte generiert werden können.

Kurz: wenn bei Selbstnutzung der Immobilie im Rentenalter keine Versorgungslücke zu erwarten ist.

b) Entnehme ich das Kapital aus meinem investmentbasierten Altersvorsorgevertrag zum richtigen Zeitpunkt?

Unter Umständen ist eine Entnahme, je nach Vertragsbeginn, zum jetzigen Zeitpunkt (gerade wegen der Turbulenzen am Finanzmarkt) noch viel zu früh, um die erwarteten Erträge jemals erwirtschaften zu können. Womöglich kann durch einen ungünstigen Entnahmezeitpunkt während der Sparphase, z. B. nach einem erheblichen Rückgang der Börsenkurse, ein Verlust entstehen, der nicht mehr durch weitere Nachkäufe egalisiert werden kann. Da der Erhalt des Vorsorgekapitals und der Zulagen aber nur zu Beginn der Rentenbezugsphase garantiert sein muss, würden Sie einen möglichen Werteverzehr durch Börsenkursschwankungen, Abschluss-, Vertriebs- und Verwaltungskosten bei einer 100%igen Kapitalentnahme festschreiben. Die Kapitalgarantie des Anbieters kann nicht mehr greifen. Sollte zudem der Wert Ihrer Immobilie sinken, ist dies ein Vorgang, der außerhalb des Altersvorsorgevertrages stattfindet. Hier greift kein gesetzlicher Sicherungsmechanismus.

Für den Fall, dass weiterhin bestimmte Personengruppen aus der Riesterförderung ausgeschlossen bleiben, stellt sich für mich als Steuerberater ferner die

Frage, ob es verfassungskonform sein kann, wenn diese Form der steuerfinanzierten privaten Wohneigentumsbildung nur den Rentenversicherungspflichtigen vorbehalten bleibt.

11. Interessante Gestaltungsvariante, wenn Sie keine Verrentung wollen

Angenommen, Sie nutzen bereits eine eigene Wohnimmobilie, aber eine Wohn-Riesterförderung kommt nicht mehr in Frage, weil die Immobilie bereits vor 2008 angeschafft oder errichtet wurde.

Dann wäre evtl. zu prüfen, ob bei Eintritt in den Ruhestand noch ein Restdarlehen aus der Immobilienfinanzierung vorhanden ist, welches mit einer Sondertilgung durch Entnahme aus einem Altersvorsorgevertrag getilgt wird.

Oder es wäre zu überlegen, ob noch kurz (etwa ein bis zwei Jahre) vor Eintritt in den Ruhestand, der evtl. aufgrund gesundheitlicher oder anderer Bedenken erfolgt, eine Immobilie erworben wird, die Ihnen ein altersgerechtes Wohnen (barrierefrei, weniger Wohnraum, kleiner Garten etc.) erlaubt. Zur Finanzierung setzen Sie bis zur Höhe des Kaufpreises u. a. Ihr Vorsorgekapital aus dem klassischen Riestervorsorgevertrag ein. Sie ziehen um und bewohnen diese Immobilie. Sollten Sie vorzeitig die Selbstnutzung wieder aufgeben oder etwa versterben, so brauchen Sie (oder Ihre Erben) die Zulagen und Steuervorteile nicht mehr zurückzuzahlen. Sofern keine der erwähnten Ausnahmeregelungen greift, wäre der Restbetrag auf dem Wohnförderkonto zwar zu versteuern, das gesamte Vorsorgekapital ist dann aber mit der Immobilie gerettet und kann unschädlich vererbt werden. Gegebenenfalls bessern Sie Ihre Alterseinkünfte mit den Mieteinnahmen aus der „Alt-Immobilie" auf oder Sie leben aus dem erzielten Veräußerungspreis.

Wichtig:
Warten Sie für diesen Sachverhalt nicht bis zum Eintritt in die Ruhestandsphase, denn zu diesem Zeitpunkt dürfen Sie Ihr Vorsorgekapital nur noch zur Entschuldung einer Wohnung[160] verwenden.

12. Fazit zu Wohn-Riester

Wer es in der Ansparphase schafft, neben der Darlehenstilgung so ausreichende Altersvorsorge zu betreiben, dass in der Ruhestandsphase keine Versorgungslücke zu erwarten ist, der sollte bei Errichtung oder Erwerb einer selbst genutzten Wohnimmobilie jedenfalls auf die Riesterförderung für das Eigenheim zurückgreifen. Denn selbst bei schädlicher Verwendung sind die Zulagen und Steuervorteile nicht mehr zurückzuzahlen. Interessant ist zudem, dass das Wohnförderkonto nur mit einem minimalen Fiktivzinssatz von 2 % verzinst wird. In den allermeisten Fällen werden die durch den Einsatz des Vorsorgekapitals ersparten Darlehenszinsen über diesem Niveau liegen und auch sicher über der Zinsdifferenz zwischen Vorsorgekapital und Darlehen. Ferner ist interessant, dass bei ratierlicher Versteuerung das Wohnförderkonto mit Eintritt in die Ruhestandsphase nicht mehr verzinst wird. Der Staat gewährt hinsichtlich der durch die nachgelagerte Besteuerung entstehenden Steuer großzügig ein zinsloses Darlehen. Vorteilhaft ist ferner, dass die Vererbung der Wohnung stets möglich ist, ohne dass Zulagen oder Steuervorteile zurückzuzahlen sind. Die volle Wohn-Riesterförderung und das in der Immobilie gebundene Kapital bleiben in der Erbmasse erhalten.

Diejenigen aber, die zur Schließung der Versorgungslücke womöglich den Verkauf der Immobilie einkalkulieren müssen, sollten aufgrund des zu erwartenden Bevölkerungsrückganges genau überlegen, ob die Lage der Immobilie so interessant ist, dass ein Verkauf problemlos möglich ist. Falls dies nicht zutrifft, sollte besser die klassische Riesterförderung für einen Altersvorsorgesparvertrag in Anspruch genommen werden. Der Erwerb einer Wohnimmobilie allein wegen der Wohn-Riesterförderung ist für diese Vorsorgegruppe nicht ratsam.

D. Der Eichelweg/betriebliche Altersversorgung (bAV seit 2002)

Aufgrund einer Entscheidung des Bundesverfassungsgerichts[161], wonach es bei der Besteuerung von Beamtenpensionen und Altersrenten aus der gesetzlichen Rentenversicherung nicht zu einer unterschiedlichen Besteuerung kommen darf, waren die Besteuerung der Alterseinkünfte im Allgemeinen und die Besteuerung der betrieblichen Altersversorgung (bAV) im Besonderen neu zu regeln. Ziel der Änderungen war, die steuerrechtliche Gleichbehandlung der Altersbezüge von Beamten und Arbeitnehmern herzustellen. Die Änderungen, insbesondere der betrieblichen Altersvorsorge, werden vielfach dem Bundestagsabgeordneten Hans Eichel zugerechnet, in dessen Amtszeit als Bundesfinanzminister sie beschlossen wurden. Seither werden die Regelungen zur bAV oftmals mit seinem Namen verbunden und als Eichelweg bezeichnet.

Da die betriebliche Altersversorgung bereits auf eine lange Tradition zurückblicken kann, würde es den Rahmen dieses Buches sprengen, auch noch die „Altregelungen" (bis 31.12.2001 bzw. 31.12.2004) zu besprechen. Ich stelle daher weitgehend auf die Regelungen ab, die Sie bei Abschluss einer betrieblichen Altersversorgung ab dem Jahr 2008 zu beachten haben. Den meisten Vorsorgesparern, die noch gemäß den Altregelungen nach § 40b EStG einzahlen, sei an dieser Stelle gesagt, dass sie diese alten Vereinbarungen nach Möglichkeit fortführen und durchhalten sollten. Nur wenn abzusehen ist, dass in der Ruhestandsphase voraussichtlich keine Steuerbelastung anfällt, wäre ein Wechsel in die neuen, geförderten Wege (Riester, Eichel oder Rürup) zu überlegen.

I. Soft facts

1. Grundsätzliches

Die arbeitsrechtlichen Grundlagen zur bAV sind im Betriebsrentengesetz (Gesetz zur Verbesserung der betrieblichen Altersversorgung = BetrAVG) geregelt.

a) Unverfallbarkeit[162]

Wird das Arbeitsverhältnis vor dem Eintritt des Versorgungsfalles beendet, so bleiben die Anwartschaften auf die betriebliche Altersversorgung erhalten, wenn die Unverfallbarkeit greift. Bei Leistungen des Arbeitnehmers (Entgeltumwandlung) tritt die Unverfallbarkeit sofort ein[163]. Bei Leistungen des Arbeitgebers tritt die Unverfallbarkeit ein, wenn das Arbeitsverhältnis nach Vollendung des 30. Lebensjahres endet und die Versorgungszusage zu diesem Zeitpunkt mindestens fünf Jahre bestanden hat[164]. Bei Zusagen ab dem 1.1.2009 tritt die Unverfallbarkeit bereits nach Vollendung des 25. Lebensjahres ein, wenn zu diesem Zeitpunkt die Zusage mindestens fünf Jahre bestanden hat[165].

b) Insolvenzschutz[166]

Betriebsrenten und unverfallbare Anwartschaften auf bAV sind gegen die Zahlungsunfähigkeit des Arbeitgebers gesichert: entweder über den Pensions-Sicherungs-Verein (Direktzusage, Unterstützungskasse und Pensionsfonds)[167] oder weil die Träger der bAV vom Arbeitgeber wirtschaftlich unabhängige Versicherungen sind (Pensionskasse und Direktversicherung). Zusagen auf bAV, die ab dem 1.1.2002 gegeben wurden, unterfallen ab dem ersten Tag dem Insolvenzschutz[168].

c)   Anspruch auf Entgeltumwandlung[169]

Sofern der Arbeitgeber nicht von sich aus eine Möglichkeit zur betrieblichen Altersvorsorge (Pensionskasse oder Pensionsfonds) anbietet, hat der Arbeitnehmer einen Rechtsanspruch auf bAV durch Entgeltumwandlung, dann aber nur in Form einer Direktversicherung[170]. Macht der Arbeitnehmer von seinem Anspruch auf Entgeltumwandlung in eine Direktversicherung Gebrauch, muss der jährliche Beitrag mindestens 1/160 der Bezugsgröße betragen (= 189 € im Jahr 2009 – West).

d)   Versorgungsarten[171]

Die Varianten der bAV gewähren dem Arbeitnehmer stets eine lebenslange Altersrente, i. d. R. ab Beginn der gesetzlichen Regelaltersrente. Eine vorzeitige Altersrente ist möglich[172], steuerlich begünstigt aber nur, wenn die Rentenzahlung frühestens mit Vollendung des 60. Lebensjahres beginnt[173]. Darüber hinaus können eine Hinterbliebenenversorgung (Witwen-/Witwerrente und Waisenrente) und eine Invalidenrente eingeschlossen werden. Garantierenten, Einmalauszahlungen oder Beitragsrückgewähr (bei Tod vor Rentenbeginn) sind je nach Produktausgestaltung möglich bzw. erlaubt. Interessant dabei ist vor allem, dass die Möglichkeit, eine Einmalauszahlung zu Beginn der Rentenbezugsphase zu wählen, die Steuerfreiheit der Beitragszahlung nicht stört[174]. Ebenso interessant ist, dass die i. d. R. steuerlich nicht mehr wirksamen Beiträge zu einer eigenständigen Berufs- oder Erwerbsunfähigkeitsabsicherung im Rahmen der bAV steuerlich dennoch berücksichtigt werden können[175].

Die oftmals favorisierten Arbeitszeitkonten[176] sind eine weitere Vorsorgevariante. Sie bergen allerdings die Gefahr, dass sie zwar zunächst für die Ruhestandsphase angespart werden, in der Praxis jedoch dazu verführen, vor dem Ruhestand (Sabbatical, Fortbildung etc.) verwendet zu werden. Damit wird das Bemühen konterkariert, eine Versorgungslücke durch eine lebenslange Rente zu schließen. Im Folgenden werde ich daher diese Variante nicht weiter beleuchten. Im Übrigen hat nunmehr auch das BMF darüber informiert, dass es in einem demnächst zu veröffentlichenden Schreiben dazu übergehen will, die Gutschriften auf Zeitwertkonten für Organe und beherrschende Anteilseigner als Lohnzufluss zu sehen[177].

2. Die fünf Pfade der Eichel-/bAV-Rente

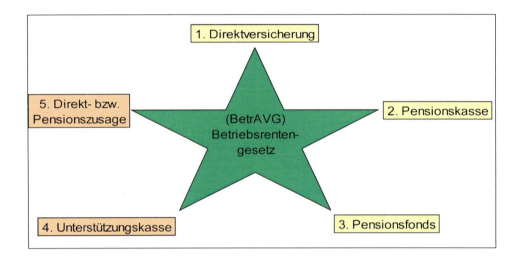

a) Direktversicherung

Von einer Direktversicherung[178] spricht man, wenn der Arbeitgeber als Versicherungsnehmer auftritt und zugunsten des Arbeitnehmers (versicherte Person) eine Kapitallebensversicherung abschließt.

b) Pensionskasse

Pensionskassen[179] sind selbstständige Versorgungsträger, die wie Versicherungsunternehmen geführt werden. Sie werden von einem oder mehreren Unternehmen getragen und finanzieren sich durch Einzahlungen ihrer Träger und aus

Vermögenserträgen. Der Arbeitnehmer (versicherte Person) erwirbt gegenüber der Pensionskasse einen Rechtsanspruch auf Versorgungsleistungen.

c) Pensionsfonds

Pensionsfonds[181] sind rechtsfähige Versorgungsträger und bieten ein höheres Maß an Anlageflexibilität als die herkömmlichen Modelle betrieblicher Altersversorgung. Die eingezahlten Beiträge können bis zu 100 Prozent in Aktien angelegt werden. Das bietet die Chance auf höhere Renditen, birgt aber auch höhere Risiken, da die Kurse am Aktienmarkt schwanken. Diese Alternative ergibt m. E. nur bei jüngeren Arbeitnehmern Sinn, die das Auf und Ab an den Börsen noch „aussitzen" können. Der Arbeitnehmer erwirbt gegenüber dem Pensionsfonds einen Rechtsanspruch auf Versorgungsleistungen.

Vertragspartner, d. h. Versicherungsnehmer beim Pensionsfonds bzw. der Pensionskasse und Direktversicherung ist der Arbeitgeber. Versicherte Person ist der Arbeitnehmer. Bezugsberechtigte sind ggf. die Hinterbliebenen des Arbeitnehmers. Die Verwaltung übernimmt die Versicherungsgesellschaft. Der Aufwand für den Arbeitgeber ist denkbar gering. Direktversicherung und Pensionskasse sind deshalb besonders bei kleineren Unternehmen sehr beliebt und weitverbreitet.

Aus lohnsteuerlicher Sicht sind die ersten drei Wege (Direktversicherung, Pensionskasse und Pensionsfonds) von den beiden letzteren (Unterstützungskasse und Direktzusage) klar zu unterscheiden. Denn die Beitragszahlungen in Direktversicherung, Pensionskasse und Pensionsfonds sind stets Arbeitslohn[180] und daher grundsätzlich steuerpflichtig, soweit wir nicht auf eine Steuerbefreiung zurückgreifen können. Letztere wurde durch das Alterseinkünftegesetz in erheblichem Umfang eingeführt bzw. erweitert und ist geregelt im Einkommensteuergesetz (§ 3 Nr. 63 und Nr. 56 bzw. Nr. 66 u. Nr. 55 EStG).

d) Unterstützungskasse

Unterstützungskassen[181] sind selbstständige Versorgungseinrichtungen eines oder mehrerer Unternehmen. Die Beiträge werden durch den Arbeitgeber geleistet, finanziert entweder von ihm selbst oder durch Entgeltumwandlung aus dem Bruttogehalt der Arbeitnehmer. Die Unterstützungskasse dient dem Arbeitgeber zur Finanzierung seiner Versorgungszusagen. Der Arbeitnehmer selbst erwirbt keinen Rechtsanspruch auf Leistungen gegenüber der Unterstützungskasse, sondern nur gegenüber seinem Arbeitgeber.

e) Pensions- oder Direktzusage

Mit einer Direktzusage[182] verpflichtet sich der Arbeitgeber, seinen Beschäftigten im Versorgungsfall bestimmte Leistungen zu zahlen, in der Regel eine monatliche Betriebsrente bei Erreichen einer Altersgrenze oder bei Invalidität. Fallweise wird auch eine Leistung bei vorzeitigem Tod oder eine Hinterbliebenenversorgung vereinbart.

Dotierungen in eine Unterstützungskasse oder Pensionszusage stellen keinen Arbeitslohn[183] dar, weshalb wir hierfür keine Steuerbefreiung benötigen.

Für die Direktzusage und die Unterstützungskasse ist die besondere Mitwirkung des Arbeitgebers notwendig, weshalb nachfolgend auf diese beiden Wege nicht näher eingegangen wird. Ungeachtet dessen sind sie mindestens so interessant wie die Altersvorsorge durch Direktversicherung, Pensionskasse und Pensionsfonds, kommen aber meist nur für Leitende Mitarbeiter, Vorstände und/oder GmbH-Gesellschafter-Geschäftsführer in Frage. Diese beiden Pfade sind u. a. deshalb sehr lukrativ, weil sie hinsichtlich des Dotierungsbetrages einen weitaus großzügigeren Rahmen ermöglichen, beim Arbeitgeber i. d. R. zu den abziehbaren Betriebsausgaben gehören und beim Arbeitnehmer in der Ansparphase nicht zu einer Steuerbelastung führen.

II. Hard facts

1. Steuer- und SV-rechtliche Grundlagen

Die steuerfreie betriebliche Altersvorsorge (Direktversicherung, Pensionskasse, Pensionsfonds) kommt grundsätzlich für alle Arbeitnehmer in Frage, unabhängig davon, ob sie in der gesetzlichen Rentenversicherung pflichtversichert sind oder nicht. Somit können auch Mini-Jobber, GmbH-Gesellschafter-Geschäftsführer und Vorstände von Aktiengesellschaften diese Pfade der betrieblichen Altersvorsorge nutzen[184]. Für Beamte sind die nachfolgend besprochenen Formen der betrieblichen Altersvorsorge nicht möglich bzw. nicht notwendig, da sie durch Beamtenpension und/oder ZVK eine zusätzliche Versorgung in den meisten Fällen nicht mehr benötigen. Einzelunternehmer können die Formen der betrieblichen Altersvorsorge grundsätzlich nicht nutzen, Gesellschafter von Personengesellschaften (z. B. OHG, KG, GbR) in Ausnahmefällen. Für die Arbeitnehmer von Betrieben in diesen Rechtsformen (Einzelunternehmer, OHG etc.) ist die betriebliche Altersvorsorge dagegen möglich.

Zusagen auf bAV (kapitalgedeckte Direktversicherung und Pensionskasse), die bis zum 31.12.2004 erfolgten, können weiterhin unter gewissen Voraussetzungen nach § 40b EStG (alt) behandelt werden, d. h. pauschale Besteuerung der Beiträge (20 % pauschalierte Lohnsteuer bis zu 1.752 €), Sozialabgabenfreiheit[185] und Besteuerung der Renten mit dem niedrigen Ertragsanteil (z. B. 18 % bei Rentenbeginn mit vollendetem 65. Lebensjahr)[186].

Alle betrieblichen Altersversorgungszusagen ab dem 1.1.2005 und bestimmte Zusagen ab dem 1.1.2002 werden nachgelagert besteuert, d. h., es erfolgt eine weitgehende Steuerfreistellung in der Ansparphase, dafür aber eine vollständige Besteuerung in der Rentenbezugsphase (= 100 %)[187]. Zudem erfolgt in der Ansparphase eine Freistellung von Beiträgen zur gesetzlichen Sozialversicherung (RV, AlV, KV, PflV)[188], dafür aber eine Belastung mit Kranken- und Pflegeversicherungsbeiträgen in der Rentenbezugsphase[189]. Die bisherige zeitliche Befristung der Sozialabgabenfreiheit wurde mit Wirkung ab 1.1.2009 durch das Gesetz zur Förderung der zusätzlichen Altersvorsorge vom November 2007 aufgehoben.

2. Die staatliche Förderung in der Ansparphase

a) Entlastung von Steuern (LSt, KiSt, SolZ)[190]

Beiträge zu kapitalgedeckter Direktversicherung, Pensionskasse und Pensionsfonds sind steuerfrei bis zu 4 % der Beitragsbemessungsgrenze in der allgemeinen Rentenversicherung (West)[191], im Jahr 2009 somit 2.592 € (= mtl. 216 €). Die Steuerfreiheit wird jedoch nur gewährt, wenn es sich um das erste Dienstverhältnis handelt. Mit anderen Worten: Legt der Arbeitnehmer eine Lohnsteuerkarte mit der Steuerklasse VI vor, ist die Steuerfreiheit nicht möglich[192].

Falls ein Mini-Job das erste und einzige Dienstverhältnis sein sollte, kann durch Einschluss einer sozialabgabenbefreiten betrieblichen Altersvorsorge[193] die Gesamtvergütung bei einem Mini-Job auf bis zu 616 € steigen (= 400 € Entgelt + 216 € bAV). Diese Gestaltung sollten Sie aber nicht ohne Rücksprache mit Ihrem Steuerberater wählen!

Die Empfehlung, Ihren Steuerberater zu konsultieren, gilt auch für die Absicht, bei volljährigen Kindern in Ausbildung die maßgeblichen Einkünfte durch Entgeltumwandlung in eine bAV so weit zu reduzieren, dass die für das Kindergeld maßgebliche Einkommensgrenze womöglich wieder unterschritten wird.

Bei Neuzusagen ab dem 1.1.2005 sind zusätzlich 1.800 €[194] (= mtl. 150 €) steuerfrei möglich, sofern keine Pauschalierung von Beiträgen auf Altzusagen (bis 31.12.2004) nach § 40b EStG erfolgt. Die Steuerfreistellung erfolgt bereits mit der monatlichen Verdienstabrechnung. Ein Sonderausgabenabzug bei der Einkommensteuererklärung ist daher nicht mehr möglich bzw. erforderlich. Bei einem Arbeitgeberwechsel können die Höchstbeträge erneut in Anspruch genommen werden, selbst wenn diese im gleichen Jahr beim vorherigen Arbeitgeber bereits ausgeschöpft wurden[195]. Bei Einschluss von BU/EU-Versicherungen können die Beiträge zu den Zusatzversicherungen innerhalb bestimmter Grenzen steuerfrei gestellt werden.

Häufig entstehen Versorgungslücken nur deshalb, weil eine bestimmte Absicherung über mehrere Verträge verteilt ist und niemand den genauen Überblick über die tatsächlich abgesicherte Leistungshöhe hat. Zur Vermeidung einer Versorgungslücke dürfte es daher sinnvoll sein, diese Zusatzrisiken durch Koppelung mit einem privaten Vertrag abzusichern. Hierzu kommt vorrangig ein Rürupprodukt (kein Riesterprodukt und keine private Lebens- oder Rentenversicherung) in Frage, weil dadurch unter bestimmten Voraussetzungen (vgl. Rürupweg) ein Sonderausgabenabzug mit der privaten Basisvorsorge möglich ist.

b) Entlastung von Sozialabgaben (KV, PflV, RV, AlV)

Die vom Arbeitnehmer finanzierten Beiträge (Entgeltumwandlung) zu kapitalgedeckter Direktversicherung, Pensionskasse und Pensionsfonds sind sozialabgabenfrei bis zu 4 % der Beitragsbemessungsgrenze zur allgemeinen Rentenversicherung (West), im Jahr 2009 somit 2.592 € maximal. Gleiches gilt für die vom Arbeitgeber finanzierten Beiträge zur bAV[196].

3. Steuer- und Sozialabgabenbelastung in der Rentenbezugsphase

Soweit die Renten aus der betrieblichen Altersversorgung steuerfrei angespart wurden, erfolgt eine vollständige nachgelagerte Besteuerung in der Rentenbezugsphase[197]. Zudem sind Renten aus der bAV (im Rahmen der Beitragsbemessungsgrenze) seit 1.1.2004[198] stets mit Kranken- und Pflegeversicherungsbeiträgen belastet. Bei Einmalauszahlungen wird der Beitrag nicht sofort fällig, sondern umgelegt auf einen Zeitraum von 10 Jahren, d. h., monatlich wird jeweils 1/120 des Kranken- und Pflegeversicherungsbeitrages fällig[199]. Der Empfänger von Renten aus der betrieblichen Altersversorgung trägt die Sozialabgabenbelastung in voller Höhe allein[200], also ohne Zuschuss des früheren Arbeitgebers[201].

Einige Tarifverträge (z. B. Metall, Chemie) sehen bereits vor, dass die bisherigen tariflich zugesicherten vermögenswirksamen Leistungen (VL) alternativ auch in altersvorsorgewirksame Leistungen (AVWL) umgewandelt werden können. Dies hat den Vorteil, dass die AVWL-Beiträge in der Ansparphase nicht mit Lohnsteuer und Sozialabgaben belastet sind. Als VL-Beiträge unterliegen die Leistungen dagegen dem Lohnsteuer- und Sozialabgabenabzug, wobei als Ausgleich die staatliche Arbeitnehmersparzulage gedacht war. Die staatliche Förderung der VL reduzierte sich aber in vielen Fällen auf null, weil wegen Überschreitens der Einkommensgrenze keine Arbeitnehmersparzulage gewährt wurde.

Beispiel VL:
Angenommen werden eine Steuerbelastung von 30 % und eine durchschnittliche Belastung mit Sozialabgaben von 20 % sowie vom Arbeitgeber finanzierte VL mit 40 €, die in einen Bausparvertrag fließen:

VL des Arbeitgebers, brutto:	*40 €*
./. Sozialabgaben 20 % Arbeitnehmeranteil	*8 €*
./. Lohnsteuer 30 %	*12 €*
= Zwischensumme	*20 €*
./. VL-Abführung in Bausparvertrag	*40 €*
= Auswirkung auf Nettogehalt	*- 20 €*
+ evtl. Arbeitnehmer-Sparzulage 9 % von 40 €	*3,60 €*
= Nettowirkung beim Arbeitnehmer	*- 16,40 €*

Eine vom Arbeitgeber finanzierte Sparleistung in einen VL-Vertrag in Höhe von 40 € führt beim Arbeitnehmer zu einer Minderung des Nettoentgelts um 16,40 €, sofern er keine Sparzulage erhält, sogar um 20 €.

Werden die VL des Arbeitgebers in Höhe von 40 € dagegen in einen betrieblichen Altersvorsorgevertrag (Direktversicherung, Pensionskasse oder Pensionsfonds) geleitet, ergibt sich folgendes Bild:

AVWL des Arbeitgebers, brutto: .... *40 €*
./. Sozialabgaben 20 % Arbeitnehmeranteil .... *0 €*
./. Lohnsteuer 30 % .... *0 €*

= Zwischensumme .... *40 €*
./. AVWL Abführung in Vorsorgevertrag .... *40 €*

= Nettowirkung beim Arbeitnehmer .... *0 €*

In diesem Fall führt die vom Arbeitgeber finanzierte Sparleistung beim Arbeitnehmer zu keinerlei Entgeltminderung. Dennoch erhöht sich monatlich das Vorsorgekapital des Arbeitnehmers um 40 €.

Summa summarum ergibt sich ein Plus von mindestens 16,40 €. Da viele Arbeitnehmer die Einkommensgrenzen (17.900 € bzw. 35.800 € für Verheiratete) überschreiten, erhalten sie keine Sparzulage. Der Vorteil gegenüber dem VL-Sparen würde im Beispielsfall sogar 20 € betragen. Der Chef spart darüber hinaus Sozialabgaben in Höhe des Arbeitgeberanteils von rd. 8 €: eine echte Win-win-Situation.

4. Zusammenfassendes bAV-Beispiel

Anton, ledig, ist rentenversicherungspflichtig beschäftigt. Er hat keine Kinder. Sein rentenversicherungspflichtiges Einkommen liegt im Jahr 2009 bei voraussichtlich 30.000 €, sein Grenzsteuersatz beträgt im selben Jahr voraussichtlich 30 % (ohne SolZ und KiSt). Die Beitragssätze zur Sozialversicherung werden mit 20,475 % angenommen. Nach einer Altersvorsorgeberatung wurde ihm klar, dass er ohne zusätzliche Vorsorge eine erhebliche Rentenlücke zu erwarten hat. Er will ab sofort eine betriebliche Altersversorgung aufbauen, möchte aber gleichzeitig eine Belastung des Nettogehalts mit Beiträgen in Höhe von maximal 840 € jährlich, denn in dieser Höhe läge seine effektive Eigenleistung auf dem Riesterweg.

Riester-, Eichel- oder Rüruprente?		Vorsorgebeginn:	2009		
Anton, alleinstehend ohne Kind		Jahrgang:	1966	Stand: 20.02.2009	
	2008	2009		(incl. Konjunkturpaket II)	
rentenversicherungspflichtiges Entgelt	30.000 €	30.000 €	Beitrags-		
Beitragsbemessungsgrenze KV, PflV (bundeseinheitlich)	43.200 €	44.100 €	satz		
gesetzliche Krankenversicherung		gkv	14,00%		
ggf. Sonderbeitrag Zahnersatz (vom AN allein zu tragen)			0,90%		
Pflegepflichtversicherung			1,95%		
ggf. Sonderbeitrag für Kinderlose?		j	0,25%		
Beitragsbemessungsgrenze allgem. RV, AlV (West):	63.600 €	64.800 €		Eichelweg bzw. bAV	
pflichtversichert in der ges. Renten- u. Arbeitslosenversicherung		drv	22,70%		
Grenzsteuersatz, ESt geschätzt		30,00%		%	€uro
Grundhöchstbetrag Altersvorsorge					2.592,00
max. Abzugsquote im Sparjahr				100,000	
Mindesteigenbeitrag in % v. RV-pflichtigen Vorjahresentgelt					
Sockelbetrag des unmittelbar Begünstigten					
Minimaler Beitrag für **ungekürzte** Zulage = maximale Förderquote					
Bruttobeitrag p.a. (in den Vorsorgevertrag)				50,475	1.696,11
Entlastung Lohnsteuer aus Bruttobeitrag				30,000	
Entlastung AN-Anteil KV, PPflV (West) aus Bruttobeitrag				9,125	
Entlastung AN-Anteil RV, AlV (West) aus Bruttobeitrag				11,350	
Summe der Riesterzulagen					
= Mindesteigenleistung i.S. § 10a EStG, pro Jahr					
zusätzliche Steuerersparnis (ohne SolZ, KiSt) ab Grenzsteuersatz:		12,83%			
= effektive Eigenleistung (Vergleichsbasis)				100,000	840,00
staatliche Ansparförderung (LSt/ESt, SV, Zulagen) in % zur Eigenleistung bzw. absolut				101,918	856,11

Lösung:

Aufgrund der Vorgaben kann Anton im Jahr 2009 einen Bruttobeitrag in Höhe von 1.696,11 € in eine kapitalgedeckte Direktversicherung, Pensionskasse oder Pensionsfonds einzahlen. Da der Bruttobeitrag steuerfrei ist, spart er 30 % ESt (zzgl. SolZ und KiSt) = 508,83 €. Zudem spart er Beiträge zur Kranken- und Pflegeversicherung in Höhe von 9,125 % = 154,77 € und Beiträge zur Renten- und Arbeitslosenversicherung in Höhe von 11,35 % = 192,51 €. Die Gesamtersparnis beträgt 856,11 €, weshalb Anton in seiner Gehaltsabrechnung nur eine Nettominderung von 840 € verspürt. Die staatliche Förderung beträgt, bezogen auf die Nettominderung des Gehalts, 101,92 %.

Für den Arbeitgeber ergibt sich eine Ersparnis von Sozialabgaben in Höhe von rd. 328 €. Da die betriebliche Altersversorgung kein Kostenspariinstrument ist bzw. sein soll, verwenden viele Arbeitgeber diese Sozialabgabenersparnis dazu, die Vorsorgebemühungen des Arbeitnehmers ganz oder zumindest teilweise zu unterstützen.

Der Vollständigkeit halber ist zu erwähnen, dass die späteren Rentenzahlungen aus der betrieblichen Altersversorgung der vollen Steuerpflicht unterliegen. Ferner sind die Zahlungen aus der bAV beitragspflichtig in der Kranken- und Pflegeversicherung, und zwar ohne Zuschuss des Arbeitgebers, was einer Belastung von derzeit rd. 17,1 % entspricht.

III. Der Eichelweg – Fazit

Der Eichelweg (bAV) ist erste Wahl bei der zusätzlichen Altersvorsorge, wenn der Arbeitgeber aufgrund von tariflichen (z. B. altersvorsorgewirksame Leistungen = AVWL der IG Metall) oder innerbetrieblichen Regelungen den Beitrag finanziert. Dies gilt auch für die Fälle der Entgeltumwandlung, in denen der Arbeitgeber den ersparten SV-Beitrag zuschießt.

Der Eichelweg sollte dagegen erst nach dem Riesterweg beschritten werden, wenn der Arbeitnehmer den Beitrag ausschließlich selbst finanzieren muss. Die Begründung dafür erfahren Sie im dritten Abschnitt dieses Buches mit Hilfe des Phasenvergleichs.

Je jünger der Arbeitnehmer – bei gesetzlicher Krankenversicherung – ist, umso wahrscheinlicher wird der Eichelweg hinsichtlich der Nettorente nach dem Rürupweg nur noch an dritter Stelle rangieren (vgl. dritter Abschnitt, zusammenfassende Übersicht zum Phasenvergleich). Dies liegt an der steigenden Abzugsquote der Beiträge zur Rüruprente, die zudem in der Rentenbezugsphase nicht mit Beiträgen zur KV/PflV belastet ist. Die betriebliche lebenslange Altersrente ist – bei angenommen gleichen Ertragschancen und gleicher Rentenbezugsdauer – aber stets höher als eine ungeförderte, rein privat finanzierte Altersvorsorge.

Lässt man sich weniger von der voraussichtlichen Rentenhöhe leiten, sondern mehr von den Auszahlungsmöglichkeiten, so stellt die eingeräumte Möglichkeit der Einmalkapitalauszahlung, z. B. bei der Direktversicherung, einen nicht zu übersehenden Vorteil gegenüber dem Rürupweg dar.

E. Der Rürupweg/private Basisrente (ab 2005)

Aufgrund der Entscheidung des Bundesverfassungsgerichts vom 6.3.2002 (2 BvL 17/99) war die Bundesregierung gezwungen, die Besteuerung der Alterseinkünfte mit Wirkung ab dem 1.1.2005 völlig neu zu regeln. Dabei ging es um die verfassungsrechtliche Vorgabe, alle Altersrenten gleichmäßig zu besteuern. Nach langen und zähen Verhandlungen hat man sich für die nachgelagerte Besteuerung entschieden. Der dadurch erforderliche Systemwechsel wurde mit dem Alterseinkünftegesetz vom 5.7.2004 vollzogen. Maßgeblich beteiligt an den strukturellen Veränderungen war der Darmstädter Renten- und Finanzexperte Prof. Dr. Dr. h. c. Bert Rürup. Er war u. a. viele Jahre Berater der Bundesregierung in fiskal- und sozialpolitischen Angelegenheiten, Vorsitzender der nach ihm benannten Rürup-Kommission, Chef der fünf Wirtschaftsweisen (Sachverständigenrat) und Vorsitzender des Sozialbeirats. Mit dem Alterseinkünftegesetz wurde das Drei-Schichten-Modell kreiert, wobei sich die erste Schicht aus der gesetzlichen und der privaten Basisrente zusammensetzt. Die private Basisrente trägt seither seinen Namen: die Rüruprente.

Die Rüruprente ist eine kapitalgedeckte Altersvorsorge zur Herstellung einer privaten Basisversorgung. Sie steht grundsätzlich allen Steuerpflichtigen offen, ist aber insbesondere für Selbstständige die (meist) einzige staatlich geförderte Altersvorsorge. Die staatliche Förderung erfolgt in der Ansparphase durch Sonderausgabenabzug der Beiträge und Steuerfreistellung der Erträge[202]. Die Besteuerung beginnt nachgelagert erst bei Rentenbezug.

Die Rüruprente kann im Wesentlichen über drei verschiedene Produkttypen angespart werden: Bankprodukte, Versicherungsprodukte (klassisch oder mittels Fondsdeckung) oder reine Investmentprodukte. Eines aber haben alle Produkttypen gemeinsam. Sie gewähren eine lebenslange Altersrente, egal wie alt der Vorsorgende wird.

I. Soft facts

- Private, kapitalgedeckte Leibrente im Rahmen der Basisversorgung.
- Vertrag ist ausschließlich auf den Steuerpflichtigen bezogen.
- Zahlung einer lebenslangen Altersrente.
- Rentenbeginn frühestens mit dem vollendeten 60. Lebensjahr[203].
- Es gelten weitgehend dieselben Restriktionen wie für die gesetzliche Basisrente. Die Ansprüche sind nicht vererbbar, nicht veräußerbar, nicht übertragbar, nicht kapitalisierbar und nicht beleihbar.
- Auszahlungen außerhalb der Rentenleistung, z. B. einmalige Auszahlung, sind nicht zulässig.
- Zusatzversicherungen gegen Berufsunfähigkeit, Erwerbsminderung und/ oder mit Hinterbliebenenschutz als Witwen- oder Waisenrenten im Sinne der gesetzlichen Rentenversicherung sind möglich.
- Die Beiträge können als Sonderausgaben bei der Steuererklärung angesetzt werden, sofern der Versicherungsnehmer selbst die versicherte Person ist und Beiträge vom Versicherungsnehmer oder dessen Ehegatten erbracht werden[204].
- Rentenleistungen (auch aus Zusatzversicherungen) werden nachgelagert besteuert. Der Besteuerungsanteil ist abhängig vom Kalenderjahr des Rentenbeginns.

II. Hard facts

- Beiträge zur Basisvorsorge werden bis zu max. 20.000 € (Ehegatten i. d. R. 40.000 €) berücksichtigt.
- Hiervon können erstmals im Jahr 2005 60 % als Sonderausgaben abgezogen werden. Die Abzugsquote steigt jährlich um 2 Prozentpunkte. Sie betrug im Jahr 2008 66 %, im Jahr 2009 68 % usw., bis ab dem Jahr 2025 die Abzugsquote bei 100 % liegt.
- Im Jahr 2009 sind folglich für die Basisvorsorge Vorsorgeaufwendungen bis zu maximal 13.600 € steuerfrei, bei Ehegatten maximal 27.200 €.

Beispiel:
Alexander ist selbstständiger Unternehmensberater und alleinstehend. Er verdient sehr gut und möchte auch im Ruhestand finanziell unabhängig sein. Er lebt gesund und geht daher davon aus, dass er noch ein langes Leben vor sich hat. Er entscheidet sich für eine private Basisrente (Rürupprodukt). Bei seinem Grenzsteuersatz von 42 % werden die Vorsorgebemühungen durch die Steuerersparnis deutlich erleichtert. Er zahlt monatlich 1.000 € in einen privaten Basisvorsorgevertrag (Rürupvertrag). Der Sonderausgabenabzug 2009 rechnet sich wie folgt:

Gesetzliche Basisvorsorge: .... 0,00 €
Private Basisvorsorge: .... 12.000,00 €

Summe: .... 12.000,00 €
Davon 68 % .... 8.160,00 €

Die Steuerersparnis beträgt für das Jahr 2009 rd. 3.427 € Einkommensteuer (ESt) zzgl. Solidaritätszuschlag (SolZ) und evtl. Kirchensteuer (KiSt). Hinweis: Dieses Beispiel gilt auch für einen beherrschenden Gesellschafter-Geschäftsführer einer GmbH ohne betriebliche Altersvorsorge.

- Bei Arbeitnehmern (AN) sind im Rahmen der Obergrenze auch die Arbeitgeber- und Arbeitnehmeranteile zur gesetzlichen Basisvorsorge (gesetzliche Rentenversicherung, berufsständisches Versorgungswerk oder landwirtschaftliche Alterskasse) einzubeziehen. Bei pflichtversicherten Selbstständigen sind die Pflichtbeiträge zur Basisvorsorge ebenfalls im Rahmen der Obergrenzen zu berücksichtigen[205].
- Da bei Arbeitnehmern der Arbeitgeber (AG) den hälftigen Beitrag zur Rentenversicherung (RV) übernimmt und dieser zudem steuerfrei[206] ist, wird der AG-Anteil vom vorgenannten Abzugsbetrag gekürzt[207]. Somit können für einen RV-pflichtigen Arbeitnehmer (West) mit einem Bruttoarbeitslohn oberhalb der Beitragsbemessungsgrenze zur Rentenversicherung im Jahr 2009 Beiträge in einen Rürupvertrag in Höhe von max. 7.105 € (= 20.000 € ./. 19,9 % v. 64.800 €) mit steuerlicher Wirkung eingezahlt werden. Sollte der Ehepartner nicht beschäftigt sein, erhöht sich der Betrag auf 27.105 €[208].

Beispiel:
Richard, Angestellter und alleinverdienender Familienvater verdient 120.000 € jährlich und hat eine Grenzsteuerbelastung von 42 % (zzgl. SolZ und KiSt). Er und seine Ehefrau Andrea nutzen bereits die Riesterförderung. Ferner sorgt Richard mit Unterstützung des Arbeitgebers betrieblich vor. Aufgrund der Beitragsbemessungsgrenze wird die gesetzliche Rentenversicherung von Richard sowie die Rente aus den beiden zusätzlichen Vorsorgewegen (Riester und betrieblich) nicht ausreichen, um im Alter den erreichten hohen Lebensstandard fortzuführen. Andrea erzieht die gemeinsamen Kinder und managt seither Familie, Haushalt und Garten. Die Kinder sind bereits älter als drei Jahre, weshalb Andrea in keinem gesetzlichen Versorgungssystem eine eigenständige Altersrente aufbaut. Andrea ist vier Jahre jünger als Richard. Schon aus diesem Grunde ist davon auszugehen, dass Richard vor Andrea versterben wird. Die Eheleute entscheiden sich deshalb, die Rüruprente für Andrea abzuschließen. Denn Andrea hat die geringeren Alterseinkünfte und wird (zumindest statistisch) voraussichtlich länger aus diesem Versorgungssystem Rente beziehen als Richard. Sie zahlen im Jahr 2009 monatlich 600 € Beitrag.

Der Sonderausgabenabzug rechnet sich wie folgt:

Gesetzliche Basisvorsorge:
Arbeitgeberanteil: .... *6.447,60 €*
Arbeitnehmeranteil: .... *6.447,60 €*
Private Basisvorsorge: .... *7.200,00 €*

Summe (max. 40.000 €): .... *20.095,20 €*
Davon 68 % .... *13.664,74 €*
./. AG-Anteil .... *6.447,60 €*

Sonderausgabenabzug .... *7.217,14 €*

Da der AG-Anteil zur gesetzlichen Rentenversicherung bereits im Rahmen der monatlichen Entgeltabrechnung steuerfrei gestellt wurde, kann er beim Sonderausgabenabzug nicht nochmals angesetzt werden und ist deshalb zu kürzen. Der

AN-Anteil kann im Jahr 2009 mit 36 % in Abzug gebracht werden. Dieser Abzugsbetrag steigt jährlich um 4 Prozentpunkte, bis er im Jahr 2025 bei 100 % liegt. Im Ergebnis können die AN-Beiträge zur gesetzlichen Basisvorsorge im Jahr 2009 bereits mit 2.321 € als Sonderausgaben abgezogen werden. Der geleistete Beitrag zur Rüruprente in Höhe von 7.200 € wirkt sich mit 68 % = 4.896 € beim Sonderausgabenabzug aus.

Zusammenfassung:
AN-Beitrag (36 %) .... 2.321 €
Rürup-Beitrag (68 %) .... 4.896 €

Sonderausgabenabzug .... 7.217 €
AG-Beitrag (100 %) .... 6.448 €
Steuerfrei insgesamt .... 13.665 €

Im Rahmen der ESt-Erklärung 2009 wirkt sich ein Betrag in Höhe von 7.217 € beim Sonderausgabenabzug aus, was einer Steuerersparnis von 3.031 € (zzgl. SolZ u. KiSt) entspricht. Der Beitrag zur Rüruprente bringt bereits im Jahr 2009 eine Steuerentlastung von 2.056 € (zzgl. SolZ und KiSt), die bis ins Jahr 2025 kontinuierlich steigen wird. Vorstehendes Beispiel gilt auch für einen nicht beherrschenden Gesellschafter-Geschäftsführer einer GmbH.

Beispiel:
Elisabeth, alleinstehend, ist selbstständige Augenärztin (180.000 € Gewinn) und möchte neben der berufsständischen Versorgung zusätzlich vorsorgen. Sie beabsichtigt, jährlich 12.000 € in einen Rürupvertrag einzuzahlen. Doch die Berechnung des Sonderausgabenabzugs zeigt, dass die Beiträge nicht in voller Höhe begünstigt sind:

Gesetzliche Basisvorsorge:
Versorgungswerk .... 12.895,20 €
Rüruprente .... 12.000,00 €

Zwischensumme .... 24.895,20 €

Obergrenze..20.000,00 €
davon 68 %.. 13.600,00 €

Aufgrund der Pflichtbeiträge in das ärztliche Versorgungswerk werden die freiwilligen Beiträge in die Rüruprente gekappt. Es wäre daher aus steuerlichen Gründen besser, nur Beiträge in die Rüruprente in Höhe von 7.104,80 € einzuzahlen. Das weitere Vorsorgepotenzial sollte besser in ein Kapitalanlageprodukt oder ungeförderte Lebens- oder Rentenversicherung eingezahlt werden.

- Bei bestimmten Personengruppen (z. B. Beamte, Richter, Berufs- u. Zeitsoldaten, Amtsträger etc.) gilt eine gekürzte Obergrenze[209]. Die Obergrenze von 20.000 € wird um den Betrag gekürzt, der dem Beitrag zur gesetzlichen Rentenversicherung entspricht, im Jahr 2009 somit 19,9 % der Bezüge. Aus Vereinfachungsgründen wird der Kürzungsbetrag höchstens aus der Beitragsbemessungsgrenze Ost, also max. aus 54.600 € im Jahr 2009 (= 10.865 €) berechnet[210]. Der gekürzte Höchstbetrag beträgt im Jahr 2009 9.135 € (= 20.000 € ./. 10.865 €). Sollte der Ehepartner nicht beschäftigt sein, erhöht sich der Betrag auf 29.135 €[211].
- Gleiches gilt für die Personengruppe der beherrschenden Gesellschafter-Geschäftsführer von GmbHs bzw. für AG-Vorstände, sofern eine betriebliche Versorgungszusage besteht[212]. Seit dem Veranlagungszeitraum 2008 ist es unerheblich, ob es sich um eine Pensionszusage, Unterstützungskasse, Direktversicherung, Pensionskasse oder Pensionsfonds handelt, und es ist nicht mehr zu prüfen, ob der Arbeitnehmer oder der Betrieb die betriebliche Versorgung finanziert[213].
- Der Beitrag für eine eigenständige Erwerbsunfähigkeitsversicherung wäre nur im Rahmen der sonstigen Vorsorgeaufwendungen begünstigt. Die Obergrenze[214] liegt bei 2.400 € bzw. bei 1.500 € für Arbeitnehmer, Beamte, Rentner und beitragsfrei mitversicherte Familienangehörige. Diese Obergrenze wird meist durch Beiträge für eine Krankenversicherung ausgeschöpft. Die Beiträge in eine eigenständige BU/EU-Versicherung haben daher häufig keine steuerliche Wirkung. Wird eine Berufs- oder Erwerbsunfähigkeitsversicherung in ein „Rürup-Gesamtpaket" eingeschlossen, können die gesamten Beiträge als Sonderausgaben abgezogen werden, wenn der Beitragsanteil für die Altersvorsorge mehr als 50 %[215] beträgt.

Beispiel:
Georg hält 100 % der Geschäftsanteile an der G-GmbH und ist deren alleiniger Geschäftsführer. Er hat eine Direktzusage auf eine Altersrente in Höhe von 1.500 € monatlich. Um einen späteren Erwerber der GmbH nicht abzuschrecken, erhöht er die Pensionszusage nicht mehr. Vielmehr möchte er zusätzlich mit einer Rüruprente für den Ruhestand und insbesondere eine evtl. Erwerbsunfähigkeit vorsorgen. Er zahlt insgesamt einen Monatsbeitrag von 700 €, davon entfallen auf die Altersvorsorge 500 € und die Erwerbsunfähigkeitsversicherung 200 €. Der Höchstbetrag für die sonstigen Vorsorgeaufwendungen wird durch die monatlichen KV-Beiträge in Höhe von 300 € ausgeschöpft. Georg hat ein Jahresbruttogehalt von 90.000 €, der Grenzsteuersatz beträgt 42 %.

Gekürzte Obergrenze:
Obergrenze ungekürzt .... 20.000,00 €
19,9 % v. Brutto, max.
aus BBGr. (Ost) .... 10.865,40 €

gekürzte Obergrenze .... 9.134,60 €

Da Georg als beherrschender Gesellschafter-Geschäftsführer eine Direktzusage hat, gilt die gekürzte Obergrenze für Basisvorsorgeaufwendungen in Höhe von 9.135 €.

Gesetzliche Basisvorsorge .... 0,00 €
Private Basisvorsorge .... 8.400,00 €

Vorsorgeaufwendungen .... 8.400,00 €
Davon 68 % .... 5.712,00 €

Die Vorsorgeaufwendungen von 8.400 € liegen im Rahmen der gekürzten Obergrenze und führen im Jahr 2009 zu einem Sonderausgabenabzug in Höhe von 5.712 €. Dieser bringt Georg eine Steuerersparnis von 2.399 € (zzgl. SolZ u. KiSt).

- Nicht gekürzt dagegen wird der Höchstbetrag (20.000 €) beim rentenversicherungspflichtigen GmbH-Ges.-GF und beim beherrschenden GmbH-Ges.-GF bzw. AG-Vorstand ohne betriebliche Altersvorsorge[216].
- Mit Wirkung ab dem 1.1.2006 wurde für die Altersvorsorge mit Rürupprodukten eine zusätzliche Günstigerprüfung eingeführt. Diese führt im Ergebnis bei Selbstständigen dazu, dass die Beiträge zu Rürupverträgen stets mit der jeweiligen Abzugsquote als Sonderausgaben abgezogen werden können[217], selbst wenn ansonsten das EStG in der Fassung bis 31.12.2004 anzuwenden wäre.
- Grundsätzlich sollen Rentenzahlungen aus der privaten Basisrente (Rüruprente) nachgelagert, d. h. in voller Höhe besteuert werden. Um den Übergang zur nachgelagerten Besteuerung abzufedern, wurden langfristige Übergangsregelungen geschaffen. Hiernach richtet sich die Höhe des Besteuerungsanteils nach dem Jahr des Rentenbeginns (Kohortenregelung). Der Besteuerungsanteil gilt für jede Kohorte unverändert bis an deren Lebensende. Er beginnt für die Jahre 2005 und früher bei 50 % und steigt für jeden neu in den Ruhestand tretenden Jahrgang jährlich um 2 Prozentpunkte bis auf 80 % im Jahr 2020. Danach steigt der Besteuerungsanteil jährlich um 1 Prozentpunkt, bis er für Neurentner ab dem Jahr 2040 bei 100 % liegt[218].
- In der Ansparphase gibt es keine Befreiung der Rürupbeiträge von den Sozialabgaben. In der Rentenbezugsphase erfolgt grundsätzlich keine Belastung mit Beiträgen zur Kranken- und Pflegeversicherung.
- Bei Versicherten, die im Ruhestand freiwillig krankenversichert sind, wird die Rüruprente jedoch bis zur Beitragsbemessungsgrenze in die Bemessungsgrundlage für Kranken- und Pflegeversicherungsbeiträge einbezogen[219]. Insoweit könnte die Rüruprente in Ausnahmefällen mit KV-Beiträgen belastet sein.

III. Altersvorsorgeturbo durch Nutzung der steuerlichen Be- und Entlastung der Basisrente

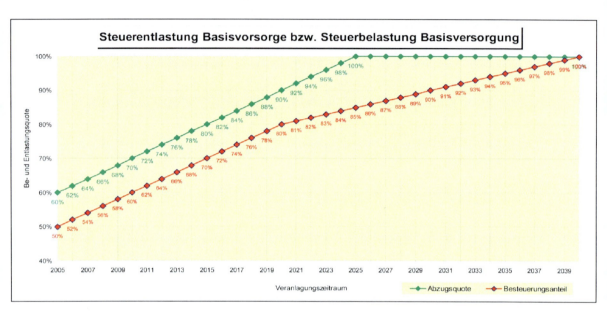

Aus vorstehender Grafik wird deutlich, dass die jährliche Abzugsquote für Vorsorgeaufwendungen ab dem Jahr 2005 mindestens 10 Prozentpunkte über der jährlichen Belastungsquote für die Basisrente liegt. Ab dem Jahr 2020 erhöht sich der Vorteil bis zum Jahr 2025 auf bis zu 15 Prozentpunkte. Dann können bereits 100 % der Basisvorsorgebeiträge als Sonderausgaben abgezogen werden, während die Rentenbezüge für neu in den Ruhestand Eintretende erst mit 85 % steuerpflichtig sind. Ab dem Jahr 2026 schmilzt der Vorsprung jährlich um 1 Prozentpunkt ab, bis die Rentenbezüge für Neurentner ab dem Jahr 2040 in voller Höhe nachgelagert besteuert werden.

Problematisch sind jedoch die Fälle ab dem Jahr 2040, in denen die Besteuerungsquote der Renten bei 100 % liegen wird, ein Teil der Ansparphase aber vor dem Jahr 2025 liegt. Dann nämlich würden die kompletten Rentenbezüge voll besteuert, während Teile der Sparbeiträge nur mit einer geringeren Quote zum Abzug zugelassen waren. Weitere Fallkonstellationen laufen auf dieselbe Problematik hinaus. Ob sich hierin ein Fall von unzulässiger Doppelbesteuerung verbirgt, wird das Bundesverfassungsgericht klären müssen. Die Finanzverwaltung legt zudem das EStG dahin gehend aus, dass die Aufwendungen für die Basisvorsorge als Sonderausgaben abgezogen werden müssen. Zahlreiche Experten halten es aber für möglich, dass der Abzug als vorweggenommene Werbungskosten bei den sonstigen Einkünften die richtige Anwendung des EStG darstellt. Mehrere Verfahren zu den Regelungen des Alterseinkünftegesetzes sind bereits vor dem BFH (X R 43/05, X R 9/07, X R 30/07) bzw. dem BVerfG (2 BvR 2299/04) anhängig. Zur Wahrung aller Möglichkeiten empfehle ich, unter Einschaltung eines Steuerberaters gegen betroffene Bescheide Rechtsmittel einzulegen.

Allerdings können die vorgenannten Regelungen zur Basisrente in manchen Fällen äußerst lukrativ sein, so z. B. wenn nur noch maximal 5 Jahre bis zum Ruhestand vergehen. Denn dann können die Vorsorgeaufwendungen der letzten 4 Jahre, z. B. in eine Rüruprente, mit einer höheren Abzugsquote bei den Sonderausgaben angesetzt werden, als die späteren Rentenrückflüsse besteuert werden müssen.

Beispiel:
Der Inhaber des Bekleidungshauses Franz wird im Jahr 2014 60 Jahre alt. Dann geht er in den Ruhestand. Er ist gesund und erhofft sich ein langes Leben. Er möchte die steuerlichen Vorteile der Rüruprente nutzen und zahlt ab 2009 jährlich 20.000 € in einen Rürupvertrag ein. Sein derzeitiger Grenzsteuersatz beträgt regelmäßig 42 %. Im Ruhestand wird er voraussichtlich mit 30 % belastet sein.

Die jährliche Abzugsquote beträgt:

20.000 € × 68 % im Jahr 2009 = ... 13.600 €
20.000 € × 70 % im Jahr 2010 = ... 14.000 €
20.000 € × 72 % im Jahr 2011 = ... 14.400 €
20.000 € × 74 % im Jahr 2012 = ... 14.800 €
20.000 € × 76 % im Jahr 2013 = ... 15.200 €

Summe .... 72.000 €

100.000 € Rürupbeiträge führen in dieser Zeit zu einem Sonderausgabenabzug von insgesamt 72.000 €. Diese bringen im Beispiel insgesamt Steuervorteile von 30.240 € (zzgl. SolZ und KiSt). Die Rentenzahlungen ab dem Jahr 2014 sind nur mit dem gleichbleibenden Besteuerungsanteil von 68 % zu versteuern.

Neben dem Zinsgewinn durch die nachgelagerte Besteuerung ergibt sich ein Gewinn durch die Steuersatzdifferenz. Diese beträgt bei Franz voraussichtlich 12 Prozentpunkte (= 42 % ./. 30 %). Ferner ergibt sich ein Vorteil durch die Besteuerungsquote, die im Jahr 2014 bei 68 % liegen wird. Abgesehen vom Jahr 2009 ist sie damit stets niedriger als die jeweilige Abzugsquote der Beiträge.

IV. Rüruprente vom Staat finanziert?

Fallweise erhalten Arbeitnehmer für den Verlust des Arbeitsplatzes eine Abfindung vom Arbeitgeber. In anderen Fällen erhalten Unternehmer eine Kaufpreiszahlung bei der Unternehmensnachfolge. Dieser Betrag ist nicht selten sechsstellig und erzeugt trotz Anwendung von Regelungen zur Steuerermäßigung (1/5-Regelung etc.)[220] in Extremfällen eine sehr hohe Steuerbelastungsquote. Diese Tatsache kann im Zusammenspiel mit einer Einmalzahlung in einen Rürupvertrag einen enormen Vorteil bedeuten. So sind Fälle denkbar, in denen die einmalige Zahlung in einen Rürupvertrag eine höhere Steuerentlastung auslöst, als Beiträge geleistet wurden, was zur Folge hätte, dass die komplette Rüruprente durch die Steuerentlastung finanziert werden kann. Es würde zu weit führen, hier ein derart komplexes Beispiel und dessen Wirkungen detailliert zu erklären. Deshalb ist in Abfindungs- und Veräußerungsfällen dringend anzuraten, einen Steuerberater zu konsultieren und klären zu lassen, ob in Ihrem Fall die Einmalzahlung in einen Rürupvertrag tatsächlich eine derartige Steuerersparnis auslösen kann.

V. Der Rürupweg – Fazit

Der Rürupweg ist insbesondere für Selbstständige die (meist) einzige Möglichkeit, in größerem Umfang eine staatlich geförderte, angemessene Altersversorgung aufzubauen. Dies gilt auch für den im eigenen Haushalt tätigen Ehegatten und den nicht RV-pflichtig Beschäftigten. Im Hinblick auf die Restriktionen bei den soft facts (keine Vererbung, keine Veräußerung, keine Übertragung, keine Kapitalisierung, keine Beleihung) sollte stets die zu schließende Versorgungslücke im Auge behalten werden. Eine Überversorgung bringt in der Ansparphase zwar meist Steuervorteile, diese werden sich aber bei einem vorzeitigen Ableben ins Negative wandeln. Denn im Normalfall ist das nicht aufgezehrte Vorsorgekapital damit ebenfalls verloren. Zumindest aber kann es – ohne Hybridlösungen – nicht vererbt werden.

Lassen Sie sich daher nicht ausschließlich vom „Steuersparargument" leiten. Abschließend sei noch erwähnt, dass in Verlustjahren nach den derzeitigen Vorstellungen der Finanzverwaltung die Beiträge zur Rüruprente steuerrechtlich verpuffen. Denn es würde sich um Sonderausgaben und nicht um Werbungskosten handeln.

F. Vergleich der Vorsorgewege für das Jahr 2009

Mit den vorstehenden Ausführungen wurden die einzelnen Fördermechanismen explizit dargestellt. Da viele Vorsorgesparer alle drei staatlich geförderten Wege beschreiten könnten, sich aber mehr von der materiellen Wirkung als von den soft facts leiten lassen, wird nachfolgend ein zusammenfassender Vergleich der drei Förderwege dargestellt. Die detaillierte Beschreibung der Fördermechanismen findet sich in den Gliederungspunkten C–E dieses Abschnitts. Weil insbesondere die Kinderkomponenten auf dem Riesterweg diesen als alles übertreffend darstellen würden, vergleichen wir den für den Riesterweg „ungünstigsten Fall", nämlich einen Alleinstehenden ohne Kind.

Riester-, Eichel- oder Rüruprente? Anton, alleinstehend ohne Kind	Rürupweg bzw. Basisrente		Eichelweg bzw. bAV		Riesterweg	
	%	€uro	%	€uro	%	€uro
Grundhöchstbetrag Altersvorsorge		20.000,00		2.592,00		2.100,00
max. Abzugsquote im Sparjahr	68,000		100,000		100,000	
Mindesteigenbeitrag in % v. RV-pflichtigen Vorjahresentgelt					4,000	1.200,00
Sockelbetrag des unmittelbar Begünstigten						60,00
Minimaler Beitrag für ungekürzte Zulage = maximale Förderquote						
Bruttobeitrag p.a. (in den Vorsorgevertrag)	20,400	1.055,28	50,475	1.696,11	30,000	1.200,00
Entlastung Lohnsteuer aus Bruttobeitrag	20,400		30,000		30,000	
Entlastung AN-Anteil KV, PPflV (West) aus Bruttobeitrag			9,125			
Entlastung AN-Anteil RV, AIV (West) aus Bruttobeitrag			11,350			
Summe der Riesterzulagen					18,333	154,00
= Mindesteigenleistung i.S. § 10a EStG, pro Jahr						1.046,00
zusätzliche Steuerersparnis (ohne SolZ, KiSt) ab Grenzsteuersatz:						206,00
= effektive Eigenleistung (Vergleichsbasis)	100,000	840,00	100,000	840,00	100,000	840,00
staatliche Ansparförderung	25,628	215,28	101,918	856,11	42,857	360,00

Beispiel:
Anton, alleinstehend, hat keine Kinder. Sein RV-pflichtiges Entgelt des Vorjahres betrug 30.000 € und wird sich auch im Jahr 2009 nicht verändern. Der Grenzsteuersatz im Jahr 2009 soll 30 % betragen. Der Beitrag zur Krankenversicherung wird mit 14,9 %, zur Pflegeversicherung mit 2,2 %, zur Arbeitslosenversicherung mit 2,8 % und zur Rentenversicherung mit 19,9 % angenommen. Der tabellarische Vergleich verdeutlicht die unterschiedlichen Wirkungen.

I. Riesterweg

In den Vertrag von Anton ist ein Mindestbeitrag von 1.200 € einzuzahlen. Unter Berücksichtigung der Grundzulage entfällt auf Anton ein Eigenanteil in Höhe von 1.046 €. Nach der beim Finanzamt beantragten Günstigerprüfung ergibt sich eine Steuerrückerstattung von 206 €. Die staatliche Förderung beträgt insgesamt 360 €. Die Förderquote beträgt rd. 43 %, bezogen auf die effektive Eigenleistung, bzw. rd. 34 %, bezogen auf die Mindesteigenleistung. Im Ergebnis kann mit einer effektiven Eigenleistung von 840 € ein Bruttobeitrag von 1.200 € angesammelt werden.

II. Eichelweg

Bei einem Bruttobeitrag von 1.696,11 € ergibt sich eine Steuerentlastung von 508,83 € und eine Sozialabgabenersparnis von 347,28 €. Die staatliche Förderung beträgt insgesamt 856,11 €. Die Förderquote beträgt rd. 102 %, bezogen auf die effektive Eigenleistung. Im Ergebnis kann mit einer effektiven Eigenleistung von 840 € ein Bruttobeitrag von 1.696,11 € angesammelt werden.

III. Rürupweg

Ausgehend von einem Bruttobeitrag von 1.055,28 € können im Jahr 2009 als Sonderausgabe 68 % (= 717,59 €) berücksichtigt werden. Dies führt zu einer Steuerentlastung in Höhe von 215,28 €. Die Förderquote beträgt rd. 26 % in Relation zur effektiven Eigenleistung. Im Ergebnis kann mit einer effektiven Eigenleistung von 840 € ein Bruttobeitrag von 1.055,28 € angesammelt werden.

IV. Zusammenfassung

Würde man nur das Jahr 2009 betrachten, so ergäbe sich die höchste Förderung auf dem Eichelweg (856,11 € = 102 %), gefolgt vom Riesterweg (360 € = 43 %), und an dritter Stelle rangiert der Rürupweg (215,28 € = 26 %). Gerade aber die vergleichsweise „niedrige" Förderquote von 26 % auf dem Rürupweg darf nicht darüber hinwegtäuschen, dass es bei einer rein privat finanzierten Rente mit Beiträgen in Höhe von 840 € wohl kaum zu einer lebenslangen Rentenhöhe in vergleichbarer Höhe reichen wird, selbst bei den kühnsten Renditeversprechungen nicht.

Taktische Empfehlung zur Vorsorgereihenfolge:
Erbringt der Arbeitgeber keinerlei Zuschuss zum Eichelweg, so empfehle ich stets den Riesterweg zuerst zu beschreiten. Dies liegt u.a. an der sprungfixen Zulagenförderung. Nehmen wir an, Sie (ledig) verdienen als Arbeitnehmer 60.000 €, beschreiten den Eichelweg bis zum steuerfrei geförderten Maximalbeitrag

(366 €) und möchten zur Schließung einer Versorgungslücke noch den Riesterweg beschreiten. Ferner nehmen wir an, Ihr monatliches Sparpotenzial für Altersvorsorge kann aufgrund anderer Belastungen max. 300 € betragen. Der Bruttobeitrag auf dem Eichelweg von 366 € wirkt sich mit rd. 168 € mindernd auf Ihr Nettogehalt bzw. Ihr Vorsorgepotenzial aus. Es verbleibt für den Riesterweg noch ein Vorsorgerest von 132 €. Da auf dem Riesterweg im Beispielsfall eine Eigenleistung von rd. 163 € mtl. (= (2.100 € ./. 154 €)/12) zu leisten wäre, um die Zulagen ungekürzt zu erhalten, wird bei geringeren Sparbeiträgen die Riesterzulage proportional gekürzt. Aufgrund der Eigenleistung von 132 € in den Riestervertrag würde die Zulage auf 124 € gekürzt. Die Förderquote würde folglich geschmälert. Es wäre daher besser, zuerst den Riesterweg zu beschreiten, denn dann erhalten Sie stets die volle Förderung. Wenn Sie an zweiter Stelle den Eichelweg mit dem restlichen Sparpotenzial beschreiten, gibt es steuerrechtlich keine[221], arbeitsrechtlich fast[222] keine Hürden zu überwinden. Ein Mindestbeitrag muss nach dem EStG bzw. SGB auf dem Eichelweg nicht erbracht werden. Die Steuerersparnis und ggf. Sozialabgabenersparnis greifen auf dem Eichelweg ab dem ersten Euro und steigen linear bis zur Förderobergrenze.

V. Ausblick

Würde das Buch an dieser Stelle enden, so hätten wir Äpfel mit Birnen verglichen und uns nur an der Stückzahl orientiert. So wäre z. B. nicht berücksichtigt, dass die Rürupförderung Jahr für Jahr um 2 % steigen wird und später – im Normalfall – nicht mit Beiträgen zur Kranken- oder Pflegeversicherung belastet ist, diese Belastung aber auf dem Eichelweg – im Normalfall – zu einer Kürzung der Rente führen wird. Ferner wäre nicht berücksichtigt, dass Rentenzahlungen aus dem Eichel- und Riesterweg von Anfang an mit 100 % zu versteuern wären, während auf dem Rürupweg, je nach Beginn der Rentenzahlungen, erst ab dem Jahr 2040 die volle Besteuerung eintritt. Außerdem kommt nicht zum Ausdruck, dass z. B. die Geburt eines Kindes, zumindest für die ersten 18 Lebensjahre, die Förderquote auf dem Riesterweg gravierend anhebt.

Dritter Abschnitt – Vergleich über die Anspar- und Rentenbezugsphase

A. Vergleich der staatlich geförderten Vorsorgewege in der Anspar- und Rentenbezugsphase

Da ich keinen Vergleich zwischen den einzelnen Anbietern anstellen will und kann, beschränke ich mich auf die Untersuchung, welcher Förderweg aufgrund der staatlichen Einflussfaktoren für die Vorsorgesparer zum besten Ergebnis führt. Dabei lege ich die Annahme zugrunde, dass eine Versorgungslücke besteht. Interessen von Kapitalanlegern, vererbbares Vermögen zu bilden, bleiben unberücksichtigt. Folglich untersuchen wir, auf welchem Förderweg die höchste Nettorente, also nach Abzug von Steuern und Sozialabgaben, erzielt werden kann. Um möglichst objektiv zu vergleichen, wird über alle Wege von einer gleich hohen Ertragserwartung bzw. Performance (nach Verwaltungs- und Vertriebskosten) und gleicher Steuer- und Abgabenbelastung ausgegangen. Nicht zuletzt gehen wir stets von einer gleich hohen effektiven Eigenleistung aus.

I. Grundlagen und Prämissen

1. Allgemeines

- In den nachfolgenden Beispielen wird stets mit einem kinderlosen Alleinstehenden gerechnet. Denn sobald eine Zulage für Kinder oder den mittelbar begünstigten Ehegatten einfließt, wirkt dies wie ein „Turbo" zugunsten des Riesterweges.
- Die Einzahlungen erfolgen jährlich im Voraus am 1. Januar. Die Zins-/Ertragsgutschriften erfolgen jährlich nachträglich zum 31. Dezember.
- Die Ersparnis der Lohnsteuer und Sozialabgaben erfolgt auf dem Eichelweg sofort, d. h. zum 1. Januar, ansonsten erfolgt die Gutschrift der staatlichen Additive (Riesterzulage, Steuerersparnis) zum 31. Dezember des Vorsorgejahres.
- Annexsteuern wie SolZ und KiSt bleiben unberücksichtigt.
- Unsere Vorsorgesparer feiern Mitte Dezember Geburtstag. Die erste Rentenzahlung fließt noch im Dezember des jeweiligen Jahres.

- Die Verzinsung/Performance wird mit 3 % in der Anspar- und Rentenbezugsphase bewusst vorsichtig angenommen.
- Auf allen Wegen wird mit einer Rentenbezugsdauer von 25 Jahren gerechnet, weshalb zur Ermittlung einer gleichbleibenden Rente das Vorsorgekapital durch 210,87645 (vgl. Anlage 7) dividiert wird.
- Den Grenzsteuersatz im Ruhestand taxieren wir auf 2/3 der Grenzsteuerbelastung in der Ansparphase, mindestens jedoch 14 %.
- Der KV-Beitrag soll im Ruhestand unverändert 14,9 % (incl. Zahnersatz) und der Beitrag zur PflV 2,2 % (incl. 0,25% Zuschlag für Kinderlose) betragen. Die Belastung der gesetzlichen Altersrente beträgt für den Rentenempfänger folglich 7,9 % für die KV und 2,2 % für die PflV.
- In der Rentenbezugsphase wird grundsätzlich angenommen, dass der Sonderausgabenabzug für sonstige Vorsorgeaufwendungen[223] bereits ausgeschöpft ist, so dass ein eventueller Abzug von KV-Beiträgen nicht mehr zu einer Steuerminderung auf dem jeweiligen Vorsorgeweg führt.
- Mit Eichelweg sind bei diesem Phasenvergleich nur die externen Vorsorgewege (Direktversicherung, Pensionskasse und Pensionsfonds) der betrieblichen Altersvorsorge gemeint.
- Angenommen wird zudem, dass in die alten (Abschluss bis 31.12.2004) Lebens- und Rentenversicherungen Beiträge über mindestens 5 Jahre eingezahlt werden, die Gesamtlaufzeit mindestens 12 Jahre beträgt, der Mindesttodesfallschutz (60 % der Beitragssumme) eingehalten ist und alle Verträge störungsfrei bis ans Vertragsende bedient werden.
- Für Rentenversicherungen (§ 10 Abs. 1 Nr. 3 EStG) ohne Riester-, Eichel- oder Rürupmantel und Lebensversicherungen wird unterstellt, dass ein Sonderausgabenabzug nach neuem Recht seit 2005 bei den sonstigen Vorsorgeaufwendungen nicht mehr wirksam ist, weil der Höchstbetrag (§ 10 Abs. 4 EStG) mit den KV-Beiträgen ausgeschöpft ist. Ferner wird unterstellt, dass bei Durchführung der Günstigerprüfung (§ 10 Abs. 4a EStG) nur für Selbstständige ohne Beiträge zur gesetzlichen Basisvorsorge ein Ansatz der Beiträge als Vorsorgeaufwendungen nach altem Recht (EStG bis VZ 2004) erfolgt.
- Aufgrund der langfristigen Übergangsregelungen ist für einen echten Vergleich zwischen den Vorsorgewegen das Alter im Abschlussjahr ein wesent-

liches Kriterium. Um dies herauszustellen, werden vier Beispiele mit den Geburtsjahrgängen 1956, 1966, 1976 und 1986 gerechnet. Alle anderen Annahmen bleiben unverändert.
- Für die Geburtsjahrgänge vor 1956 ist jeder Einzelfall gesondert zu betrachten. Insbesondere die Empfehlung für die über 55-Jährigen, für 5 Jahre bewusst den Rürupweg zu beschreiten, kann ich nur unterstützen, wenn noch eine Versorgungslücke vorhanden ist. Eine vom Arbeitnehmer allein finanzierte Entgeltumwandlung ist in diesem Alter nicht mehr sinnvoll, weil aufgrund der relativ kurzen Laufzeit auf dem Eichelweg/bAV meist nicht ausreichend Erträge erwirtschaftet werden können, um nach Abzug der Verwaltungs- und Vertriebskosten eine höhere Rente zu erzielen als bei der gesetzlichen Rentenversicherung.

Für die nachfolgenden Vergleiche wurden die wohl am häufigsten in Frage kommenden neun Vorsorgewege ausgewählt. So viel sei bereits vorab erwähnt: Soll im Jahr 2009 mit einer zusätzlichen Altersvorsorge begonnen werden, so führen – gleiche Erträge/Performance vorausgesetzt – ausnahmslos die staatlich geförderten Vorsorgewege zu den höchsten Nettorenten, weshalb auf den privaten Sparplan (Weg 1) nicht näher eingegangen wird. Auf Erläuterungen zu den Wegen 2–5 (Lebens- und Rentenversicherungen) wurde aus Vereinfachungsgründen in vielen Fällen verzichtet, weil hier kaum allgemeingültige Aussagen getroffen werden können. Ferner ist zu bedenken, dass es sich um Altprodukte handelt, die im Vorsorgejahr 2009 nicht mehr abgeschlossen werden können. Herkömmliche Lebens- oder Rentenversicherungen, die nach dem 31.12.2004 abgeschlossen werden, profitieren kaum mehr von einer staatlichen Förderung. Jedoch sollten insbesondere Selbstständige, die bislang bereits mit LV und/oder privaten RV vorsorgen, im Einzelfall genau prüfen lassen, ob aufgrund der langfristigen Übergangsregelungen eine Fortführung dieser Verträge womöglich doch lukrativer ist als der Abschluss neuer geförderter Rürupverträge.

2. Beschreibung der ausgewählten neun Vorsorgewege

Weg 1: Private Vorsorge ohne staatliche Unterstützung

Die Erträge unterliegen in voller Höhe jährlich der Abgeltungsteuer mit 25 %. Bei Verrentung wird Kapitalverzehr angenommen. Versteuert wird ein fiktiver Ertrag, auf den ebenfalls die Abgeltungsteuer Anwendung findet. Nur bei freiwilliger Krankenversicherung ist der jährliche Ertrag aus dem jeweils verbliebenen Restkapital zusätzlich mit Beiträgen zur Kranken- und Pflegeversicherung belastet (im Rahmen der Beitragsbemessungsgrenze). Wird angenommen, der Ertrag aus einem privaten Sparplan würde während der Ansparphase zu einem Großteil aus zunächst nicht der Abgeltungsteuer unterliegenden Kursgewinnen bestehen, so entspricht dies in der Ansparphase in etwa dem Verlauf des nachfolgenden Weges 3, weshalb auf eine gesonderte Darstellung verzichtet wurde.

Weg 2: Arbeitnehmer mit Lebensversicherung (neu), abgeschlossen nach dem 31.12.2004

Sonderausgabenabzug der Vorsorgeaufwendungen ist nicht mehr möglich, Erträge am Ende der Ansparphase sind zu 50 % steuerpflichtig (hier: mit dem Grenzsteuersatz in der Ansparphase), anschließend freiwillige Verrentung des Vorsorgekapitals, Rentenzahlung ist steuerpflichtig mit dem niedrigeren Ertragsanteil[224]. Nur bei freiwilliger Krankenversicherung ist die Rentenzahlung zusätzlich mit Beiträgen zur Kranken- und Pflegeversicherung belastet (im Rahmen der Beitragsbemessungsgrenze). Die Aussagen zu Weg 2 gelten für Arbeitnehmer stets mit einem Jahresbruttoverdienst über 19.175 €, meist aber bereits ab rd. 14.000 €.

Weg 3: Arbeitnehmer mit Lebensversicherung (alt), abgeschlossen vor dem 1.1.2005, und Rentenversicherung ohne Kapitalwahlrecht, unabhängig vom Abschlusszeitpunkt

Angenommen wird, dass der Sonderausgabenabzug keine Wirkung entfalten kann (weder nach EStG 2005 noch nach EStG 2004). Erträge sind in voller Höhe steuerfrei. Vorsorgekapital aus der LV wird freiwillig verrentet. Rentenzahlung ist steuerpflichtig mit dem niedrigeren Ertragsanteil. Nur bei freiwilliger Krankenversicherung ist die Rentenzahlung zusätzlich mit Beiträgen zur Kranken- und Pflegeversicherung belastet (im Rahmen der Beitragsbemessungsgrenze). Die Aussagen zu Weg 3 gelten für Arbeitnehmer stets mit einem Jahresbruttoverdienst über 19.175 €, meist aber bereits ab rd. 14.000 €.

Weg 4: Rentenversicherung mit Kapitalwahlrecht und Lebensversicherung, jeweils abgeschlossen vor dem 1.1.2005

Angenommen wird ein Sonderausgabenabzug der Beiträge mit 88 % nach EStG 2004. Erträge sind steuerfrei, anschließend freiwillige Verrentung, Rentenzahlung ist steuerpflichtig mit dem niedrigeren Ertragsanteil. Nur bei freiwilliger Versicherung ist die Rentenzahlung zusätzlich mit Beiträgen zur Kranken- und Pflegeversicherung belastet (im Rahmen der Beitragsbemessungsgrenze). Dieser Weg ist realistisch möglich, insbesondere für Selbstständige ohne Beiträge zur gesetzlichen Basisvorsorge. Werden Beiträge für eine gesetzliche Basisvorsorge aufgebracht, entspricht das Ergebnis im Wesentlichen Weg 3. Aussagen zur Beibehaltung dieses Vorsorgeweges treffen nur im Rahmen der gerechneten Beitragshöhe zu und nur, wenn im Einzelfall tatsächlich ein Sonderausgabenabzug noch wirksam ist. Bei höheren Sparbeiträgen ist wegen Abschmelzung des Vorwegabzugs bis 2019 stets eine Einzelfallprüfung erforderlich.

Weg 5: Rentenversicherung ohne Kapitalwahlrecht,
abgeschlossen vor dem 1.1.2005

Sonderausgabenabzug der Beiträge ist zu 100 % nach EStG 2004 möglich, Ertrag ist steuerfrei, Rentenzahlung ist steuerpflichtig mit dem niedrigeren Ertragsanteil. Nur bei freiwilliger Versicherung ist die Rentenzahlung zusätzlich mit Beiträgen zur Kranken- und Pflegeversicherung belastet (im Rahmen der Beitragsbemessungsgrenze). Dieser Weg ist realistisch möglich, insbesondere für Selbstständige ohne Beiträge zur gesetzlichen Basisrente. Werden Beiträge für eine gesetzliche Basisvorsorge aufgebracht, entspricht das Ergebnis im Wesentlichen Weg 3. Aussagen zur Beibehaltung dieses Vorsorgeweges treffen nur im Rahmen der gerechneten Beitragshöhe zu und nur, wenn im Einzelfall tatsächlich ein Sonderausgabenabzug noch wirksam ist. Bei höheren Sparbeiträgen ist wegen Abschmelzung des Vorwegabzugs bis 2019 stets eine Einzelfallprüfung erforderlich.

Weg 6: Rüruprente/private Basisvorsorge

Die Sonderausgabenabzugsquote der Beiträge liegt im Jahr 2009 bei 68 % und steigt jährlich um 2 Prozentpunkte. Die Erträge werden nicht gesondert besteuert. Im Rahmen der nachgelagerten Besteuerung richtet sich der Besteuerungsanteil der Rente nach dem Jahr des Renteneintritts. Nur bei freiwilliger Versicherung ist die Rentenzahlung zusätzlich mit Beiträgen zur Kranken- und Pflegeversicherung belastet (im Rahmen der Beitragsbemessungsgrenze).

Weg 7: Eichelrente/bAV

Die Beiträge werden in voller Höhe steuerfrei angespart. Eine gesonderte Besteuerung der Erträge erfolgt nicht. Die Rente ist im Normalfall[225] von Anfang an mit 100 % der Besteuerung zu unterwerfen. Die Rentenzahlung ist mit Beiträgen zur Kranken- und Pflegeversicherung belastet (freiwillige bzw. gesetzliche Krankenversicherung), sofern sie 1/20 der monatlichen Bezugsgröße[226] überschreitet (im Jahr 2009 (West) = 126 €).

Weg 8: Riesterrente, betrieblich, nicht zertifiziert gemäß AltZertG

Die Beiträge werden zwar vom Arbeitnehmer finanziert, aber vom Arbeitgeber über die Regelungen des BetrAVG gesichert und abgeführt. Sie werden mit Zulage und ggf. Sonderausgabenabzug gefördert. Eine gesonderte Besteuerung der Erträge erfolgt nicht. Die Rente ist im Normalfall mit 100 % der Besteuerung zu unterwerfen. Sie ist eine betriebliche Rente und daher mit Beiträgen zur Kranken- und Pflegeversicherung belastet (freiwillige bzw. gesetzliche Krankenversicherung), sofern sie 1/20 der monatlichen Bezugsgröße (siehe Weg 7) überschreitet.

Weg 9: Riesterrente, privat, zertifiziert gemäß AltZertG

Die Beiträge werden vom Arbeitnehmer finanziert und an den Anbieter abgeführt. Die Beiträge werden mit Zulage und ggf. Sonderausgabenabzug gefördert. Eine gesonderte Besteuerung der Erträge erfolgt nicht. Die Rente ist im Normalfall[227] mit 100 % der Besteuerung zu unterwerfen. Nur bei freiwilliger Versicherung ist die Rentenzahlung mit Beiträgen zur Kranken- und Pflegeversicherung belastet (im Rahmen der Beitragsbemessungsgrenze).

Ich betone ausdrücklich, dass es sich bei allen nachfolgenden Berechnungen um reine Modellrechnungen handelt, die allenfalls zufällig mit Vertragsverläufen der Anbieter übereinstimmen könnten. Individuelle Kosten- und Ertragserwartungen sowie Risikoeinschätzungen der verschiedenen Anbieter werden das Ergebnis bezüglich der Bruttorente höher oder auch niedriger ausfallen lassen.

II. Durchschnittsverdiener mit rd. 30.000 € Jahresbruttoverdienst

1. Anton Aigner, geb. 1966

Er ist ledig und hat keine Kinder. Sein Grenzsteuersatz (ohne SolZ und KiSt) liegt bei 30 %. Die Beiträge zur Sozialversicherung betragen: Krankenversicherung

14,9 %, Pflegeversicherung 2,2 %, Rentenversicherung 19,9 %, Arbeitslosenversicherung 2,8 %. Es wird angenommen, dass diese Faktoren während der gesamten Ansparphase unverändert bleiben.

a) Altersvorsorgebeiträge in Höhe von 4 %

Riester-, Eichel- oder Rüruprente? Anton Aigner, alleinstehend ohne Kind		Vorsorgebeginn: 2009 Jahrgang: 1966						Stand: 20.02.2009 (incl. Konjunkturpaket II)	
		2008	2009						
rentenversicherungspflichtiges Entgelt		30.000 €	30.000 €	Beitrags-satz					
Beitragsbemessungsgrenze KV, PflV (bundeseinheitlich)		43.200 €	44.100 €						
gesetzliche Krankenversicherung			gkv	14,00%					
ggf. Sonderbeitrag Zahnersatz (vom AN allein zu tragen)				0,90%					
Pflegepflichtversicherung				1,95%					
ggf. Sonderbeitrag für Kinderlose?			j	0,25%					
Beitragsbemessungsgrenze allgem. RV, AlV (West)		63.600 €	64.800 €		Rürupweg bzw. Basisrente		Eichelweg bzw. bAV		Riesterweg
pflichtversichert in der ges. Renten- u. Arbeitslosenversicherung			drv	22,70%					
Grenzsteuersatz, ESt geschätzt				30,00%	%	€uro	%	€uro	%	€uro
Minimaler Beitrag für ungekürzte Zulage = maximale Förderquote										
Bruttobeitrag p.a. (in den Vorsorgevertrag)					20,400	1.055,28	50,475	1.696,11	30,000	1.200,00
Entlastung Lohnsteuer aus Bruttobeitrag					20,400		30,000		30,000	
Entlastung AN-Anteil KV, PPflV (West) aus Bruttobeitrag							9,125			
Entlastung AN-Anteil RV, AlV (West) aus Bruttobeitrag							11,350			
Summe der Riesterzulagen									18,333	154,00
= Mindesteigenleistung i.S. § 10a EStG, pro Jahr										1.046,00
zusätzliche Steuerersparnis (ohne SolZ, KiSt) ab Grenzsteuersatz:				12,83%						206,00
= effektive Eigenleistung (Vergleichsbasis)					100,000	840,00	100,000	840,00	100,000	840,00
staatliche Ansparförderung (LSt/ESt, SV, Zulagen) in % zur Eigenleistung bzw. absolut					25,628	215,28	101,918	856,11	42,857	360,00

Riesterweg im Vorsorgejahr 2009

Angenommen, Anton ist rentenversicherungspflichtig. Dann hat er einen Mindestbeitrag in Höhe von 4 % aus 30.000 € = 1.200 € zu leisten, damit er die Riesterzulage ungekürzt erhält. Der Mindestbeitrag wird teils von Anton (1.046 €) und teils vom Staat (154 €) erbracht. Die Günstigerprüfung wird ergeben, dass bei Ansatz der Altersvorsorgebeiträge als Sonderausgaben eine Steuerersparnis von 360 € möglich ist. Da Anton einen Anspruch auf 154 € Zulage hat, die direkt in den Vertrag eingezahlt wird (falls beantragt), erhält er den Restbetrag von 206 € vom Finanzamt ausgezahlt. Mit einer effektiven Eigenleistung von 840 € erbringt Anton einen Bruttobeitrag von 1.200 €. Die Gesamtförderung beträgt 360 €.

Eichelweg/betriebliche Altersvorsorge
Bei einem Bruttobeitrag von 1.696,11 € spart Anton 508,83 € ESt (= 30 %), zudem Beiträge zur KV/PflV mit 154,77 € (9,125 %) und zur RV/AlV mit 192,51 € (11,35 %). Effektiv ist Anton mit 840 € belastet. Die Gesamtförderung beträgt 856,11 €.

Rürupweg
Wird ein Bruttobeitrag von 1.055,28 € erbracht, führt dieser bei einer Abzugsquote von 68 % zu Sonderausgaben in Höhe von rd. 718 €. Die Steuerersparnis beträgt 215,28 €, die effektive Eigenleistung 840 €.

Betrachtet Anton nur das Vorsorgejahr 2009, so würde er sich zuerst für den Eichelweg/betriebliche Altersvorsorge entscheiden und erst mit ggf. weiteren Mitteln den Riesterweg beschreiten. Wäre Anton selbstständig, käme in vielen Fällen ohnehin nur der Rürupweg/private Basisvorsorge in Frage.

Da später aus dem Eichelweg Beiträge[228] zur Kranken- und Pflegeversicherung abzuführen sind, aus der privaten Riesterrente dagegen nicht, ist eine Betrachtung der kompletten Anspar- und Rentenbezugsphase aussagefähiger.

Im Jahr 2009 beginnt Anton Aigner, geboren im Dezember 1966, im Alter von 43 Jahren mit einer zusätzlichen Altersvorsorge. Er zahlt 25 Jahre in einen zusätzlichen Altersvorsorgeweg ein. Ab dem Jahr 2033, also mit 67 Jahren, möchte er Rente beziehen. Der niedrigere Ertragsanteil liegt in diesem Fall bei 17 % (vgl. Anlage 10), der Besteuerungsanteil für die Basisrente bei 93 % (vgl. Anlage 9).

In einer Welt ohne staatliche Einflüsse und ohne Erträge ergibt sich zunächst für die Ansparphase auf allen Wegen das gleiche Vorsorgekapital.

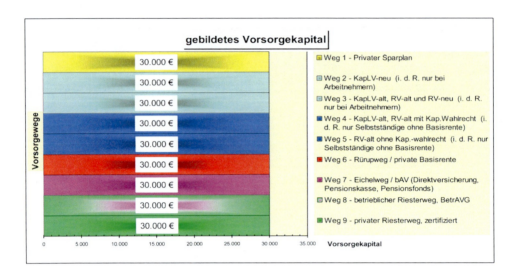

In den Jahren 2009 bis letztmals 2033 (25 Einzahlungen) werden jeweils 1.200 € erbracht.

In einer Welt ohne staatliche Einflüsse, aber mit Erträgen (3 %) ergibt sich für die Ansparphase ein Vorsorgekapital von 45.064 €.

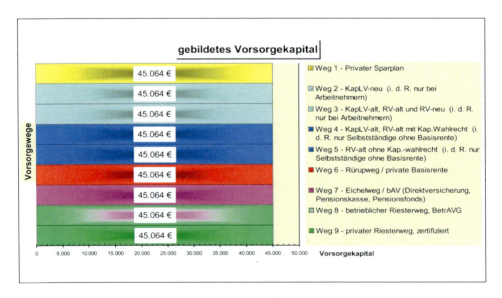

In einer Welt ohne Erträge, aber mit staatlichen Einflüssen einzig in Form der Riesterzulage ergibt sich ein klarer Vorteil für die Riesterwege.

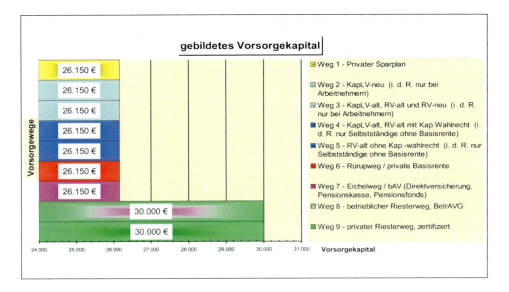

In die beiden Riesterwege werden nach wie vor Altersvorsorgebeiträge in Höhe von 30.000 € eingezahlt, und zwar Eigenleistungen in Höhe von 26.150 € (1.046 € × 25 Jahre) und staatliche Riesterzulagen in Höhe von 3.850 € (= 154 € × 25 Jahre). Für den weiteren Vergleich wird daher angenommen, dass auf den anderen Vorsorgewegen die Eigenleistungen ebenfalls auf das Niveau der beiden Riesterwege gesenkt werden, d. h. auf 26.150 € (= 1.046 € × 25 Jahre).

In einer Welt ohne Erträge, mit Riesterzulage und der Möglichkeit, AN-Beiträge zur RV/AlV einzusparen um damit zusätzlich vorzusorgen, ergibt sich auch für den Eichelweg eine Verbesserung.

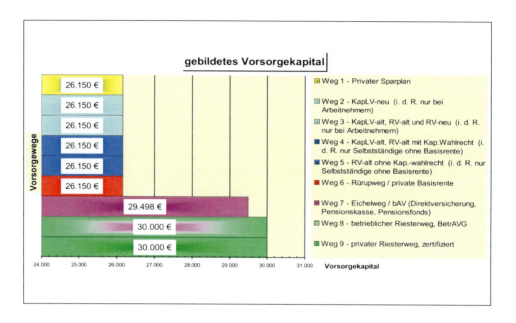

Das Vorsorgekapital in Höhe von 26.150 € bleibt auf den Wegen 1 bis 6 unverändert, denn Sozialbeiträge werden nicht eingespart. Auf dem Eichelweg/bAV (Weg 7) erhöht sich das Vorsorgekapital bei gleicher effektiver Eigenleistung durch ersparte SV-Beiträge wie folgt:

Eigenleistung..26.150,00 €
Ersparte Beiträge RV/AlV
11,35 % v. 1.179,92 (= 133,92 € × 25 J) .... 3.348,00 €

Vorsorgekapital:..29.498,00 €

Die effektiven Eigenleistungen auf den beiden Riesterwegen betragen unverändert 26.150 €. Zuzüglich der staatlichen Zulagen errechnen sich Beiträge in Höhe von 30.000 €. Sozialabgaben werden auf diesen Wegen nicht gespart.

In einer Welt ohne Erträge, mit Riesterzulage und der Möglichkeit, AN-Beiträge zur KV/PflV einzusparen, um damit zusätzlich vorzusorgen, ergibt sich erneut ein Vorteil für den Eichelweg.

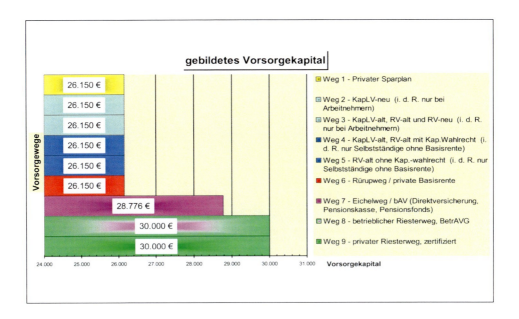

Das Vorsorgekapital in Höhe von 26.150 € bleibt auf den ersten sechs Wegen unverändert. Sozialabgaben werden nicht erspart. Auf dem Eichelweg/bAV erhöht sich das Vorsorgekapital durch ersparte Beiträge zur KV/PflV wie folgt:

Eigenleistung .... 26.150,00 €
Ersparte Beiträge KV/PflV
9,125 % v. 1.151,04 € (= 105,04 € × 25 J) .... 2.626,00 €

Vorsorgekapital .... 28.776,00 €

Die Eigenleistungen auf den beiden Riesterwegen betragen unverändert 26.150 €. Zuzüglich der Riesterzulagen errechnen sich Beiträge in Höhe von 30.000 €. Beiträge zur KV/PflV werden auf diesen Wegen nicht erspart.

In einer Welt ohne Erträge, mit Riesterzulage und der Möglichkeit, durch Steuerersparnis Vorsorge zu betreiben, ergibt sich auf den Wegen 4–9 ein zusätzliches Vorsorgepotenzial.

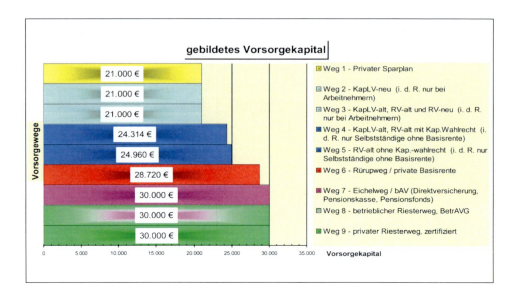

Auf den Wegen 1 bis 3 ist eine Steuerersparnis durch Sonderausgabenabzug nicht möglich. Es bleibt bei der Eigenleistung von 21.000 € (840 € × 25 Jahre).

Auf Weg 4 ist mit einer Eigenleistung von 840 € ein Bruttobeitrag bis zum Jahr 2019 von jährlich 1.141,30 € möglich. Der Abzugsbetrag beträgt 88 % des Bruttobeitrags, die jährliche Steuerersparnis 301,30 €. Die Günstigerprüfung nach altem Recht (EStG 2004) ist ab dem Jahr 2020 nicht mehr möglich. Die Steuerersparnis beträgt insgesamt 3.314,30 €, das angesammelte Vorsorgekapital 24.314 €.

Auf Weg 5 ist mit einer Eigenleistung von 840 € bis zum Jahr 2019 ein gleichbleibender Bruttobeitrag von 1.200 € möglich. Die jährliche Steuerersparnis beträgt 360 € (= 30 % v. 1.200 €). Die addierte Steuerersparnis beträgt 3.960 € (= 360 € × 11 Jahre) bis zum Jahr 2019. Ab dem Jahr 2020 ist die Günstigerprüfung nicht mehr möglich. Das Vorsorgekapital wächst auf insgesamt 24.960 €.

Wird auf dem Rürupweg (Weg 6) mit einer Eigenleistung von 840 € gerechnet, ergibt sich durch die jährlich ansteigende Abzugsquote ein jährlich steigender Bruttobeitrag, beginnend im Jahr 2009 mit 30 % × (68 % v. 1.055,28 €) bis zu 30 % × 1.200 € ab dem Jahr 2025. Die Steuerersparnis beträgt insgesamt 7.720 €. Das Vorsorgekapital wächst auf 28.720 €.

Ist eine Steuerersparnis von 30 % möglich, so finanziert sich auf den Wegen 7 bis 9 aus einem jährlichen Bruttobeitrag von 1.200 € eine Steuerersparnis von 360 €. Es bleibt eine effektive Eigenleistung von 840 €. Auf 25 Jahre ergibt sich eine Eigenleistung von 21.000 €, eine Steuerersparnis von 9.000 € und damit ein Vorsorgekapital von 30.000 €.

In einer Welt ohne Erträge, aber mit allen staatlichen Additiven (ESt, KV/PflV, RV/AlV u. Riesterzulage) ergibt sich folgendes Bild:

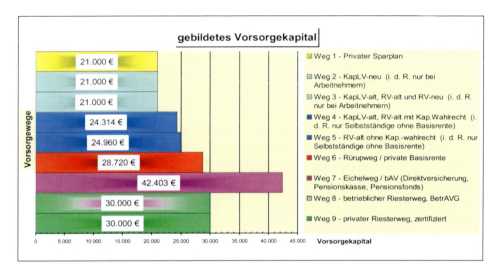

Auf den Wegen 1 bis 3 ist keine staatliche Förderung zu berücksichtigen. Es bleibt bei der effektiven Eigenleistung von 21.000 € (= 25 × 840 €).

Weg 4, LV und RV mit Kapitalwahlrecht bei Selbstständigen
Eigenleistung (25 × 840 €) .... 21.000 €
+ Steuervorteil (11 × 301,30 €) .... 3.314 €

Bruttobeitrag (11 × 1.141,30 € + 14 × 840 €) .... 24.314 €

169

Weg 5, RV ohne Kapitalwahlrecht bei Selbstständigen

Eigenleistung (25 × 840 €)	21.000 €
+ Steuervorteil (11 × 360 €)	3.960 €
Bruttobeitrag (11 × 1.200 € + 14 × 840 €)	24.960 €

Weg 6, Rürupweg

Eigenleistung (25 × 840 €)	21.000 €
+ Steuervorteil (jährlich steigend bis zum Jahr 2025)	7.720 €
Bruttobeitrag (jährlich steigend bis zum Jahr 2025)	28.720 €

Weg 7, Eichelweg/bAV

Eigenleistung	21.000 €
+ Steuervorteil (25 × 508,83 €)	12.721 €
+ Ersparnis 9,125 % KV/PflV (25 × 154,77 €)	3.869 €
+ Ersparnis 11,35 % RV/AlV (25 × 192,51 €)	4.813 €
Bruttobeitrag (25 × 1.696,12 €)	42.403 €

Wege 8 und 9, Riesterwege

Eigenleistung	21.000 €
+ Riesterzulage (25 × 154 €)	3.850 €
+ Zusätzliche Steuererstattung (25 × 206 €)	5.150 €
Bruttobeitrag	30.000 €

In einer Welt mit Erträgen (3 %) und allen staatlichen Additiven (ESt, KV/PflV, RV/AlV u. Riesterzulage) ergibt sich schließlich das Vorsorgekapital, welches der Wirklichkeit am nächsten kommt.

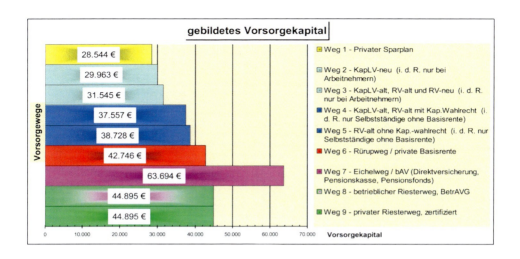

Weg 4, LV und RV mit Kapitalwahlrecht bei Selbstständigen
Eigenleistung (25 × 840 €) .... 21.000 €
Steuervorteil (11 × 301,30 €)...3.314 €

Bruttobeitrag (11 × 1.141,30 € + 14 × 840 €) ....24.314 €
Erträge .... 13.243 €

Vorsorgekapital... 37.557 €

Weg 5, RV ohne Kapitalwahlrecht bei Selbstständigen
Eigenleistung (25 × 840 €) .... 21.000 €
Steuervorteil (11 × 360 €) .... 3.960 €

Bruttobeitrag (11 × 1.200 € + 14 × 840 €) ....24.960 €
Erträge ....13.768 €

Vorsorgekapital... 38.728 €

Weg 6, Rürupweg

Eigenleistung (25 × 840 €) .... 21.000 €
Steuervorteil .... 7.720 €

Bruttobeitrag .... 28.720 €
Erträge .... 14.026 €

Vorsorgekapital .... 42.746 €

Weg 7, Eichelweg/bAV

Eigenleistung .... 21.000 €
Steuervorteil (25 × 508,83 €) .... 12.721 €
Ersparnis KV/PflV (25 × 154,77 €) .... 3.869 €
Ersparnis RV/AlV (25 × 192,51 €) .... 4.813 €

Bruttobeitrag .... 42.403 €
Erträge .... 21.291 €

Vorsorgekapital .... 63.694 €

Wege 8 und 9, Riesterwege

Eigenleistung .... 21.000 €
Riesterzulage (25 × 154 €) .... 3.850 €
Zusätzliche Steuererstattung (25 × 206 €) .... 5.150 €

Bruttobeitrag .... 30.000 €
Erträge .... 14.895 €

Vorsorgekapital .... 44.895 €

Bis zum Ende der Ansparphase geht der Eichelweg/bAV klar als Sieger hervor. Auf Platz zwei folgen die beiden Riesterwege und an dritter Stelle der Rürupweg. Dieses Ergebnis war nicht anders zu erwarten und ist letztlich die Folge der hohen Förderquote durch Steuer- und Abgabenentlastung.

Aufgrund unserer Zielvorgabe suchen wir jedoch nicht nach dem höchsten Vorsorgekapital, sondern nach der höchsten Nettorente. Wir untersuchen daher auch die Rentenbezugsphase und bringen Steuern und Sozialabgaben in Abzug. Aufgrund unserer Annahme, die Rentenbezugsphase auf 25 Jahre zu schätzen (= 300 Monate), ergibt sich bei Anton Aigner der Sonderfall, dass Ansparphase und Rentenbezugsphase exakt gleich lang sind. Dies habe ich bewusst so gewählt, weil dadurch die staatliche Förderung und die Wirkung des Zinseszinseffektes besonders deutlich werden.

Aus dem ermittelten Vorsorgekapital ergeben sich für die Rentenbezugsphase folgende Altersrenten:

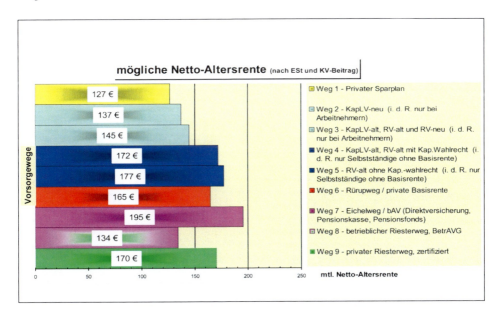

Weg 4, LV und RV mit Kapitalwahlrecht bei Selbstständigen
Bruttorente (37.557 €/210,87645 =) .... 178,10 €
Ertragsanteil 17 % (Rentenbeginn mit 67 J.) .... 30,28 €
./. ESt (20 % × 30,28 €) .... 6,06 €

Nettorente .... 172 €

Weg 5, RV ohne Kapitalwahlrecht bei Selbstständigen

Bruttorente (38.728 €/210,87645 =) .... 183,65 €
Ertragsanteil 17 %.. 31,22 €
./. ESt (20 % × 31,22 €).. 6,24 €

Nettorente .... 177 €

Weg 6, Rürupweg

Bruttorente (42.746 €/210,87645 =)... 202,71 €
Besteuerungsanteil 93 % im Jahr 2033........................188,52 €
./. ESt 20 %.. 37,70 €

Nettorente .... 165 €

Weg 7, Eichelweg/bAV

Bruttorente (63.694 €/210,87645 =) .... 302,04 €
./. Versorgungsfreibetrag
(5,6 % × 302,04 € + 10,50 € Zuschlag)...............................27,41 €
Zwischensumme .... 274,63 €
./. ESt 20 % v. 274,63 €... 54,93 €
./. KV/PflV 17,1 % v. 302,04 € .... 51,65 €

Nettorente .... 195 €

Weg 8, betrieblicher Riesterweg (nicht zertifiziert)

Bruttorente (44.895 €/210,87645 =) .... 212,90 €
./. ESt 20 %.. 42,58 €
./. GKV/PflV 17,1 % v. 212,90 .... 36,41 €

Nettorente .... 134 €

Weg 9, privater Riesterweg (zertifiziert)
Bruttorente (44.895 €/210,87645 =) .... 212,90 €
./. ESt 20 % .... 42,58 €

Nettorente .... 170 €

Vorstehende Berechnungen ergeben sich bei expliziter Betrachtung des jeweiligen Vorsorgeweges mit dem Ergebnis, dass der Eichelweg zur höchsten Nettorente führt. Nicht wenige Vorsorgesparer beenden spätestens an dieser Stelle den Vergleich und lassen sich ein X für ein U vormachen. Denn berücksichtigt man abschließend die Tatsache, dass bei Entgeltumwandlung auf dem Eichelweg/bAV (Weg 7) und einem Arbeitslohn unterhalb der Beitragsbemessungsgrenze (RV) die Ansprüche an die gesetzliche Rentenversicherung niedriger ausfallen werden als ohne Entgeltumwandlung, so ist noch zu überlegen, wie diese Minderung beziffert werden kann.

Hierzu nehmen wir an, dass sich persönliches Jahresentgelt, Beitragsbemessungsgrenze und Jahresdurchschnittsentgelt (vorläufiger Wert für 2009 = 30.879 €) in den Folgejahren jeweils im gleichen Verhältnis erhöhen, der aktuelle Rentenwert dagegen nicht mehr erhöhen wird (AR West ab 1.7.2008 = 26,56 €). Damit erreichen wir, dass wir die Veränderungen der für die Ermittlung der EP erforderlichen Eckpunkte während der Ansparphase ausblenden können. Auf diese Weise können wir die entgangenen Entgeltpunkte und die resultierende Rentenminderung relativ einfach ermitteln.

Fehlende Entgeltpunkte
1.696 €/30.879 € × 25 Jahre = 1,3732 EP

Fehlende Bruttorentenansprüche
1,3732 EP × AR 26,56 € =   36,47 €

Fehlende Nettorentenansprüche

Bruttorente .... 36,47 €
./. ESt 20 % v. 93 % .... 6,78 €
./. KV 7,9 % .... 2,88 €
./. PflV 2,2 % .... 0,80 €

Nettorente .... 26 €

Nach Berücksichtigung der Belastung der Bruttorente mit ESt, KV und PflV ergibt sich eine fehlende Nettorente in Höhe von 26 €.

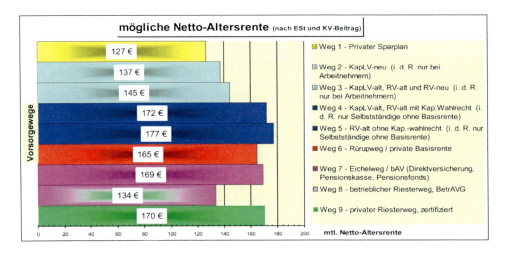

Die Kürzung der gesetzlichen Altersrente ist einzig auf dem Eichelweg/bAV (Weg 7) zu verrechnen, damit Ursache und Wirkung in Einklang gebracht werden. Eine endgültige Aussage, welcher Vorsorgeweg aufgrund der staatlichen Regularien der lukrativste ist, sollte also erst an dieser Stelle getroffen werden. Durch die Entgeltumwandlung kann Anton auf dem Eichelweg zwar eine Nettorente von 195 € erzielen. Er verliert aber gleichzeitig bei der gesetzlichen Rente 26 € netto. Im Ergebnis kann er seine Versorgungslücke um 169 € vermindern.

Zusätzlich darf bei dieser Betrachtungsweise nicht verkannt werden, dass eine eigentlich gewünschte Erhöhung der gesetzlichen Altersrente bzw. des AR für den Eichelweg kontraproduktiv wäre und den Versuch, eine Versorgungslücke zu schließen, konterkariert. Geht man vorsichtig von einer jährlichen Erhöhung des AR um 0,5 % aus, so liegt dieser nach 25 Jahren bei 30,08 €. Die daraus resultierende Minderung der Bruttorente beträgt 41,13 €, die Minderung der Nettorente 29,45 €, was Anton in die Lage versetzt, die Versorgungslücke um 166 € zu vermindern.

Zusammenfassung:

Ist Anton ein **rentenversicherungspflichtiger Arbeitnehmer,** sollte er auf dem privaten Riesterweg mit dem Vorsorgesparen beginnen.
Ist Anton als **Selbstständiger pflichtversichert in der gesetzlichen Rentenversicherung,** so empfiehlt sich ebenfalls der private Riesterweg. Zur Schließung einer evtl. noch vorhandenen Versorgungslücke ist als Nächstes der Rürupweg/private Basisvorsorge am lukrativsten, weil die Wege 4 und 5 ausscheiden.

Ist Anton als **Selbstständiger pflichtversichert in einem berufsständischen Versorgungswerk o. Ä.,** so bleibt zur Schließung einer Versorgungslücke von den staatlich geförderten Wegen ohnehin nur der Rürupweg/private Basisvorsorge. Auch in diesem Falle scheiden die Wege 4 und 5 aus.

Ist Anton als **Selbstständiger nicht pflichtversichert** in der gesetzlichen Rentenversicherung oder einem berufsständischen Versorgungswerk, so sollte er besser seine alten Lebens- und Rentenversicherungen (Wege 4 und 5) fortführen, sofern im Einzelfall der Sonderausgabenabzug für diese Beiträge eine steuerliche Wirkung auslöst. Zur Schließung einer evtl. dennoch vorhandenen Versorgungslücke bleibt nur der Rürupweg.

Dieses Beispiel zeigt eindrucksvoll, wie mit vergleichsweise geringen Mitteln und bei einer geringen Ertragserwartung ein beachtlicher Beitrag zur Schließung der Versorgungslücke geleistet werden kann. Denn bei einem Start im Vorsorgejahr 2009 mit einer monatlichen effektiven Nettobelastung von 70 € (840 € p. a.), versetzen uns die staatlichen Fördermechanismen in die Lage, die drohende Versorgungslücke mit 134 € bis zu 170 € zu vermindern. Dies gilt für alle im

Jahr 1966 Geborenen, die bislang die geförderten Vorsorgewege nicht beschritten haben und noch rd. 25 Jahre Zeit haben vorzusorgen. Interessant finde ich in diesem Zusammenhang noch die Aussage[229] des Sachverständigenrats: *„Die Umwandlungsverweigerer hingegen sind auf absehbare Zeit Verlierer durch die Nichtinanspruchnahme dieser Fördermaßnahme".* Wer also bislang der Meinung war, eine zusätzliche Altersvorsorge würde bei der Schließung der Versorgungslücke nicht helfen, dürfte spätestens jetzt seine Position überdenken.

Nachfolgend untersuchen wir, wie sich die freiwillige Aufstockung bis zum Riester-Höchstbeitrag auf die möglichen Altersrenten für Anton auswirkt.

b) Altersvorsorgebeiträge bis zum Riester-Höchstbeitrag

Riester-, Eichel- oder Rüruprente? Anton Aigner, alleinstehend ohne Kind	Vorsorgebeginn: 2009 Jahrgang: 1966			Stand: 20.02.2009 (incl. Konjunkturpaket II)			
	2008	2009		Rürupweg bzw. Basisrente	Eichelweg bzw. bAV	Riesterweg	
rentenversicherungspflichtiges Entgelt	30.000 €	30.000 €	Beitrags-				
Beitragsbemessungsgrenze KV, PflV (bundeseinheitlich)	43.200 €	44.100 €	satz				
gesetzliche Krankenversicherung		gkv	14,00%				
ggf. Sonderbeitrag Zahnersatz (vom AN allein zu tragen)			0,90%				
Pflegepflichtversicherung			1,95%				
ggf. Sonderbeitrag für Kinderlose?		j	0,25%				
Beitragsbemessungsgrenze allgem. RV, AlV (West):	63.600 €	64.800 €		%	€uro	%	€uro
pflichtversichert in der ges. Renten- u. Arbeitslosenversicherung		drv	22,70%				
Grenzsteuersatz, ESt geschätzt			30,00%	%	€uro	%	€uro
Maximaler Beitrag = maximale Riesterförderung							
individueller Bruttobeitrag p.a. (in den Vorsorgevertrag)					2.858,16		2.100,00
Bruttobeitrag (in den Vorsorgevertrag)					1.846,73		2.858,16		2.100,00
Summe der Riesterzulagen							10,476	154,00
= Mindesteigenleistung i.S. § 10a EStG, pro Jahr								1.946,00
= zusätzliche Steuerersparnis (ohne SolZ, KiSt) ab Grenzsteuersatz:	7,33%							476,00
= effektive Eigenleistung (Vergleichsbasis)				100,000	1.470,00	100,000	1.470,00	100,000	1.470,00
staatliche Ansparförderung (LSt/ESt, SV, Zulagen) in % zur Eigenleistung bzw. absolut				25,628	376,73	94,433	1.388,16	42,857	630,00

Riesterweg

Angenommen, Anton Aigner ist rentenversicherungspflichtig. Dann kann er seinen Riester-Vorsorgebeitrag freiwillig bis zur Obergrenze von 2.100 € auffüllen. Dieser Beitrag wird teils von Anton (1.946 €) und teils vom Staat (154 €) erbracht. Die Günstigerprüfung wird ergeben, dass er bei Ansatz der Altersvorsorgebeiträge als Sonderausgaben eine zusätzliche Steuerersparnis von 630 € ESt (= 30 % aus 2.100 €) erzielen kann. Anton hat einen Anspruch auf 154 € Zulage, die direkt in den Vertrag eingezahlt wird (falls beantragt). Folglich erhält er den Restbetrag von 476 € vom Finanzamt ausgezahlt. Effektiv ist Anton mit 1.470 € belastet.

Eichelweg/bAV
Ausgehend von einem Bruttobeitrag von 2.858,16 € kann Anton ESt in Höhe von 857,45 € sparen (30 % × 2.858,16 €), zudem Beiträge aus max. 2.592 € zur KV/ PflV mit 9,125 % (= 236,52 €) sowie zur RV/AlV mit 11,35 % (= 294,19 €). Effektiv ist Anton mit 1.470 € belastet.

Rürupweg
Mit einem Bruttobeitrag von 1.846,73 € kann Anton bei einer Abzugsquote von 68 % ESt in Höhe von 376,73 € sparen. Die effektive Eigenleistung liegt somit ebenfalls bei 1.470 €.

Betrachtet Anton nur das Sparjahr 2009, so würde er sich erneut für den Eichelweg/bAV entscheiden und nur mit ggf. weiteren Mitteln den Riesterweg beschreiten. Wir beleuchten folglich die komplette Anspar- und Rentenbezugsphase, um festzustellen, ob bei freiwillig höheren Beiträgen der Eichelweg wirklich sinnvoll ist.

Anton Aigner, geboren im Dezember 1966, beginnt mit einer zusätzlichen Altersvorsorge im Alter von 43 Jahren und möchte mit 67 Jahren (nach 25 Einzahlungen im Jahr 2033) Rente beziehen. Es wird angenommen, dass er freiwillig Altersvorsorgeleistungen in Höhe des Riestermaximalbeitrags erbringt. Alle Eckdaten und Sachverhalte bleiben bis zum Ende der Ansparphase unverändert.

In einer Welt mit Erträgen (3 %) und allen staatlichen Additiven (ESt, KV/PflV, RV/AlV u. Riesterzulage) ergibt sich folgendes Vorsorgekapital:

Weg 4, LV und RV mit Kapitalwahlrecht bei Selbstständigen
Eigenleistung (25 × 1.470 €) .... 36.750 €
Steuervorteil (11 × 527,28 €) .... 5.800 €

Bruttobeitrag (11 × 1.997,28 € + 14 × 1.470 €) .... 42.550 €
Erträge .... 23.174 €

Vorsorgekapital .... 65.724 €

Weg 5, RV ohne Kapitalwahlrecht bei Selbstständigen
Eigenleistung (25 × 1.470 €) .... 36.750 €
Steuervorteil (11 × 630,00 €) .... 6.930 €

Bruttobeitrag (11 × 2.100 € + 14 × 1.470 €) .... 43.680 €
Erträge .... 24.094 €

Vorsorgekapital .... 67.774 €

Weg 6, Rürupweg

Eigenleistung (25 × 1.470 €)	36.750 €
Steuervorteil, jährlich steigend	13.511 €
Bruttobeitrag	50.261 €
Erträge	24.544 €
Vorsorgekapital	74.805 €

Weg 7, Eichelweg/bAV

Eigenleistung	36.750 €
Steuervorteil (25 × 857,45 €)	21.436 €
Ersparnis KV/PflV (25 × 236,52 €)	5.913 €
Ersparnis RV/AlV (25 × 294,19 €)	7.355 €
Bruttobeitrag	71.454 €
Erträge	35.879 €
Vorsorgekapital	107.333 €

Wege 8 und 9, Riesterwege

Eigenleistung	36.750 €
Riesterzulage (25 × 154 €)	3.850 €
Zusätzliche Steuererstattung (25 × 476 €)	11.900 €
Bruttobeitrag	52.500 €
Erträge	26.193 €
Vorsorgekapital	78.693 €

Bis zum Ende der Ansparphase geht der Eichelweg/bAV klar als Sieger hervor. Auf Platz zwei folgen die beiden Riesterwege und an dritter Stelle der Rürupweg.

Aufgrund unserer Zielvorgabe ermitteln wir in der Folge noch die mögliche Nettorente mit folgendem Ergebnis:

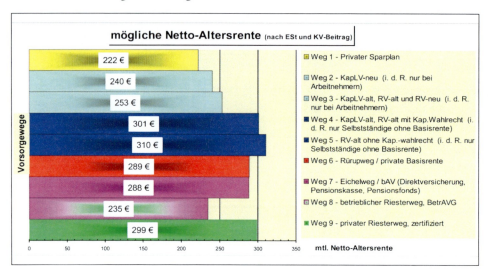

Weg 4, LV und RV mit Kapitalwahlrecht bei Selbstständigen
Bruttorente .... 311,67 €
Ertragsanteil 17 % (Rentenbeginn mit 67 J.) .... 52,98 €
./. ESt (20 % v. 52,98 €) .... 10,60 €

Nettorente .... 301 €

Weg 5, RV ohne Kapitalwahlrecht bei Selbstständigen
Bruttorente .... 321,39 €
Ertragsanteil 17 % .... 54,64 €
./. ESt 20 % .... 10,93 €

Nettorente .... 310 €

Weg 6, Rürupweg
Bruttorente .... 354,73 €
Besteuerungsanteil 93 % im Jahr 2033 .... 329,90 €

./. ESt 20 % .... 65,98 €

Nettorente .... 289 €

Weg 7, Eichelweg/bAV
Bruttorente .... 508,98 €
./. Versorgungsfreibetrag (5,6 % v. 508,98 €
+ 10,50 € Zuschlag) .... 39,00 €
Zwischensumme .... 469,98 €
./. ESt 20 % v. 469,98 € .... 94,00 €
./. KV/PflV 17,1 % v. 508,98 € .... 87,04 €

Nettorente .... 328 €

Weg 8, betrieblicher Riesterweg (nicht zertifiziert)
Bruttorente .... 373,17 €
./. ESt 20 % .... 74,63 €
./. GKV/PflV 17,1 % v. 373,17 .... 63,81 €

Nettorente .... 235 €

Weg 9, privater Riesterweg (zertifiziert)
Bruttorente .... 373,17 €
./. ESt 20 % .... 74,63 €

Nettorente .... 299 €

Wie bereits im Ausgangsfall erläutert, ist auf dem Eichelweg/bAV noch die mindernde Wirkung bei der gesetzlichen Altersrente zu berücksichtigen. Diese ergibt sich wie folgt:

Fehlende Entgeltpunkte, max. aus SV-Freibetrag
2.592 €/30.879 € × 25 Jahre = 2,0985 EP

Fehlende Bruttorentenansprüche
2,0985 EP × AR 26,56 € = 55,74 €

Fehlende Nettorentenansprüche

Bruttorente	55,74 €
./. ESt 20 % v. 93 %	10,37 €
./. KV 7,9 %	4,40 €
./. PflV 2,2 %	1,23 €
Nettorente	40 €

Nach Berücksichtigung der Belastung der Bruttorente mit ESt, KV und PflV ergibt sich eine fehlende Nettorente in Höhe von 40 €. Durch die Entgeltumwandlung kann Anton auf dem Eichelweg eine Nettorente von 328 € erzielen. Er verzichtet aber gleichzeitig bei der gesetzlichen Rente auf 40 €. Im Ergebnis kann er seine Versorgungslücke allenfalls um 288 € reduzieren, wobei eine Erhöhung des AR noch nicht berücksichtigt ist.

Zusammenfassung:
Ist Anton ein **rentenversicherungspflichtiger Arbeitnehmer,** sollte er auf dem privaten Riesterweg mit dem Vorsorgesparen beginnen.

Ist Anton als **Selbstständiger pflichtversichert in der gesetzlichen Rentenversicherung,** so empfiehlt sich ebenfalls der private Riesterweg. Zur Schließung einer evtl. noch vorhandenen Versorgungslücke ist als Nächstes der Rürupweg/private Basisvorsorge am lukrativsten.

Ist Anton als **Selbstständiger pflichtversichert in einem berufsständischen Versorgungswerk o. Ä.,** so bleibt zur Schließung einer Versorgungslücke von den staatlich geförderten zusätzlichen Wegen ohnehin nur der Rürupweg/private Basisvorsorge.

Ist Anton als **Selbstständiger nicht pflichtversichert** in der gesetzlichen Rentenversicherung oder einem berufsständischen Versorgungswerk, so sollte er nach Möglichkeit seine alten Lebens- und Rentenversicherungen fortführen, sofern die Beiträge bei den Sonderausgaben eine steuerliche Wirkung entfalten können. Zur Schließung einer evtl. dennoch vorhandenen Versorgungslücke bleibt nur der Rürupweg.

Um die Wirkungen eines frühzeitigen Vorsorgebeginns herauszustellen und zu zeigen, wie sich in Zukunft insbesondere die steigende Abzugsquote auf dem Rürupweg auswirkt, wird nun ein weiteres Beispiel vorgestellt. Es geht grundsätzlich von gleichen Annahmen, aber einer um 10 Jahre verlängerten Ansparphase aus.

2. Barbara Bauer, geb. 1976

Barbara ist ledig und hat keine Kinder. Ihr Grenzsteuersatz (ohne SolZ und KiSt) liegt bei 30 %. Die Beiträge zur Sozialversicherung betragen: Krankenversicherung 14,9 %, Pflegeversicherung 2,2 %, Rentenversicherung 19,9 %, Arbeitslosenversicherung 2,8 %. Es wird angenommen, dass diese Faktoren während der gesamten Ansparphase unverändert bleiben.

a) Altersvorsorgebeiträge in Höhe von 4 %

Riester-, Eichel- oder Rüruprente? Barbara Bauer, alleinstehend ohne Kinder	Vorsorgebeginn: 2009 Jahrgang: 1976			Stand: 20.02.2009 (incl. Konjunkturpaket II)			
	2008	2009					
rentenversicherungspflichtiges Entgelt	30.000 €	30.000 €	Beitragssatz				
Beitragsbemessungsgrenze KV, PflV (bundeseinheitlich)	43.200 €	44.100 €					
gesetzliche Krankenversicherung		gkv	14,00%				
ggf. Sonderbeitrag Zahnersatz (vom AN allein zu tragen)			0,90%				
Pflegepflichtversicherung			1,95%				
ggf. Sonderbeitrag für Kinderlose?			0,25%				
Beitragsbemessungsgrenze allgem. RV, AIV (West):	63.600 €	64.800 €		Rürupweg bzw. Basisrente		Eichelweg bzw. bAV		Riesterweg	
pflichtversichert in der ges. Renten- u. Arbeitslosenversicherung		drv	22,70%	%	€uro	%	€uro	%	€uro
Grenzsteuersatz, ESt geschätzt			30,00%						
Minimaler Beitrag für ungekürzte Zulage = maximale Förderquote									
Bruttobeitrag p.a. (in den Vorsorgevertrag)				20,400	1.055,28	50,475	1.696,11	30,000	1.200,00
Entlastung Lohnsteuer aus Bruttobeitrag				20,400		30,000		30,000	
Entlastung AN-Anteil KV, PflV (West) aus Bruttobeitrag						9,125			
Entlastung AN-Anteil RV, AIV (West) aus Bruttobeitrag						11,350			
Summe der Riesterzulagen								18,333	154,00
= Mindesteigenleistung i.S. § 10a EStG, pro Jahr									1.046,00
zusätzliche Steuerersparnis (ohne SolZ, KiSt) ab Grenzsteuersatz:	12,83%								206,00
= effektive Eigenleistung (Vergleichsbasis)				100,000	840,00	100,000	840,00	100,000	840,00
staatliche Ansparförderung (LSt/ESt, SV, Zulagen) in % zur Eigenleistung bzw. absolut				25,628	215,28	101,918	856,11	42,857	360,00

Mit einer effektiven Eigenleistung von 840 € lassen sich auf dem Riesterweg 1.200 €, auf dem Eichelweg 1.696,11 € und auf dem Rürupweg 1.055,28 € Bruttobeitrag darstellen.

Dies führt auf den verschiedenen Wegen zu folgendem Vorsorgekapital:

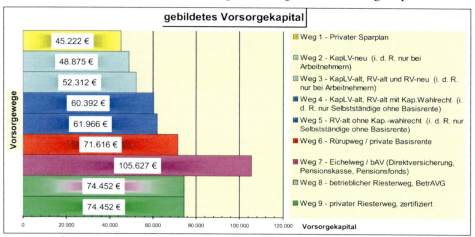

Weg 4, LV und RV mit Kapitalwahlrecht bei Selbstständigen

Eigenleistung (35 × 840 €) .... 29.400 €
Steuervorteil (11 × 301,30 €) .... 3.314 €

Bruttobeitrag (11 × 1.141,30 € + 24 × 840 €) .... 32.714 €
Erträge .... 27.678 €

Vorsorgekapital .... 60.392 €

Weg 5, RV ohne Kapitalwahlrecht bei Selbstständigen

Eigenleistung (35 × 840 €) .... 29.400 €
Steuervorteil (11 × 360 €) .... 3.960 €

Bruttobeitrag (11 × 1.200 € + 24 × 840 €) .... 33.360 €
Erträge .... 28.606 €

Vorsorgekapital .... 61.966 €

Weg 6, Rürupweg

Eigenleistung (35 × 840 €)	29.400 €
Steuervorteil jährlich steigend bis 2025, danach 360 € p. a.	11.320 €
Bruttobeitrag	40.720 €
Erträge	30.896 €
Vorsorgekapital	71.616 €

Weg 7, Eichelweg/bAV

Eigenleistung	29.400 €
Steuervorteil (35 × 508,83 €)	17.809 €
Ersparnis KV/PflV (35 × 154,77 €)	5.417 €
Ersparnis RV/AlV (35 × 192,51 €)	6.738 €
Bruttobeitrag	59.364 €
Erträge	46.263 €
Vorsorgekapital	105.627 €

Wege 8 und 9, Riesterwege

Eigenleistung	29.400 €
Riesterzulage (35 × 154 €)	5.390 €
Zusätzliche Steuererstattung (35 × 206 €)	7.210 €
Bruttobeitrag	42.000 €
Erträge	32.452 €
Vorsorgekapital	74.452 €

Bis zum Ende der Ansparphase geht der Eichelweg/bAV klar als Sieger hervor. Auf Platz zwei folgen die beiden Riesterwege, dicht gefolgt vom Rürupweg.

Betrachten wir nun für Barbara Bauer die Rentenbezugsphase, wenn sie im Alter von 67 Jahren (im Jahr 2043) erstmals Rente bezieht. Der Besteuerungsanteil für die Basisrente liegt dann bereits bei 100 %, der Ertragsanteil z. B. für die alten Lebens- und Rentenversicherungen unverändert bei 17 %.

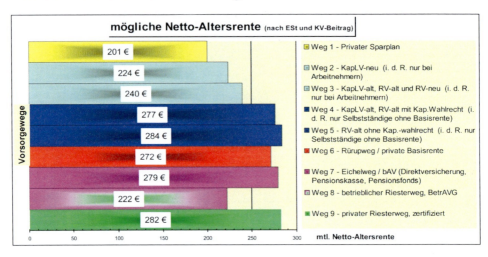

Weg 4, LV und RV mit Kapitalwahlrecht bei Selbstständigen

Bruttorente .... 286,38 €
Ertragsanteil 17 % .... 48,68 €
./. ESt (20 % × 48,68 €) .... 9,74 €

Nettorente .... 277 €

Weg 5, RV ohne Kapitalwahlrecht bei Selbstständigen

Bruttorente .... 293,85 €
Ertragsanteil 17 % .... 49,95 €
./. ESt 20 % .... 9,99 €

Nettorente .... 284 €

Weg 6, Rürupweg

Bruttorente (Besteuerungsanteil 100 %) .... 339,61 €
./. ESt 20 % .... 67,92 €

Nettorente .... 272 €

Weg 7, Eichelweg/bAV

Bruttorente .... 500,89 €
./. ESt 20 % .... 100,18 €
./. KV/PflV 17,1 % .... 85,65 €

Nettorente .... 315 €

Weg 8, betrieblicher Riesterweg (nicht zertifiziert)

Bruttorente .... 353,06 €
./. ESt 20 % .... 70,61 €
./. GKV/PflV 17,1 % .... 60,37 €

Nettorente .... 222 €

Weg 9, privater Riesterweg (zertifiziert)

Bruttorente .... 353,06 €
./. ESt 20 % .... 70,61 €

Nettorente .... 282 €

Vorstehende Berechnungen berücksichtigen auf dem Eichelweg noch nicht die dadurch ausgelöste Minderung bei der gesetzlichen Altersrente. Diese berechnen wir für Barbara wie folgt:

Fehlende Entgeltpunkte
1.696,11 €/30.879 € × 35 Jahre = 1,9224 EP

Fehlende Bruttorentenansprüche
1,9224 EP × AR 26,56 € =   51,06 €

Fehlende Nettorentenansprüche

Bruttorente	51,06 €
./. ESt 20 %	10,21 €
./. KV 7,9 %	4,03 €
./. PflV 2,2 %	1,12 €
Nettorente	36 €

Nach Berücksichtigung der Belastung der Bruttorente mit ESt, KV und PflV ergibt sich eine fehlende Nettorente in Höhe von 36 €. Die Versorgungslücke kann auf dem Eichelweg allenfalls um 279 € (= 315 € ./. 36 €) vermindert werden, wobei eine mögliche Erhöhung der gesetzlichen Altersrente bzw. AR diesen Betrag noch weiter reduziert.

Zusammenfassung:
Ist Barbara eine **rentenversicherungspflichtige Arbeitnehmerin,** sollte sie auf dem privaten Riesterweg mit dem Vorsorgesparen beginnen.

Ist Barbara als **Selbstständige pflichtversichert in der gesetzlichen Rentenversicherung,** so empfiehlt sich ebenfalls der private Riesterweg. Zur Schließung einer evtl. noch vorhandenen Versorgungslücke ist als Nächstes der Rürupweg/private Basisvorsorge am lukrativsten.

Ist Barbara als **Selbstständige pflichtversichert in einem berufsständischen Versorgungswerk o. Ä.,** so bleibt zur Schließung einer Versorgungslücke von den staatlich geförderten Wegen ohnehin nur der Rürupweg/private Basisvorsorge.

Ist Barbara als **Selbstständige nicht pflichtversichert** in der gesetzlichen Rentenversicherung oder einem berufsständischen Versorgungswerk, so wäre zu prüfen, ob die Zahlung des Beitrags in ihre alten Lebens- und Rentenversicherungen steuerlich eine Wirkung entfalten kann, denn dann ist es besser, diese fortzuführen. Zur Schließung einer evtl. noch vorhandenen Versorgungslücke wäre der Rürupweg zu beschreiten.

b) Altersvorsorgebeiträge bis zum Riester-Höchstbeitrag

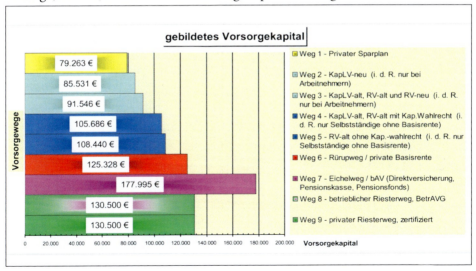

Erbringt Barbara Bauer Altersvorsorgeaufwendungen bis zum Riester-Höchstbeitrag (2.100 €), stellt sich das Vorsorgekapital wie folgt dar:

Betrachten wir die Rentenbezugsphase für Barbara Bauer:

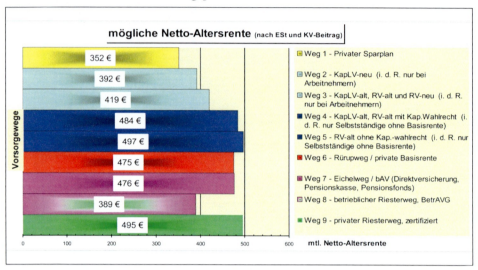

Weg 7, Eichelweg/bAV

Bruttorente .... 844,07 €
./. ESt 20 % .... 168,81 €
./. KV/PflV 17,1 % .... 144,34 €

Zwischensumme .... 530,92 €
./. Nettoverzicht ges. Altersrente .... 54,54 €

Nettorente .... 476 €

Grundsätzlich hätte der Eichelweg/bAV wiederum zur höchsten Nettorente geführt. Unter Berücksichtigung der verminderten Ansprüche an die gesetzliche Rentenversicherung ergibt sich für Barbara Bauer die Möglichkeit, die Versorgungslücke allenfalls um 476 € zu reduzieren. Eine Erhöhung des AR würde das Ergebnis zu Lasten des Eichelweges sogar noch verschlechtern.

Ist Barbara eine **rentenversicherungspflichtige Arbeitnehmerin,** sollte sie auf dem privaten Riesterweg mit dem Vorsorgesparen beginnen.

Ist Barbara als **Selbstständige pflichtversichert in der gesetzlichen Rentenversicherung,** so empfiehlt sich erneut der private Riesterweg. Zur Schließung einer evtl. noch vorhandenen Versorgungslücke ist als Nächstes der Rürupweg/private Basisvorsorge am lukrativsten.

Ist Barbara als **Selbstständige pflichtversichert in einem berufsständischen Versorgungswerk o. Ä.,** so bleibt zur Schließung einer Versorgungslücke von den staatlich geförderten Wegen ohnehin nur der Rürupweg/private Basisvorsorge.

Ist Barbara als **Selbstständige nicht pflichtversichert** in der gesetzlichen Rentenversicherung oder einem berufsständischen Versorgungswerk, so wäre zu prüfen, ob die Zahlung des Beitrags in ihre alten Lebens- und Rentenversicherungen steuerlich eine Wirkung entfalten kann, denn dann ist es besser, jene fortzuführen. Zur Schließung einer evtl. noch vorhandenen Versorgungslücke wäre der Rürupweg zu beschreiten.

Wie eine weitere Verlängerung der Ansparphase um 10 Jahre wirkt, soll anhand eines Vorsorgesparers gezeigt werden, der das 23. Lebensjahr im Jahr 2009 vollendet und voraussichtlich im Jahr 2053 im Alter von 67 Jahren in Rente geht.

3. Christian Clemens, geb. 1986

Christian ist ledig und hat keine Kinder. Sein Grenzsteuersatz (ohne SolZ und KiSt) liegt bei 30 %. Die Beiträge zur Sozialversicherung betragen: Krankenversicherung 14,9 %, Pflegeversicherung 2,2 %, Rentenversicherung 19,9 %, Arbeitslosenversicherung 2,8 %.

a) Altersvorsorgebeiträge in Höhe von 4 %

Riester-, Eichel- oder Rüruprente? Christian Clemens, alleinstehend ohne Kinder	Vorsorgebeginn: 2009 Jahrgang: 1986						Stand: 20.02.2009 (incl. Konjunkturpaket II)	
	2008	2009						
rentenversicherungspflichtiges Entgelt	30.000 €	30.000 €	Beitrags- satz					
Beitragsbemessungsgrenze KV, PflV (bundeseinheitlich)	43.200 €	44.100 €						
gesetzliche Krankenversicherung		gkv	14,00%					
ggf. Sonderbeitrag Zahnersatz (vom AN allein zu tragen)			0,90%					
Pflegepflichtversicherung			1,95%					
ggf. Sonderbeitrag für Kinderlose?		j	0,25%					
Beitragsbemessungsgrenze allgem. RV, AlV (West)	63.600 €	64.800 €		Rürupweg bzw. Basisrente		Eichelweg bzw. bAV		Riesterweg	
pflichtversichert in der ges. Renten- u. Arbeitslosenversicherung		drv	22,70%						
Grenzsteuersatz, ESt geschätzt			30,00%	%	€uro	%	€uro	%	€uro
Minimaler Beitrag für ungekürzte Zulage = maximale Förderquote									
Bruttobeitrag p.a. (in den Vorsorgevertrag)				20,400	1.055,28	50,475	1.696,11	30,000	1.200,00
Entlastung Lohnsteuer aus Bruttobeitrag				20,400		30,000		30,000	
Entlastung AN-Anteil KV, PPflV (West) aus Bruttobeitrag						9,125			
Entlastung AN-Anteil RV, AlV (West) aus Bruttobeitrag						11,350			
Summe der Riesterzulagen								42,143	354,00
= Mindesteigenleistung i.S. § 10a EStG, pro Jahr									846,00
zusätzliche Steuerersparnis (ohne SolZ, KiSt) ab Grenzsteuersatz:		29,50%							6,00
= effektive Eigenleistung (Vergleichsbasis)				100,000	840,00	100,000	840,00	100,000	840,00
staatliche Ansparförderung (LSt/ESt, SV, Zulagen) in % zur Eigenleistung bzw. absolut				25,628	215,28	101,918	856,11	42,857	360,00

Das Vorsorgekapital stellt sich für Christian wie folgt dar:

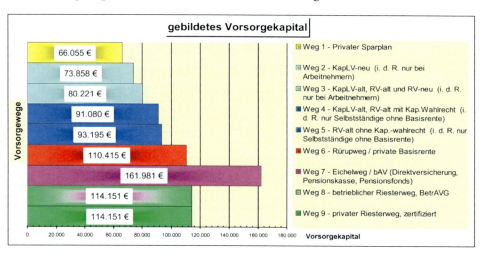

Betrachten wir die Rentenbezugsphase, wenn Christian im Alter von 67 Jahren (im Jahr 2053) erstmals Rente bezieht:

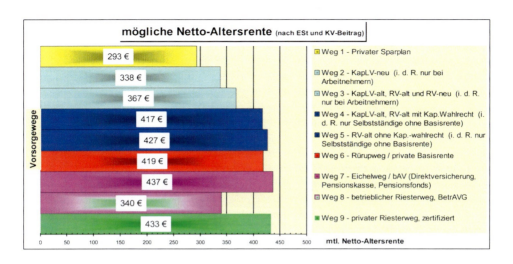

Weg 7, Eichelweg/bAV

Bruttorente	768,13 €
./. ESt 20 %	153,63 €
./. KV/PflV 17,1 %	131,35 €
Zwischensumme	483,15 €
./. ges. Altersrente (2,4717 EP), Netto	45,89 €
Nettorente	437 €

Der Eichelweg/bAV führt wiederum zur höchsten Nettorente. Unter Berücksichtigung der verminderten Ansprüche an die gesetzliche Rentenversicherung ergibt sich für Christian Clemens die Möglichkeit, die Versorgungslücke allenfalls um 437 € zu reduzieren. In diesem Fall liegt der Eichelweg noch vor dem Riesterweg.

Wird allerdings wegen der langen Laufzeit von 45 Jahren der AR mit nur 0,5 % jährlich dynamisiert, so ergäbe sich im Jahr 2053 ein AR in Höhe von 33,24 €. Die fehlende Bruttorente würde folglich 82,17 €, die fehlende Nettorente 57,43 € betragen. Die Versorgungslücke könnte um 426 € reduziert werden.

Zusammenfassung:

Ist Christian ein **rentenversicherungspflichtiger Arbeitnehmer,** sollte er auf dem privaten Riesterweg mit dem Vorsorgesparen beginnen. Da er noch sehr jung ist, kann er womöglich noch die vollen Kinderzulagen (300 € pro Kind) oder die Zulage für einen mittelbar begünstigten Ehegatten nutzen. Zudem ist sein Vorsorgeerfolg nicht von der Entwicklung des AR abhängig.

Ist Christian als **Selbstständiger pflichtversichert in der gesetzlichen Rentenversicherung,** so empfiehlt sich jedenfalls der private Riesterweg. Zur Schließung einer evtl. noch vorhandenen Versorgungslücke ist als Nächstes der Rürupweg/ private Basisvorsorge am lukrativsten.

Ist Christian als **Selbstständiger pflichtversichert in einem berufsständischen Versorgungswerk o. Ä.,** so bleibt zur Schließung einer Versorgungslücke von den staatlich geförderten Wegen ohnehin nur der Rürupweg/private Basisvorsorge.

Ist Christian als **Selbstständiger nicht pflichtversichert** in der gesetzlichen Rentenversicherung oder einem berufsständischen Versorgungswerk, hat er bereits Lebens- und Rentenversicherungen vor dem 1.1.2005 abgeschlossen und können diese bei ihm eine steuerliche Wirkung entfalten, sollte er diese Alt-Produkte fortführen und nur zur Schließung einer evtl. noch vorhandenen Versorgungslücke den Rürupweg beschreiten.

b)   Altersvorsorgebeiträge bis zum Riester-Höchstbeitrag

Riester-, Eichel- oder Rüruprente? Christian Clemens, alleinstehend ohne Kinder	Vorsorgebeginn: 2009 Jahrgang: 1986						Stand: 20.02.2009 (incl. Konjunkturpaket II)	
	2008	2009						
rentenversicherungspflichtiges Entgelt	30.000 €	30.000 €	Beitrags-					
Beitragsbemessungsgrenze KV, PflV (bundeseinheitlich)	43.200 €	44.100 €	satz					
gesetzliche Krankenversicherung		gkv	14,00%					
ggf. Sonderbeitrag Zahnersatz (vom AN allein zu tragen)			0,90%					
Pflegepflichtversicherung			1,95%					
ggf. Sonderbeitrag für Kinderlose?		j	0,25%	Rürupweg bzw. Basisrente		Eichelweg bzw. bAV		Riesterweg
Beitragsbemessungsgrenze allgem. RV, AlV (West)	63.600 €	64.800 €						
pflichtversichert in der ges. Renten- u. Arbeitslosenversicherung		drv	22,70%					
Grenzsteuersatz, ESt geschätzt			30,00%	%	€uro	%	€uro	%	€uro
Maximaler Beitrag = maximale Riesterförderung								
individueller Bruttobeitrag p.a. (in den Vorsorgevertrag)							2.858,16		2.100,00
Bruttobeitrag (in den Vorsorgevertrag)					1.846,73		2.858,16		2.100,00
Summe der Riesterzulagen								24,082	354,00
= Mindesteigenleistung i.S. § 10a EStG, pro Jahr									1.746,00
zusätzliche Steuerersparnis (ohne SolZ, KiSt) ab Grenzsteuersatz:	16,86%								276,00
= effektive Eigenleistung (Vergleichsbasis)				100,000	1.470,00	100,000	1.470,00	100,000	1.470,00
staatliche Ansparförderung (LSt/ESt, SV, Zulagen) in % zur Eigenleistung bzw. absolut				25,628	376,73	94,433	1.388,16	42,857	630,00

Vorsorgekapital und Nettorente stellen sich wie folgt dar:

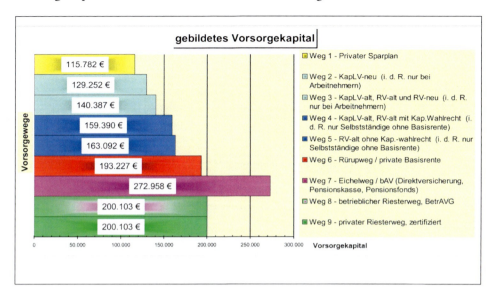

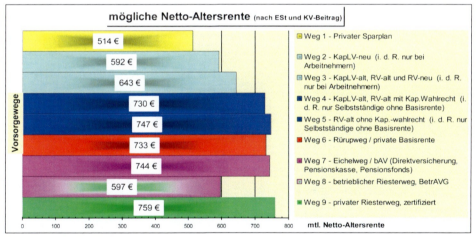

Der Eichelweg ergibt eine Nettorente von 814 €. Durch den Eichelweg gehen 3,7777 EP verloren, die bei einem AR von 26,56 € zu einer verminderten Nettorente von 70,17 € führen. Die Versorgungslücke könnte um 744 € reduziert werden.

Wird nur eine geringe Dynamisierung (0,5 % jährlich) angenommen, ergäben sich bei einem AR von 33,24 € eine fehlende Bruttorente von 125,56 € und eine fehlende Nettorente von 87,77 €. Die Versorgungslücke könnte im Ergebnis um 726 € reduziert werden.

Zusammenfassung:
Ist Christian ein **rentenversicherungspflichtiger Arbeitnehmer,** sollte er auf dem privaten Riesterweg mit dem Vorsorgesparen beginnen.

Ist Christian als **Selbstständiger pflichtversichert in der gesetzlichen Rentenversicherung,** so empfiehlt sich wiederum der private Riesterweg. Zur Schließung einer evtl. noch vorhandenen Versorgungslücke ist als Nächstes der Rürupweg/private Basisvorsorge am lukrativsten.

Ist Christian als **Selbstständiger pflichtversichert in einem berufsständischen Versorgungswerk o. Ä.,** so bleibt zur Schließung einer Versorgungslücke von den staatlich geförderten Wegen ohnehin nur der Rürupweg/private Basisvorsorge. Ist Christian als **Selbstständiger nicht pflichtversichert** in der gesetzlichen Rentenversicherung oder einem berufsständischen Versorgungswerk, so sollte er besser seine alten Lebens- und Rentenversicherungen fortführen, wenn diese eine steuerliche Wirkung entfalten können. Zur Schließung einer evtl. noch vorhandenen Versorgungslücke ist klar der Rürupweg anzuraten.

Als letztes Beispiel soll noch der Fall eines heute 53-Jährigen gezeigt werden.

4.   Daniel Dieckmann, geb. 1956

Daniel ist ledig und hat keine Kinder. Sein Grenzsteuersatz (ohne SolZ und KiSt) liegt bei 30 %. Die Beiträge zur Sozialversicherung betragen: Krankenversicherung 14,9 %, Pflegeversicherung 2,2 %, Rentenversicherung 19,9 %, Arbeitslosenversicherung 2,8 %. Daniel wird die Regelaltersrente mit rd. 66 Jahren im Jahr 2022 erhalten. Daniel kann, den Grundannahmen folgend, noch 14 Jahre lang einzahlen. Seine Basisrente wird im Jahr 2022 mit 82 % besteuert.

a) Altersvorsorgebeiträge in Höhe von 4 %

Riester-, Eichel- oder Rüruprente? Daniel Dieckmann, alleinstehend ohne Kinder	Vorsorgebeginn: 2009 Jahrgang: 1956						Stand: 20.02.2009 (incl. Konjunkturpaket II)	
	2008	2009						
rentenversicherungspflichtiges Entgelt	30.000 €	30.000 €	Beitrags- satz					
Beitragsbemessungsgrenze KV, PflV (bundeseinheitlich)	43.200 €	44.100 €						
gesetzliche Krankenversicherung		gkv	14,00%					
ggf. Sonderbeitrag Zahnersatz (vom AN allein zu tragen)			0,90%					
Pflegepflichtversicherung			1,95%					
ggf. Sonderbeitrag für Kinderlose?		j	0,25%					
Beitragsbemessungsgrenze allgem. RV, AlV (West):	63.600 €	64.800 €		Rürupweg bzw. Basisrente		Eichelweg bzw. bAV		Riesterweg
pflichtversichert in der ges. Renten- u. Arbeitslosenversicherung		drv	22,70%					
Grenzsteuersatz, ESt geschätzt		30,00%		%	€uro	%	€uro	%	€uro
Minimaler Beitrag für ungekürzte Zulage = maximale Förderquote				20,400	1.055,28	50,475	1.696,11	30,000	1.200,00
Bruttobeitrag p.a. (in den Vorsorgevertrag)				20,400		30,000		30,000	
Entlastung Lohnsteuer aus Bruttobeitrag						9,125			
Entlastung AN-Anteil KV, PPflV (West) aus Bruttobeitrag						11,350			
Entlastung AN-Anteil RV, AlV (West) aus Bruttobeitrag								18,333	154,00
Summe der Riesterzulagen									1.046,00
= Mindesteigenleistung i.S. § 10a EStG, pro Jahr									206,00
zusätzliche Steuerersparnis (ohne SolZ, KiSt) ab Grenzsteuersatz:		12,83%		100,000	840,00	100,000	840,00	100,000	840,00
= effektive Eigenleistung (Vergleichsbasis)				25,628	215,28	101,918	856,11	42,857	360,00
staatliche Ansparförderung (LSt/ESt, SV, Zulagen) in % zur Eigenleistung bzw. absolut									

Angenommen, Daniel scheidet mit 66 Jahren aus dem Erwerbsleben aus. Dann kann er das folgende Vorsorgekapital bis zum Jahr 2022 (14 Einzahlungen) ansammeln:

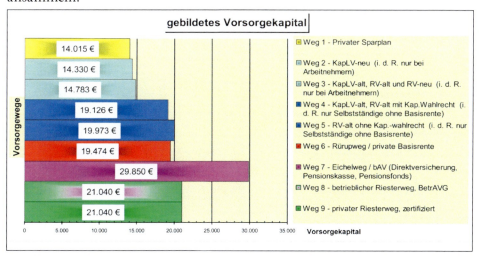

Wenn Daniel im Jahr 2022 erstmals Rente bezieht und wir annehmen, seine Rentenbezugsphase würde ebenfalls 25 Jahre dauern, dann ergibt sich je nach Vorsorgeweg folgende Rente:

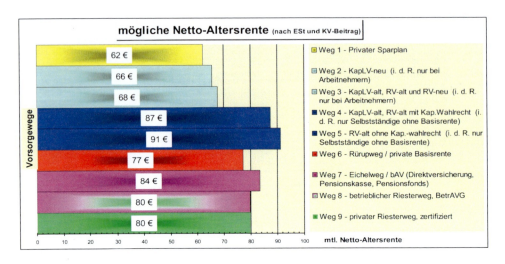

Erbringt Daniel Dieckmann Altersvorsorgeaufwendungen bis zu 4 % des Jahresbruttoverdienstes, so ergibt sich nach Berücksichtigung der verminderten Ansprüche an die gesetzliche Rentenversicherung auf dem Eichelweg ein kleiner Vorteil. Hier wirkt sich noch der Freibetrag für Versorgungsbezüge (14,4 % + 324 € p. a. Zuschlag) positiv aus. Wegen der vergleichsweise kurzen Laufzeit bis zum Ruhestand wird auch die Dynamik der gesetzlichen Altersrente an dieser Reihenfolge nicht mehr viel ändern.

Zusammenfassung:
Ist Daniel ein **rentenversicherungspflichtiger Arbeitnehmer,** führt der Eichelweg zur höchsten Nettorente. Da die Wahrscheinlichkeit eines Arbeitgeberwechsels vergleichsweise gering ist und durch Sammelverträge womöglich niedrigere Kosten anfallen als auf dem privaten Riesterweg, würde bei dieser relativ kurzen Laufzeit der Riesterweg erst an zweiter Stelle rangieren.

Ist Daniel als **Selbstständiger pflichtversichert in der gesetzlichen Rentenversicherung,** so empfiehlt sich der private Riesterweg, da der Eichelweg nicht möglich ist. Zur Schließung einer evtl. noch vorhandenen Versorgungslücke ist als Nächstes der Rürupweg/private Basisvorsorge am lukrativsten.

Ist Daniel als **Selbstständiger pflichtversichert in einem berufsständischen**

Versorgungswerk o. ä., so bleibt zur Schließung einer Versorgungslücke von den staatlich geförderten Wegen ohnehin nur der Rürupweg/private Basisvorsorge.

Ist Daniel als **Selbstständiger nicht pflichtversichert** in der gesetzlichen Rentenversicherung oder einem berufsständischen Versorgungswerk, so sollte er besser seine alten Lebens- und Rentenversicherungen fortführen, wenn die Beiträge eine steuerliche Wirkung entfalten können. Zur Schließung einer evtl. noch vorhandenen Versorgungslücke wäre der Rürupweg zu beschreiten.

b) Altersvorsorgebeiträge bis zum Riester-Höchstbeitrag

Riester-, Eichel- oder Rüruprente?		Vorsorgebeginn:	2009						
Daniel Dieckmann, alleinstehend ohne Kinder		Jahrgang:	1956		Stand: 20.02.2009 (incl. Konjunkturpaket II)				
	2008	2009		Rürupweg bzw. Basisrente		Eichelweg bzw. bAV		Riesterweg	
				%	€uro	%	€uro	%	€uro
rentenversicherungspflichtiges Entgelt	30.000 €	30.000 €	Beitrags-						
Beitragsbemessungsgrenze KV, PflV (bundeseinheitlich)	43.200 €	44.100 €	satz						
gesetzliche Krankenversicherung		gkv	14,00%						
ggf. Sonderbeitrag Zahnersatz (vom AN allein zu tragen)			0,90%						
Pflegepflichtversicherung			1,95%						
ggf. Sonderbeitrag für Kinderlose?		j	0,25%						
Beitragsbemessungsgrenze allgem. RV, AlV (West)	63.600 €	64.800 €							
pflichtversichert in der ges. Renten- u. Arbeitslosenversicherung		drv	22,70%						
Grenzsteuersatz, ESt geschätzt			30,00%						
Maximaler Beitrag = maximale Riesterförderung									
individueller Bruttobeitrag p.a. (in den Vorsorgevertrag)							2.858,16		2.100,00
Bruttobeitrag in den Vorsorgevertrag					1.846,73		2.858,16		2.100,00
Summe der Riesterzulagen								10,476	154,00
= Mindesteigenleistung i.S. § 10a EStG, pro Jahr									1.946,00
zusätzliche Steuerersparnis (ohne SolZ, KiSt) ab Grenzsteuersatz:	7,33%								476,00
= effektive Eigenleistung (Vergleichsbasis)				100,000	1.470,00	100,000	1.470,00	100,000	1.470,00
staatliche Ansparförderung (LSt/ESt, SV, Zulagen) in % zur Eigenleistung bzw. absolut				25,628	376,73	94,433	1.388,16	42,657	630,00

Das Vorsorgekapital stellt sich für Daniel Dieckmann wie folgt dar:

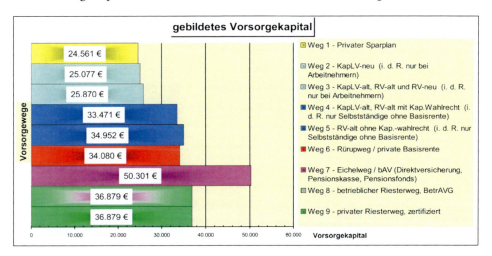

Die mögliche Nettorente errechnet sich für Daniel folgendermaßen:

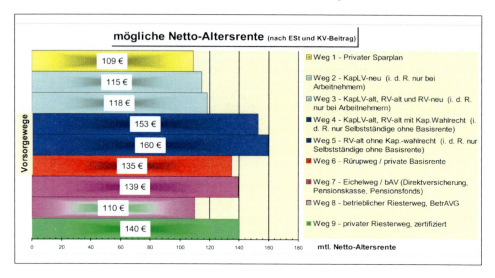

Nach Kürzung der verminderten Ansprüche an die gesetzliche Rentenversicherung auf dem Eichelweg liegt der Riesterweg nur unerheblich vor dem Eichelweg.

Zusammenfassung:
Ist Daniel ein **rentenversicherungspflichtiger Arbeitnehmer,** erzielt er nur eine geringfügig höhere Nettorente auf dem privaten Riesterweg, weshalb in diesem Fall klar der garantierten Rente auf dem jeweiligen Vorsorgeweg der Vorrang eingeräumt werden sollte.

Ist Daniel als **Selbstständiger pflichtversichert in der gesetzlichen Rentenversicherung,** so empfiehlt sich der private Riesterweg, weil der Eichelweg nicht möglich ist. Zur Schließung einer evtl. noch vorhandenen Versorgungslücke ist als Nächstes der Rürupweg/private Basisvorsorge am lukrativsten.

Ist Daniel als **Selbstständiger pflichtversichert in einem berufsständischen Versorgungswerk o. Ä.,** so bleibt zur Schließung einer Versorgungslücke von den staatlich geförderten Wegen ohnehin nur der Rürupweg/private Basisvorsorge.

Ist Daniel als **Selbstständiger nicht pflichtversichert** in der gesetzlichen Rentenversicherung oder einem berufsständischen Versorgungswerk, so sollte er besser seine alten Lebens- und Rentenversicherungen fortführen und nur zur Schließung einer evtl. noch vorhandenen Versorgungslücke den Rürupweg beschreiten.

B. Einzelne Personengruppen im Fokus

Sofern es sich um Vorsorgesparer handelt, die keine Versorgungslücke zu erwarten haben, stellt ein möglicherweise sehr langes Leben kein finanzielles Risiko dar. Ich empfehle dieser Personengruppe, die Alterseinkünfte nicht ausschließlich mit Produkten zu generieren, die allein eine lebenslange Rente erlauben. In diesen Fällen sollte verstärkt auf Kapitalanlageprodukte gesetzt werden. Allenfalls der Riesterweg sollte beschritten werden, sofern möglich. Denn auf diesem Wege ist bei Rentenbeginn eine Einmalauszahlung (bis 30 %) oder bei Wohn-Riester bis 100 % möglich und ein evtl. bis zum 85. Lebensjahr noch nicht verbrauchtes Vorsorgekapital könnte, je nach Produkttyp, vererbt werden.

I. Arbeitnehmer

1. Pflichtversichert in der gesetzlichen Rentenversicherung

Diese Gruppe hat Anspruch auf Riester-, Eichel- und Rürupförderung. Solange der Vorsorgesparer den Sparbeitrag in voller Höhe selbst erbringt, gibt es m. E. keine Alternative zum privaten Riesterweg, unabhängig vom Einkommen. Zwar ergibt sich bei den unteren Einkommensgruppen eine geringfügig höhere Förderung über den Eichelweg, doch besteht bei dieser Personengruppe die hohe Wahrscheinlichkeit, dass es zu Unterbrechungen in der Erwerbsphase kommt. Häufig besteht bei Bezug von bestimmten Sozialleistungen (Arbeitslosengeld, Elternzeit, Kindererziehungszeiten, Pflegezeit etc.) ein Anspruch auf Riesterförderung weiter, während der Eichelweg in diesen Zeiten nicht möglich ist. Zudem wird ein privater Riestervertrag von einem Arbeitgeberwechsel nicht tangiert.

Beim Eichelweg muss jedoch stets mit dem neuen Arbeitgeber erst abgeklärt werden, ob dort die Fortführung möglich ist. Im Extremfall brauchen nur 5 € monatlich (= 60 € jährlich) eingezahlt zu werden, um die Zulagen zu erhalten. Es wäre ein kostspieliger Fehler, z. B. während der Elternzeit die zusätzliche Kinderzulage (185 € bzw. 300 € ab Jahrgang 2008) zu verschenken.

Bei Arbeitnehmern dagegen, bei denen der Arbeitgeber einen Beitrag zur betrieblichen Altersvorsorge unabhängig davon leistet, ob der Arbeitnehmer ebenfalls einzahlt, würde es einem Gehaltsverzicht gleichkommen, wenn Sie den Eichelweg nicht beschreiten. Gleiches gilt, wenn der Arbeitgeber aus den ersparten Sozialleistungen einen Zuschuss finanziert.

Meine Pauschalempfehlung für Arbeitnehmer lautet daher:
Beschreiten Sie so früh wie möglich den Riesterweg mit dem Mindestbeitrag. Bei zusätzlichem Sparpotenzial sollten Sie bis auf den Riester-Höchstbeitrag (abzgl. Zulagen) auffüllen. Wollen und können Sie darüber hinaus vorsorgen, empfehle ich aufgrund der soft facts stets den Eichelweg. Beschreiten Sie beide Wege bis zu den jeweiligen Höchstgrenzen, dürfte eine Versorgungslücke für Sie kaum ein Thema sein.

2. Pflichtversichert in einem berufsständischen Versorgungswerk

Diese Gruppe hat keinen unmittelbaren Anspruch auf Riesterförderung. Allenfalls kann bei Ehepaaren eine mittelbare Riesterförderung in Frage kommen. Ansonsten besteht nur die Möglichkeit, den Eichelweg und/oder den Rürupweg zu beschreiten.

II. Beamte

Diese Gruppe hat Anspruch auf Riesterförderung – weil auch bei den Beamten das (relative) Versorgungsniveau sinken wird – und auf (gekürzte) Rürupförderung. Da sich aber das Versorgungsniveau nach den letzten aktiven Bezügen richtet, kann das größte Problem der Altersvorsorge, die Geldentwertung, eher vernachlässigt werden. Selbst wenn keine Versorgungslücke errechnet werden sollte, empfiehlt es sich, die hohe Riesterförderung „mitzunehmen". Denn auf diesem Wege kann bei einem vorzeitigen Ableben das Vorsorgekapital vererbt werden.

III. Landwirte

Diese Gruppe hat Anspruch auf Riester- und Rürupförderung und, falls als Arbeitnehmer beschäftigt, auf Eichelförderung. Die zusätzliche Altersvorsorge ist bei Landwirten besonders wichtig, denn bei dieser Gruppe treffen zwei negative Entwicklungen zusammen: die demografischen Veränderungen und der strukturell begründete gravierende Rückgang der Einzahler in die landwirtschaftliche Alterskasse. Wer im Alter nicht gewillt oder nicht in der Lage ist, betriebliche Substanz zu veräußern, sollte daher die Riesterförderung ohne Wenn und Aber „mitnehmen".

IV. Selbstständige Handwerker, sonstige selbstständige Gewerbetreibende und Künstler

1. Pflichtversicherte in der gesetzlichen Rentenversicherung oder der Künstlersozialkasse

Diese Gruppe hat Anspruch auf Riester- und Rürupförderung. Durch die Pflichtbeiträge in die gesetzliche Basisvorsorge kommt i. d. R. nur noch der Sonderausgabenabzug nach neuem Recht (EStG 2005) zur Anwendung. Beiträge in evtl. früher geschlossene Lebens- und Rentenversicherungen können keine Wirkung mehr entfalten, weil die Obergrenze (2.400 € für sonstige Vorsorgeaufwendungen) häufig durch die Beiträge zur Kranken- und Pflegeversicherung ausgeschöpft ist. Für eine zusätzliche Altersvorsorge empfiehlt sich daher vorrangig der private Riesterweg, auch wenn keine Versorgungslücke vorhanden ist. Der Rürupweg empfiehlt sich als zweite Option. Letzterer sollte aber nicht als Steuersparinstrument gesehen werden, sondern nur als Mittel zur Schließung einer Versorgungslücke. Haben Sie keine Versorgungslücke, brauchen Sie kein Rürupprodukt!

2. Nicht Pflichtversicherte in der gesetzlichen Rentenversicherung

Diese Gruppe hat nur Anspruch auf Rürupförderung. Der Rürupweg sollte aber nur so lange und so weit beschritten werden, wie eine Versorgungslücke zu schließen ist. Haben Sie vor dem 1.1.2005 Lebens- und Rentenversicherungen abgeschlossen, so empfiehlt es sich, vorrangig diese Produkte konsequent weiter zu besparen, sofern deren Beiträge eine Wirkung beim Sonderausgabenabzug haben. Nach Möglichkeit sollten auch alle Dynamisierungsschritte ausgeführt werden. Der Grund für diese Empfehlung? Die Beiträge können innerhalb bestimmter Grenzen als Sonderausgaben abgezogen werden, die Erträge sind nach Ablauf von 12 Jahren steuerfrei, Sie können sich das Vorsorgekapital freiwillig verrenten lassen oder, falls es vor Renteneintritt zu gesundheitlichen Störungen kommen sollte, einfach an sich selbst auszahlen lassen und anlegen.

V. Selbstständige und Freiberufler

1. Pflichtversicherte in einem Versorgungswerk

Diese Gruppe hat Anspruch auf Rürupförderung und, falls als Arbeitnehmer beschäftigt, Anspruch auf Eichelförderung. Durch die Pflichtbeiträge in das Versorgungswerk kommt i. d. R. nur noch der Sonderausgabenabzug nach neuem Recht (EStG 2005) zur Anwendung. Beiträge in evtl. früher geschlossene Lebens- und Rentenversicherungen können bei den sonstigen Vorsorgeaufwendungen meist keine Wirkung entfalten, weil die Obergrenze (2.400 €) im Normalfall durch die Beiträge zur Kranken- und Pflegeversicherung ausgeschöpft ist. Für eine zusätzliche Altersvorsorge neben dem Versorgungswerk bleibt einzig der Rürupweg. Dieser sollte aber nicht als Steuersparinstrument gesehen werden, sondern nur als Mittel zur Schließung einer Versorgungslücke. Haben Sie keine Lücke, brauchen Sie kein Rürupprodukt!

Bei Verheirateten sollte geprüft werden, ob evtl. durch ein Anstellungsverhältnis (auch Mini-Job) des Ehegatten der Riesterweg nicht doch, zumindest als „Huckepack-Riesterer", beschritten werden kann.

2. Sonstige, nicht Pflichtversicherte

Dieser Gruppe bleibt von den neuen Förderwegen nur der Rürupweg offen. Dieser sollte aber nur so lange und so weit beschritten werden, wie eine Versorgungslücke zu schließen ist. Haben Sie vor dem 1.1.2005 Lebens- und Rentenversicherungen abgeschlossen, so empfiehlt es sich, vorrangig diese Produkte konsequent weiter zu besparen, wenn deren Beiträge bei den Sonderausgaben eine Wirkung entfalten können. Nach Möglichkeit sollten anfänglich alle Dynamisierungsschritte ausgeführt werden.

VI. GmbH-Gesellschafter-Geschäftsführer

1. Allein-Gesellschafter-Geschäftsführer, nicht rentenversicherungspflichtig

Dieser Gruppe bleiben der Eichel- und der Rürupweg offen. Sofern möglich, sollte vom Eichelweg die Variante der Direktzusage mit Rückdeckungsversicherung oder die Unterstützungskasse gewählt werden. Denn diese Wege erlauben i. d. R. eine hinreichende Abdeckung des Versorgungsziels einerseits und eine weitestgehende steuerliche Begünstigung andererseits. Der betriebliche Vorsorgeweg über Direktversicherung, Pensionskasse und Pensionsfonds oder etwa der Rürupweg sollten nur gewählt werden, wenn die ersten beiden Alternativen nicht zielführend sind. Wird nämlich dem Gesellschafter-Geschäftsführer eine betriebliche Altersversorgung gewährt, so wird der Rürupmaximalbeitrag (20.000 €) gekürzt, unabhängig davon, ob der Arbeitgeber oder Arbeitnehmer die Beiträge finanziert und unabhängig von der Versorgungshöhe[230]. Im Jahr 2009 beträgt der gekürzte Rürupmaximalbeitrag 9.135 €[231]. Ob mit dem gekürzten Rürupmaximalbeitrag und der Obergrenze nach § 3 Nr. 63 EStG (2.592 € im Jahr 2008) eine bedarfsorientierte Altersvorsorge aufgebaut werden kann, darf in vielen Fällen bezweifelt werden. Es bleibt faktisch nur eine entsprechend dotierte Direktzusage und/oder Unterstützungskasse, was aber aus steuerrechtlicher Sicht ohnehin günstiger ist.

2. Mit-Gesellschafter-Geschäftsführer, nicht rentenversicherungspflichtig

Dieser Gruppe bleiben ebenfalls nur der Eichel- und der Rürupweg offen. Auch hier gilt, dass in jedem Einzelfall zu untersuchen ist, ob eine ausreichende Direktzusage (mit Rückdeckungsversicherung) und/oder eine Versorgungszusage über eine Unterstützungskasse in Frage kommt. Der betriebliche Versorgungsweg über Direktversicherung, Pensionskasse und Pensionsfonds sollte wegen der beim Allein-Gesellschafter-Geschäftsführer beschriebenen Kürzung des Rürupmaximalbeitrags nur gewählt werden, wenn Direktzusage oder Unterstützungskasse nicht möglich ist. Womöglich kann mit der Förderung nach § 3 Nr. 63 EStG und der gekürzten Rürupförderung der gewohnte Lebensstandard im Alter nicht gehalten werden. Daher sollte die betriebliche Versorgungszusage vorrangig mit den internen Wegen (Direktzusage/Unterstützungskasse) durchgeführt werden. Ist dies nicht ausreichend möglich, verbleibt nur der Rürupweg im Rahmen der gekürzten Obergrenzen.

3. Mit-Gesellschafter-Geschäftsführer, rentenversicherungspflichtig

Diese Gruppe kann mit Riester-, Eichel- und Rürupweg vorsorgen. Hier gelten die für Arbeitnehmer zutreffenden Aussagen.

C. Zusammenfassung – für den schnellen Leser

Grundsätzlich ist bei meinen vorstehenden Aussagen immer unterstellt, dass eine Versorgungslücke besteht. Ist dies nicht der Fall, werden Sie nur zum Teil mit Vorsorgeprodukten vorsorgen. Jedenfalls wäre zu überlegen, den Riesterweg zu beschreiten. Denn nur diese Risikovorsorge ist in gewisser Weise vererbbar, insbesondere bei Wohn-Riester. Um Missverständnisse zu vermeiden, möchte ich ferner betonen, dass meinen Empfehlungen die Annahme zugrunde liegt, eine zusätzliche Altersvorsorge würde erstmals im Jahr 2009 abgeschlossen.

Sollten bereits in früheren Jahren Verträge zur Altersvorsorge abgeschlossen worden sein, die nicht oder nicht mehr hinreichend gefördert werden, so ist es in aller Regel ratsam, diese Verträge nach Möglichkeit dennoch fortzuführen. Denn mit dem Abschluss eines jeden Vertrages wurden Vertriebskosten/Vermittlungsprovisionen verursacht, die vorrangig zu Lasten der eingezahlten Beiträge verrechnet wurden. Vertragskündigungen sollten stets reiflich überlegt sein.

In Fällen, in denen eine hohe Versorgungslücke besteht, die freien Mittel sehr knapp sind und zudem noch ausreichend Zeit bis zur Ruhestandsphase bleibt, wird es ratsam sein, die ungeförderten „Altverträge" ruhen zu lassen und nur noch die neuen, aber geförderten Vorsorgewege (Riester, Eichel oder Rürup) zu beschreiten. Insbesondere der Rürupweg sollte jedoch nicht nur beschritten werden, weil eine Steuerersparnis möglich ist. Behalten Sie stets Ihre Versorgungslücke im Auge. Haben Sie diese geschlossen, brauchen Sie keine Risikovorsorgeprodukte. Sie sparen besser mit Kapitalanlageprodukten oder mit hybriden Risikovorsorgeprodukten und können ggf. ein vorhandenes Kapital vererben oder im Ruhestand nach eigenem Ermessen verbrauchen.

Zwar ist eine grundsätzliche Empfehlung für oder gegen einen Vorsorgeweg oft nur aufgrund von individuellen Berechnungen und der Kenntnis vieler Einzeldaten möglich. Trotzdem wage ich abschließend die Aussage, in welcher Reihenfolge es in den allermeisten Fällen (bei gleicher Renditeerwartung und gleich hohen Eigenleistungen) sinnvoll ist, die Versorgungslücke zu schließen, da dadurch die höchste lebenslange Altersrente auf Nettobasis erzielt werden kann. Dabei betone ich, dass ich als Steuerberater die Aussagen zur Nutzung der staatlichen Fördermechanismen (Vorsorgewege) in den Vordergrund stelle. Als gelernter Bankkaufmann würde ich mit zunehmender Anspardauer, je nach Risikoneigung des Sparers, tendenziell eher Ansparprodukten den Vorrang geben, die mit Investmentfonds unterlegt sind. Hier sollten für die Ansparphase aber noch mindestens 10–15 Jahre übrig bleiben. Je älter und sicherheitsorientierter der Vorsorgende ist, umso weniger eignen sich Investmentprodukte oder Versicherungslösungen, die mit Investmentprodukten gekoppelt sind. Letztlich sollte der zertifizierte Bausparvertrag als besonderer Produkttyp für den Riesterweg stets in Kalkül genommen werden.

Sofern Ihr Chef die Altersvorsorge finanziert, kommt es einem Gehaltsverzicht gleich, wenn Sie dieses Angebot ablehnen würden. Hier rangiert die vom Arbeitgeber finanzierte Altersvorsorge stets vor allen anderen Wegen.

Sofern der Arbeitgeber bei Entgeltumwandlung seine ersparten Sozialbeiträge dem Vorsorgevertrag gutschreibt oder der Arbeitgeber ungeachtet dessen einen Zuschuss zur betrieblichen Altersvorsorge leistet, so wird der Eichelweg in den meisten Fällen zu einer höheren Nettorente führen. Berücksichtigt man allerdings, dass bei einem Arbeitgeberwechsel der Vertrag eventuell nicht fortgeführt werden kann oder dass sich eventuell noch Kinder einstellen werden, so spricht dies nach wie vor eindeutig für den Riesterweg.

Unter der Annahme, dass zumindest in Höhe des Riester-Mindestbeitrags Sparraten geleistet werden können und dass keine Arbeitgeberleistungen zur betrieblichen Altersvorsorge erbracht werden, ergibt sich folgende Reihenfolge.

1. privater Riesterweg – Mindestbeitrag (abzgl. Zulagen)
2. privater Riesterweg – Maximalbeitrag (abzgl. Zulagen)
3. Eichelweg – arbeitnehmerfinanziert und/oder Rürupweg (Je jünger der Vorsorgende, umso höher kann die verbleibende Nettorente auf dem Rürupweg werden. Vorrangig Arbeitnehmer, Beamte und GmbH-Gesellschafter-Geschäftsführer haben Höchstgrenzen zu beachten.)

Nach Lebensphasen betrachtet, gibt es für einen Auszubildenden bzw. Berufseinsteiger zum privaten Riesterweg keine Alternative! Denn schon mit geringen Beiträgen, meist im Bereich des Sockelbetrages (= 60 €), kann in den ersten Berufsjahren die hohe staatliche Förderung vereinnahmt werden. Kommen Kinder hinzu, wird der Riestervertrag noch stärker gefördert, selbst wenn der Verdienst sinken sollte. Steigen später der Verdienst und/oder das Sparpotenzial wieder, kann auf dem Riesterweg der Beitrag bis auf den Maximalbeitrag angehoben werden. Wird der Arbeitgeber oder gar die Branche bzw. Tarifzugehörigkeit gewechselt, gibt es keinerlei Komplikationen, denn der private Riesterweg wird ohne Mitwirkung des Arbeitgebers bzw. ohne Branchenabhängigkeit beschritten. Steht eventuell der Erwerb oder die Errichtung einer eigenen Wohnimmobilie auf der Agenda, sollte hierzu die Riesterförderung keinesfalls verschenkt werden. Erst wenn Beiträge über der Obergrenze des Riesterweges geleistet werden können, ergibt es Sinn, zusätzlich die weiteren staatlich geförderten Vorsorgewege (Eichel/bAV und/oder Rürup) zu beschreiten.

„Drum prüfe, wer sich erstmals bindet, ob sich nicht ein Riester(-weg) findet!"

Kann der Riester-Mindestbeitrag dagegen nicht erbracht werden, bedarf es einer genauen Einzelfalluntersuchung.

Ungeachtet dessen empfehle ich, vor Vertragsschluss stets auf eine kompetente und einzelfallbezogene persönliche Beratung zurückzugreifen, damit die in Ihrem Fall günstigste Reihenfolge ermittelt werden kann. Im Übrigen kann eine deutlich unterschiedliche Performance bei den Anbietern die vorgenannten Vergleiche auf den Kopf stellen. Geben Sie sich also nicht mit dem „erstbesten" Angebot zufrieden. Sie kaufen ja auch nicht einfach das erstbeste Auto bzw. die erstbesten Schuhe, oder?

Bei Fragen zu den steuerrechtlichen Grundlagen wenden Sie sich an einen Steuerberater. Bei produktspezifischen Fragen hilft Ihnen der Vorsorgespezialist Ihres Kreditinstituts, Versicherungsvertreters oder Finanzdienstleisters. Dabei sollten Sie sich auf einen Produktberater (bzw. eine Organisation) stützen, der Ihr Vertrauen verdient, weil er auf Ihre persönlichen und finanziellen Verhältnisse eingeht, mit Ihnen eine inflationsbereinigte Versorgungslücke ermittelt und weil Sie ihn auch noch in fünf oder zehn Jahren fragen können. Für ein schnelles Geschäft an der Haustüre ist eine Altersvorsorgeberatung ungeeignet[232]. Hierfür sollte Ihnen Ihr Vorsorgekapital viel zu wertvoll sein. Eine rein digitale

Beratungslösung (Online, PC-Programm etc.) ist nur geeignet für Personen, die ausreichend Vorkenntnisse mitbringen – oder dieses Buch gelesen haben.

Schlusswort:
Jeder, der ungeachtet der vorstehenden Grundsätze zusätzliche Altersvorsorge auf den staatlich geförderten Wegen betreibt, profitiert auf die eine oder andere Weise von den vorhandenen Möglichkeiten. Nur wer untätig bleibt und die Augen vor den demografischen Änderungen verschließt, wird sich im Ruhestand wohl eher auf der (finanziellen) Schattenseite des Lebens wiederfinden. Um eine Versorgungslücke zu vermeiden, wird in den meisten Fällen der Riestervertrag bis zum Maximalbeitrag bespart werden müssen. In vielen Fällen wird zudem noch der Eichelweg beschritten werden müssen. Nicht nur aufgrund meiner Phasenvergleiche, sondern auch wegen der sprungfixen Zulagenförderung auf dem Riesterweg empfehle ich allen Riesterberechtigten, zuerst den Riesterweg bis zum Maximalbeitrag zu beschreiten. Erst wenn weiteres Sparpotenzial zur Verfügung steht, sollte der Eichelweg beschritten werden.

An die verantwortlichen Politiker sei der Wunsch gerichtet, sich erneut zu überlegen, ob es immer noch zeitgemäß ist, die Gruppe der Selbstständigen von der unmittelbaren Riesterförderung auszuschließen. Zudem wäre zu überdenken, warum in der gesetzlichen Rentenversicherung freiwillige Mitgliedschaften oder etwa freiwillige Beiträge oberhalb des Pflichtbeitrages oder der Beitragsbemessungsgrenze nicht erlaubt werden. Berücksichtigt man die immer unregelmäßigeren Erwerbsbiografien, so wird durch den Ausschluss der Selbstständigen aus der Riesterförderung diese Gruppe gezwungen, stets mindestens zwei Vorsorgewege zu beschreiten – häufig mit dem Ergebnis, dass erhöhte Abschlusskosten und womöglich zwei Mini-Renten entstehen. Würden die Selbstständigen in die Riesterförderung mit aufgenommen, so wäre die Botschaft „Jeder Bundesbürger soll einen Riestervertrag abschließen" durchgängig und klar, egal in welchem Erwerbsstadium er sich befindet. Und ganz nebenbei würde dies zu einer deutlichen Vereinfachung der Zulagenförderung führen. Ferner würden verfassungsrechtliche Zweifel wie z. B. wegen der neuen Wohneigentumsförderung mittels Wohn-Riester oder der unterschiedlichen Begünstigung in der Ansparphase zerstreut. Weiterhin bringe ich die Hoffnung zum Ausdruck, dass im Interesse einer bedarfsorientierten Altersvorsorge die Riester-Obergrenze dynamisiert wird, da diese immer noch in etwa auf dem Niveau des Jahres 2001 (BBGr-RV 52.500 € × 4 % = 2.100 €) liegt. Denn nur mittels Dynamisierung kann die schleichende Geldentwertung ausgeglichen werden. Wünschenswert wäre ferner mit Blick auf die Geringverdiener zu prüfen, ob der Mindesteigenbeitrag auf 3 % oder 2 % gesenkt werden kann. Außerdem gehört zu den dringend erforderlichen Maßnahmen die regelmäßige Erhöhung des steuerlichen Grundfreibetrages und insbesondere der Progressionsstufen im Einkommensteuertarif. Anderenfalls werden Rentenerhöhungen schleichend „wegbesteuert". An die Währungshüter der EZB sei appelliert, der Inflationsbekämpfung oberste Priorität einzuräumen. Denn nur so bleiben die zukünftigen Lebenshaltungskosten auch im Ruhestand erschwinglich.

Haftungsausschluss:
Ich habe die vorstehenden Fakten gewissenhaft recherchiert, anbieterneutral beleuchtet und möglichst aktuell gehalten. Aufgrund der Komplexität des Themas kann keine Gewähr für Vollständigkeit und Richtigkeit der Aussagen und Überlegungen gegeben werden. Denn ausschlaggebend sind nicht nur Ihre gegenwärtigen monetären Grundlagen, sondern auch Ihr derzeitiges Lebensalter, Ihre Lebens- und Familienplanung sowie Ihre zukünftigen Veränderungen und Spielräume. Hinzu kommt die Möglichkeit, dass der Gesetzgeber durch verschiedene Lenkungsmaßnahmen einzelne Vorsorgewege in Zukunft stärker fördert oder in der Förderung einschränkt. Ansprüche jeglicher Art sind daher ausgeschlossen. Fehlerhinweisen oder gedanklichen Anregungen stehe ich aufgeschlossen gegenüber.

Anlagen

1. 10 Schritte zur zusätzlichen Altersvorsorge

1. Ermittlung der voraussichtlichen monatlichen Lebenshaltungskosten auf Basis heutiger Preise.

2. Bestandsaufnahme bereits bestehender Vorsorgeprodukte.

3. Ermittlung der zu schließenden Versorgungslücke unter Schätzung der zu erwartenden Preissteigerungsraten.

4. Kontrolle der finanziellen Möglichkeiten – lassen Sie sich stets einen Liquiditätsspielraum!

5. Wählen Sie einen Berater Ihres Vertrauens. Achten Sie dabei auf Erfahrung und Kontinuität. Er bzw. sein Büro sollte auch noch in fünf oder zehn Jahren beratend zur Seite stehen.

6. Klärung, welche Vorsorgewege für Sie in Frage kommen, welcher Vorsorgeweg der effektivste ist und welchen Produkttyp (Bank- oder Fondssparplan, herkömmliche oder fondsgedeckte Versicherung) Sie wählen.

7. Stets mindestens zwei, besser drei Angebote vergleichen (auf gleichen Produkttyp achten).

8. Entscheiden, abschließen und Erstbeitrag (Beitrag auf Jahresbasis) vor dem Jahresende überweisen.

9. Bei Riesterverträgen jährlichen Zulageantrag oder Dauerzulageantrag stellen, Anlage AV der Einkommensteuererklärung beifügen und jährlich den Mindesteigenbeitrag mit Ihrem Berater prüfen und ggf. anpassen.

10 Bleiben Sie fortan nicht untätig. Altersvorsorge braucht einen regelmäßigen Check – wie Ihr Auto. Regelmäßig und/oder im Bedarfsfall.

2. Vergleich EStG 2004 mit EStG 2005 für Arbeitnehmer

Arbeitnehmer, Bruttoverdienst = 40.000 €uro		i.d.F. 2005	i.d.F. 2004
Aufwendungen für ges. u. private Basisvorsorge 2009	Beiträge	zu berücksichtigen	
Arbeitgeberanteil ges. Rente, LAK, Versorgungsw. etc.	3.980 €	3.980 €	- €
Arbeitnehmeranteil dto.	3.980 €	3.980 €	3.980 €
private Basisvorsorge (Rüruprente)	2.000 €	2.000 €	2.000 €
Zwischensumme Basisvorsorge	9.960 €	9.960 €	5.980 €
zu berücksichtigen mit Abzugsquote 68%		6.773 €	
Korrektur Arbeitgeberanteil (weil steuerfrei)		- 3.980 €	
abziehbar		2.793 €	
sonstige Vorsorgeaufwendungen			
Kap.LV bzw. RV m. Kapitalwahlrecht (alt)	1.000 €	880 €	880 €
RV ohne Kapitalwahlrecht	500 €	500 €	500 €
KV, PPFIV, AIV (AG + AN-Anteil)	7.960 €	3.980 €	3.980 €
BU / EU-Versicherung	500 €	500 €	500 €
Unfallversicherung, Haftpflichtversicherung	200 €	200 €	200 €
Zwischensumme sonstige Vorsorgeaufwendungen	10.160 €	6.060 €	6.060 €
Obergrenze		1.500 €	2.001 €
Summen	20.120 €	4.293 €	2.001 €
ggf. Beiträge zur Riesterrente		2.100 €	2.100 €
ggf. private Pflegeversicherung (geb. nach 31.12.1957)		- €	184 €

Ein **Arbeitnehmer** kann im Veranlagungszeitraum 2009 nach der neuen Rechtslage (ab 2005) für die Basisvorsorge bereits 2.793 € Vorsorgeaufwendungen in Abzug bringen. Hinzu kommt für die sonstigen Vorsorgeaufwendungen ein max. Betrag von 1.500 €, der allerdings bereits durch die Beiträge zur Kranken-, Pflege- und Arbeitslosenversicherung ausgeschöpft ist. Ferner ist ein zusätzlicher Sonderausgabenabzug für Riesterprodukte möglich, ab dem Jahr 2008 mit max. 2.100 € (inkl. Zulage).

Nach altem Recht hätte der im Beispiel gewählte Arbeitnehmer als Sonderausgaben nur 2.001 € zzgl. Riesterrente absetzen können. Für diesen Arbeitnehmer ist im Beispielsfall die neue Rechtslage bereits seit dem Jahr 2005 günstiger.

3. Vergleich EStG 2004 mit EStG 2005 für Unternehmer

Unternehmer, Gewinn = 40.000 €uro			i.d.F. 2005	i.d.F. 2004
Aufwendungen für ges. u. private Basisvorsorge 2009		Beiträge	zu berücksichtigen	
Beiträge zur ges. Rente, LAK, Versorgungswerk etc.		- €	- €	- €
private Basisvorsorge (Rüruprente)		2.320 €	2.320 €	2.320 €
BU / EU-Versicherung (Zusatzvers. bei Rürup)		1.000 €	1.000 €	1.000 €
Zwischensumme Basisvorsorge		3.320 €	3.320 €	3.320 €
zu berücksichtigen mit Abzugsquote	68%		2.258 €	
sonstige Vorsorgeaufwendungen				
Kap.LV bzw. RV m. Kapitalwahlrecht (alt)		10.000 €	8.800 €	8.800 €
RV ohne Kapitalwahlrecht		500 €	500 €	500 €
KV, PPFIV, AIV		5.200 €	5.200 €	5.200 €
BU / EU-Versicherung		900 €	900 €	900 €
Unfallversicherung, Haftpflichtversicherung		200 €	200 €	200 €
Zwischensumme sonstige Vorsorgeaufwendungen		16.800 €	15.600 €	15.600 €
Obergrenze			2.400 €	5.069 €
Summen		20.120 €	**4.658 €**	5.069 €
Erhöhungsbetrag Rüruprente				2.258 €
ggf. Beiträge zur Riesterrente			- €	- €
ggf. private Pflegeversicherung (geb. nach 31.12.1957)			- €	184 €

Der **Unternehmer** kann im Veranlagungszeitraum 2009 nach der neuen Rechtslage (ab 2005) nur 4.658 € Vorsorgeaufwendungen in Abzug bringen, nach altem Recht (bis 2004) dagegen 5.069 €. Die alte Rechtslage war für den Unternehmer günstiger, weshalb die erste Günstigerprüfung greift. Allerdings wären die Aufwendungen für die Rüruprente wirkungslos geblieben. Mit Wirkung ab dem Veranlagungszeitraum 2006 kommt daher eine weitere Günstigerprüfung hinzu. Diese führt i. d. R. dazu, dass Beiträge von Unternehmern zur privaten Basisvorsorge (Rüruprente) stets in Höhe der jeweiligen Abzugsquote (hier 68 %) als Sonderausgaben in der Einkommensteuererklärung abgesetzt werden können. Im Beispiel können somit auch die Beiträge zur Rüruprente in Höhe von 2.258 € als Sonderausgaben abgesetzt werden. Insgesamt beträgt der Abzug der beschränkt abziehbaren Sonderausgaben 7.327 € (= 5.069 € + 2.258 €).

4. Maximaler Sonderausgabenabzug für Vorsorgeaufwendungen zur Basisvorsorge im Veranlagungszeitraum 2009 – Jahresbruttoverdienst 40.000 Euro

rentenversicherungspflichtige Arbeitnehmer und GmbH-Geschäftsführer (West)		
Jahresbrutto:	40.000 €	
BBGr-RV West	64.800 €	
BBGr-RV Ost	54.600 €	
maßgebl.	40.000 €	
RV-Beitrag	19,9%	
Beitrag ges. Basisvorsorge, Arbeitnehmer		3.980 €
Beitrag ges. Basisvorsorge, Arbeitgeber		3.980 €
Beitrag private Basisvorsorge / Rüruprente		12.040 €
Zwischensumme, max. 20.000 €		20.000 €
davon Abzugsquote	68%	13.600 €
abzgl. Beitrag ges. Rentenversicherung, Arbeitgeber		3.980 €
= beschränkt abziehbare Sonderausgaben, Basisvorsorge		**9.620 €**

rentenversicherungspflichtige Selbstständige bzw. Angehörige im berufsständischen Versorgungswerk (West)		
Jahresbrutto:	40.000 €	
BBGr-RV West	64.800 €	
BBGr-RV Ost	54.600 €	
maßgebl.	40.000 €	
RV-Beitrag	19,9%	
Pflichtbeitrag ges. Basisvorsorge		7.960 €
Beitrag private Basisvorsorge / Rüruprente		12.040 €
Zwischensumme, max. 20.000 €		20.000 €
davon Abzugsquote	68%	13.600 €
abzgl. Beitrag ges. Rentenversicherung, Arbeitgeber		- €
= beschränkt abziehbare Sonderausgaben, Basisvorsorge		**13.600 €**

nicht rentenversicherungspflichtige GmbH-Ges.-Geschäftsführer (ohne betriebliche Versorgungszusage) und Selbstständige (West)		
Jahresbrutto:	40.000 €	
BBGr-RV West	64.800 €	
BBGr-RV Ost	54.600 €	
maßgebl.	40.000 €	
RV-Beitrag	19,9%	
freiwilliger Beitrag ges. Basisvorsorge		- €
Beitrag private Basisvorsorge / Rüruprente		20.000 €
Zwischensumme, max. 20.000 €		20.000 €
davon Abzugsquote	68%	13.600 €
abzgl. Beitrag ges. Rentenversicherung, Arbeitgeber		- €
= beschränkt abziehbare Sonderausgaben, Basisvorsorge		**13.600 €**

nicht rentenversicherungspflichtige GmbH-Ges.-Geschäftsführer mit betrieblicher Versorgungszusage (West)		
Jahresbrutto:	40.000 €	
BBGr-RV West	64.800 €	
BBGr-RV Ost	54.600 €	
maßgebl.	40.000 €	
RV-Beitrag	19,9%	
ungekürzte Obergrenze private Basisvorsorge		20.000 €
abzgl. fiktiver Beitrag Basisrente, max. aus BBGr Ost		7.960 €
gekürzte Obergrenze / Beitrag private Basisvorsorge		12.040 €
davon Abzugsquote	68%	8.187 €
= beschränkt abziehbare Sonderausgaben, Basisvorsorge		**8.187 €**

5. Maximaler Sonderausgabenabzug für Vorsorgeaufwendungen zur Basisvorsorge im Veranlagungszeitraum 2009 – Jahresbruttoverdienst 80.000 Euro

rentenversicherungspflichtige Arbeitnehmer und GmbH-Geschäftsführer (West)		
Jahresbrutto:		80.000 €
BBGr-RV West		64.800 €
BBGr-RV Ost		54.600 €
maßgebl.		64.800 €
RV-Beitrag		19,9%
Beitrag ges. Basisvorsorge, Arbeitnehmer		6.448 €
Beitrag ges. Basisvorsorge, Arbeitgeber		6.448 €
Beitrag private Basisvorsorge / Rüruprente		7.105 €
Zwischensumme, max. 20.000 €		20.000 €
davon Abzugsquote	68%	13.600 €
abzgl. Beitrag ges. Rentenversicherung, Arbeitgeber		6.448 €
= beschränkt abziehbare Sonderausgaben, Basisvorsorge		**7.152 €**

rentenversicherungspflichtige Selbstständige bzw. Angehörige im berufsständischen Versorgungswerk (West)		
Jahresbrutto:		80.000 €
BBGr-RV West		64.800 €
BBGr-RV Ost		54.600 €
maßgebl.		64.800 €
RV-Beitrag		19,9%
Pflichtbeitrag ges. Basisvorsorge		12.895 €
Beitrag private Basisvorsorge / Rüruprente		7.105 €
Zwischensumme, max. 20.000 €		20.000 €
davon Abzugsquote	68%	13.600 €
abzgl. Beitrag ges. Rentenversicherung, Arbeitgeber		- €
= beschränkt abziehbare Sonderausgaben, Basisvorsorge		**13.600 €**

nicht rentenversicherungspflichtige GmbH-Ges.-Geschäftsführer (ohne betriebliche Versorgungszusage) und Selbstständige (West)		
Jahresbrutto:		80.000 €
BBGr-RV West		64.800 €
BBGr-RV Ost		54.600 €
maßgebl.		64.800 €
RV-Beitrag		19,9%
freiwilliger Beitrag ges. Basisvorsorge		- €
Beitrag private Basisvorsorge / Rüruprente		20.000 €
Zwischensumme, max. 20.000 €		20.000 €
davon Abzugsquote	68%	13.600 €
abzgl. Beitrag ges. Rentenversicherung, Arbeitgeber		- €
= beschränkt abziehbare Sonderausgaben, Basisvorsorge		**13.600 €**

nicht rentenversicherungspflichtige GmbH-Ges.-Geschäftsführer mit betrieblicher Versorgungszusage (West)		
Jahresbrutto:		80.000 €
BBGr-RV West		64.800 €
BBGr-RV Ost		54.600 €
maßgebl.		54.600 €
RV-Beitrag		19,9%
ungekürzte Obergrenze private Basisvorsorge		20.000 €
abzgl. fiktiver Beitrag Basisrente, max. aus BBGr Ost		10.865 €
gekürzte Obergrenze / Beitrag private Basisvorsorge		9.135 €
davon Abzugsquote	68%	6.212 €
= beschränkt abziehbare Sonderausgaben, Basisvorsorge		**6.212 €**

6. Multiplikatoren zur Ermittlung der zukünftigen Lebenshaltungskosten

Laufzeitjahre	Inflationsrate							
	1,0%	1,5%	1,6%	2,0%	2,5%	3,0%	3,5%	4,0%
1	1,0100	1,0150	1,0160	1,0200	1,0250	1,0300	1,0350	1,0400
10	1,1046	1,1605	1,1720	1,2190	1,2801	1,3439	1,4106	1,4802
15	1,1610	1,2502	1,2688	1,3459	1,4483	1,5580	1,6753	1,8009
20	1,2202	1,3469	1,3736	1,4859	1,6386	1,8061	1,9898	2,1911
21	1,2324	1,3671	1,3956	1,5157	1,6796	1,8603	2,0594	2,2788
22	1,2447	1,3876	1,4180	1,5460	1,7216	1,9161	2,1315	2,3699
23	1,2572	1,4084	1,4406	1,5769	1,7646	1,9736	2,2061	2,4647
24	1,2697	1,4295	1,4637	1,6084	1,8087	2,0328	2,2833	2,5633
25	1,2824	1,4509	1,4871	1,6406	1,8539	2,0938	2,3632	2,6658
26	1,2953	1,4727	1,5109	1,6734	1,9003	2,1566	2,4460	2,7725
27	1,3082	1,4948	1,5351	1,7069	1,9478	2,2213	2,5316	2,8834
28	1,3213	1,5172	1,5596	1,7410	1,9965	2,2879	2,6202	2,9987
29	1,3345	1,5400	1,5846	1,7758	2,0464	2,3566	2,7119	3,1187
30	1,3478	1,5631	1,6099	1,8114	2,0976	2,4273	2,8068	3,2434
31	1,3613	1,5865	1,6357	1,8476	2,1500	2,5001	2,9050	3,3731
32	1,3749	1,6103	1,6619	1,8845	2,2038	2,5751	3,0067	3,5081
33	1,3887	1,6345	1,6885	1,9222	2,2589	2,6523	3,1119	3,6484
34	1,4026	1,6590	1,7155	1,9607	2,3153	2,7319	3,2209	3,7943
35	1,4166	1,6839	1,7429	1,9999	2,3732	2,8139	3,3336	3,9461
36	1,4308	1,7091	1,7708	2,0399	2,4325	2,8983	3,4503	4,1039
37	1,4451	1,7348	1,7991	2,0807	2,4933	2,9852	3,5710	4,2681
38	1,4595	1,7608	1,8279	2,1223	2,5557	3,0748	3,6960	4,4388
39	1,4741	1,7872	1,8572	2,1647	2,6196	3,1670	3,8254	4,6164
40	1,4889	1,8140	1,8869	2,2080	2,6851	3,2620	3,9593	4,8010
41	1,5038	1,8412	1,9171	2,2522	2,7522	3,3599	4,0978	4,9931
42	1,5188	1,8688	1,9478	2,2972	2,8210	3,4607	4,2413	5,1928
43	1,5340	1,8969	1,9789	2,3432	2,8915	3,5645	4,3897	5,4005
44	1,5493	1,9253	2,0106	2,3901	2,9638	3,6715	4,5433	5,6165
45	1,5648	1,9542	2,0428	2,4379	3,0379	3,7816	4,7024	5,8412
46	1,5805	1,9835	2,0754	2,4866	3,1139	3,8950	4,8669	6,0748
47	1,5963	2,0133	2,1086	2,5363	3,1917	4,0119	5,0373	6,3178
48	1,6122	2,0435	2,1424	2,5871	3,2715	4,1323	5,2136	6,5705
49	1,6283	2,0741	2,1767	2,6388	3,3533	4,2562	5,3961	6,8333
50	1,6446	2,1052	2,2115	2,6916	3,4371	4,3839	5,5849	7,1067

Zur Ermittlung der zukünftigen Preise multiplizieren Sie den heutigen Preis mit dem jeweiligen Wert lt. Tabelle.

Beispiel zukünftige Lebenshaltungskosten:
Wenn die heutigen Lebenshaltungskosten auf rd. 1.000 € beziffert werden, so muss bei einer jährlichen Inflationsrate von durchschnittlich 1,6 % in 20 Jahren mit rd. 1.374 € (= 1.000 € × 1,3736) gerechnet werden.

Zur Ermittlung der zukünftigen Kaufkraft Ihrer Rente dividieren Sie den heutigen Nominalbetrag durch den jeweiligen Wert lt. Tabelle.

Beispiel zukünftige Kaufkraft der Rente:
Wenn die heutige Rente nominal 1.200 € beträgt, so liegt die Kaufkraft Ihrer Rente bei einer jährlichen Inflationsrate von durchschnittlich 1,6 % in 20 Jahren bei rd. 874 € (= 1.200 €/1,3736).

Plausibilitätsprüfung:
Wenn 1 Semmel heute rd. 30 Cent kostet, so hätte sie bei einer Preissteigerung von durchschnittlich 3,5 % vor 30 Jahren rd. 10,7 Cent = rd. 21 Pfennig gekostet.

7. Divisoren zur Ermittlung einer gleichmäßigen monatlichen Rente bei Kapitalverzehr

Zur Ermittlung der gleichmäßigen monatlichen Rente dividieren Sie das vorhandene Vorsorgekapital durch den jeweiligen Wert lt. Tabelle.

				Zinssatz			
	2,25%	2,50%	3,00%	3,50%	4,00%	4,50%	5,00%
5	56,69788	56,34640	55,65236	54,96999	54,29907	53,63938	52,99071
10	107,36829	106,07840	103,56175	101,12669	98,77017	96,48932	94,28135
15	152,65200	149,97243	144,80547	139,88312	135,19215	130,72010	126,45524
16	161,11385	158,11247	152,33834	146,85434	141,64382	136,69115	131,98167
17	169,38760	166,05174	159,64885	153,58613	147,84294	142,39994	137,23911
18	177,47745	173,79519	166,74357	160,08672	153,79938	147,85799	142,24066
19	185,38747	181,34764	173,62886	166,36404	159,52264	153,07632	146,99878
20	193,12167	188,71382	180,31091	172,42577	165,02186	158,06544	151,52531
21	200,68395	195,89831	186,79573	178,27930	170,30580	162,83543	155,83153
22	208,07813	202,90560	193,08912	183,93179	175,38289	167,39591	159,92816
23	215,30796	209,74006	199,19674	189,39014	180,26124	171,75608	163,82540
24	222,37708	216,40595	205,12408	194,66103	184,94861	175,92475	167,53295
25	229,28907	222,90742	210,87645	199,75088	189,45248	179,91032	171,06005
26	236,04741	229,24854	216,45903	204,66592	193,78005	183,72084	174,41548
27	242,65553	235,43326	221,87681	209,41215	197,93820	187,36399	177,60759
28	249,11677	241,46543	227,13468	213,99538	201,93358	190,84713	180,64434
29	255,43438	247,34882	232,23734	218,42118	205,77255	194,17728	183,53328
30	261,61156	253,08709	237,18938	222,69498	209,46124	197,36116	186,28162
35	290,49790	279,72402	259,84137	241,96048	225,84847	211,30180	198,14235
40	316,31338	303,23409	279,34176	258,13715	239,26967	222,43831	207,38429

(Zeilenbeschriftung links: Rentenbezugsdauer in Jahren)

Beispiel:
Das zur Verrentung verfügbare Vorsorgekapital beträgt 300.000 €. Bei einer geschätzten Rentenbezugsdauer von 25 Jahren und einem Zinssatz von 3 % kann eine gleichbleibend hohe Bruttorente von 1.422,63 € (= 300.000/210,87645) gezahlt werden.

8. Pflichtversicherte

A. Pflichtversicherte in der gesetzlichen Rentenversicherung (§ 10a Abs. 1 Satz 1 Halbsatz 1 EStG)[233]

1. Personen, die gegen Arbeitsentgelt oder zu ihrer Berufsausbildung beschäftigt sind (§ 1 Satz 1 Nr. 1 des Sechsten Buches Sozialgesetzbuch -SGB VI -). Hierzu gehören auch geringfügig beschäftigte Personen im Sinne des § 8 Abs. 1 Nr. 1 des Vierten Buches Sozialgesetzbuch (SGB IV), die auf die Versicherungsfreiheit verzichtet haben und den pauschalen Arbeitgeberbeitrag zur gesetzlichen Rentenversicherung auf den vollen Beitragssatz aufstocken. Auch während des Bezuges von Kurzarbeitergeld (bis zum 31. Dezember 2006 auch Winterausfallgeld) nach dem Dritten Buch Sozialgesetzbuch (SGB III) besteht die Versicherungspflicht fort.
2. Behinderte Menschen, die in anerkannten Werkstätten für behinderte Menschen oder in Blindenwerkstätten im Sinne des § 143 SGB IX oder für diese Einrichtungen in Heimarbeit tätig sind (§ 1 Satz 1 Nr. 2 Buchstabe a SGB VI).
3. Behinderte Menschen, die in Anstalten, Heimen oder gleichartigen Einrichtungen in gewisser Regelmäßigkeit eine Leistung erbringen, die einem Fünftel der Leistung eines vollerwerbsfähigen Beschäftigten in gleichartiger Beschäftigung entspricht; hierzu zählen auch Dienstleistungen für den Träger der Einrichtung (§ 1 Satz 1 Nr. 2 Buchstabe b SGB VI).
4. Personen, die in Einrichtungen der Jugendhilfe oder in Berufsbildungswerken oder ähnlichen Einrichtungen für behinderte Menschen für eine Erwerbstätigkeit befähigt werden sollen (§ 1 Satz 1 Nr. 3 SGB VI).
5. Auszubildende, die in einer außerbetrieblichen Einrichtung im Rahmen eines Berufsausbildungsvertrags nach dem Berufsbildungsgesetz ausgebildet werden (§ 1 Satz 1 Nr. 3a SGB VI).
6. Mitglieder geistlicher Genossenschaften, Diakonissen und Angehörige ähnlicher Gemeinschaften während ihres Dienstes für die Gemeinschaft und während der Zeit ihrer außerschulischen Ausbildung (§ 1 Satz 1 Nr. 4 SGB VI).
7. Schwestern vom Deutschen Roten Kreuz.

8. Helfer im freiwilligen sozialen Jahr.
9. Helfer im freiwilligen ökologischen Jahr.
10. Heimarbeiter.
11. Seeleute (Mitglieder der Schiffsbesatzung von Binnenschiffen oder deutschen Seeschiffen).
12. Bezieher von Ausgleichsgeld nach dem Gesetz zur Förderung der Einstellung der landwirtschaftlichen Erwerbstätigkeit.
13. Selbstständig tätige Lehrer und Erzieher, die im Zusammenhang mit ihrer selbstständigen Tätigkeit keinen versicherungspflichtigen Arbeitnehmer beschäftigen (§ 2 Satz 1 Nr. 1 SGB VI).
14. Pflegepersonen, die in der Kranken-, Wochen-, Säuglings- oder Kinderpflege tätig sind und im Zusammenhang mit ihrer selbstständigen Tätigkeit keinen versicherungspflichtigen Arbeitnehmer beschäftigen (§ 2 Satz 1 Nr. 2 SGB VI).
15. Selbstständig tätige Hebammen und Entbindungspfleger (§ 2 Satz 1 Nr. 3 SGB VI).
16. Selbstständig tätige Seelotsen der Reviere im Sinne des Gesetzes über das Seelotswesen (§ 2 Satz 1 Nr. 4 SGBVI).
17. Selbstständige Künstler und Publizisten (§ 2 Satz 1 Nr. 5 SGB VI), wenn sie die künstlerische oder publizistische Tätigkeit erwerbsmäßig und nicht nur vorübergehend ausüben und im Zusammenhang mit der künstlerischen oder publizistischen Tätigkeit nicht mehr als einen Arbeitnehmer beschäftigen, es sei denn, die Beschäftigung erfolgt zur Berufsausbildung oder ist geringfügig im Sinne des § 8 SGB IV.
18. Selbstständig tätige Hausgewerbetreibende (§ 2 Satz 1 Nr. 6 SGB VI).
19. Selbstständig tätige Küstenschiffer und Küstenfischer, die zur Besatzung ihres Fahrzeuges gehören oder als Küstenfischer ohne Fahrzeug fischen und regelmäßig nicht mehr als vier versicherungspflichtige Arbeitnehmer beschäftigen (§ 2 Satz 1 Nr. 7 SGB VI).
20. Gewerbetreibende, die in die Handwerksrolle eingetragen sind und in ihrer Person die für die Eintragung in die Handwerksrolle erforderlichen Voraussetzungen erfüllen, wobei Handwerksbetriebe im Sinne der §§ 2 und 3 der Handwerksordnung sowie Betriebsfortführungen aufgrund von § 4 der Handwerksordnung außer Betracht bleiben; ist eine Personengesellschaft

in die Handwerksrolle eingetragen, gilt als Gewerbetreibender, wer als Gesellschafter in seiner Person die Voraussetzungen für die Eintragung in die Handwerksrolle erfüllt (§ 2 Satz 1 Nr. 8 SGB VI).
21. Personen, die im Zusammenhang mit ihrer selbstständigen Tätigkeit regelmäßig keinen versicherungspflichtigen Arbeitnehmer beschäftigen und auf Dauer und im Wesentlichen nur für einen Auftraggeber tätig sind; bei Gesellschaftern gelten als Auftraggeber die Auftraggeber der Gesellschaft (§ 2 Satz 1 Nr. 9 SGB VI).
22. Selbstständig tätige Personen für die Dauer des Bezugs eines Zuschusses nach § 421l SGB III (Existenzgründungszuschuss; ab 1. Januar 2003) (§ 2 Satz 1 Nr. 10 SGB VI).

Versicherungspflichtig sind ferner Personen in der Zeit,

23. für die ihnen Kindererziehungszeiten anzurechnen sind (§ 3 Satz 1 Nr. 1 SGB VI). Versicherungspflicht wegen Kindererziehung besteht für die ersten 36 Kalendermonate nach dem Geburtsmonat des Kindes (§ 56 Abs. 5 SGB VI). Werden innerhalb des 36-Kalendermonatszeitraumes mehrere Kinder erzogen (z. B. bei Mehrlingsgeburten), verlängert sich die Zeit der Versicherung um die Anzahl an Kalendermonaten, in denen gleichzeitig mehrere Kinder erzogen werden.
24. in der sie einen Pflegebedürftigen im Sinne des § 14 SGB XI nicht erwerbsmäßig wenigstens 14 Stunden wöchentlich in seiner häuslichen Umgebung pflegen, wenn der Pflegebedürftige Anspruch auf Leistungen aus der sozialen oder einer privaten Pflegeversicherung hat (nicht erwerbsmäßig tätige Pflegepersonen -§ 3 Satz 1 Nr. 1a SGB VI).
25. in der sie aufgrund gesetzlicher Pflicht Wehrdienst oder Zivildienst leisten (§ 3 Satz 1 Nr. 2 SGB VI); bis zum 29. April 2005 trat eine Versicherungspflicht nur ein, wenn der Wehr- oder Zivildienst mehr als drei Tage dauerte.
26. für die sie von einem Leistungsträger Krankengeld, Verletztengeld, Versorgungskrankengeld, Übergangsgeld, Unterhaltsgeld (bis 31. Dezember 2004), Arbeitslosengeld oder Arbeitslosenhilfe (bis 31. Dezember 2004) beziehen, wenn sie im letzten Jahr vor Beginn der Leistung zuletzt versicherungspflichtig waren (§ 3 Satz 1 Nr. 3 SGB VI).

27. für die sie ab 1. Januar 2005 von den jeweils zuständigen Trägern nach dem Sozialgesetzbuch Zweites Buch (SGB II) Arbeitslosengeld II beziehen; dies gilt nicht für Empfänger der Leistung,
    a) die Arbeitslosengeld II nur darlehensweise oder
    b) nur Leistungen nach § 23 Abs. 3 Satz 1 SGB II beziehen oder
    c) die aufgrund von § 2 Abs. 1a BAföG keinen Anspruch auf Ausbildungsförderung haben oder
    d) deren Bedarf sich nach § 12 Abs. 1 Nr. 1 BAföG oder nach § 66 Abs. 1 Satz 1 SGB III bemisst oder
    e) die versicherungspflichtig beschäftigt oder versicherungspflichtig selbstständig tätig sind oder eine Leistung beziehen, wegen der sie nach § 3 Satz 1 Nr. 3 SGB VI versicherungspflichtig sind (für Zeiten ab 1. Januar 2007).
28. für die sie Vorruhestandsgeld beziehen, wenn sie unmittelbar vor Beginn der Leistung versicherungspflichtig waren (§ 3 Satz 1 Nr. 4 SGB VI).

Nach Übergangsrecht im SGB VI bleiben in dieser Beschäftigung oder Tätigkeit weiterhin versicherungspflichtig:

29. Handwerker, die am 31. Dezember 2003 versicherungspflichtig waren und in dieser Tätigkeit versicherungspflichtig bleiben (§ 229 Abs. 2a SGB VI).
30. Personen, die am 31. Dezember 1991 im Beitrittsgebiet als Selbstständige versicherungspflichtig waren, nicht ab 1. Januar 1992 nach §§ 1 bis 3 SGB VI versicherungspflichtig geworden sind und keine Beendigung der Versicherungspflicht beantragt haben (§ 229a Abs. 1 SGB VI).
31. Personen, die am 31. Dezember 1991 als Beschäftigte von Körperschaften, Anstalten oder Stiftungen des öffentlichen Rechts oder ihrer Verbände versicherungspflichtig waren (§ 230 Abs. 2 Nr. 1 SGB VI).
32. Personen, die am 31. Dezember 1991 als satzungsgemäße Mitglieder geistlicher Genossenschaften, Diakonissen oder Angehörige ähnlicher Gemeinschaften versicherungspflichtig waren (§ 230 Abs. 2 Nr. 2 SGB VI).
33. nach dem Recht ab 1. April 2003 geringfügig Beschäftigte oder selbstständig Tätige, die nach dem bis 31. März 2003 geltenden Recht versicherungspflichtig waren, wenn sie nicht die Befreiung von der Versicherungspflicht

beantragt haben (§ 229 Abs. 6 SGB VI).
34. Personen, die im Anschluss an den Bezug von Arbeitslosenhilfe Unterhaltsgeld beziehen, für die Dauer des Bezugs von Unterhaltsgeld (§ 229 Abs. 8 SGB VI) (ab 1. Januar 2005).

Auf Antrag sind versicherungspflichtig:

35. Entwicklungshelfer, die Entwicklungsdienst oder Vorbereitungsdienst leisten (§ 4 Abs. 1 Satz 1 Nr. 1 SGB VI).
36. Deutsche, die für eine begrenzte Zeit im Ausland beschäftigt sind (§ 4 Abs. 1 Satz 1 Nr. 2 SGB VI).
37. Personen, die für eine begrenzte Zeit im Ausland beschäftigt sind und die Staatsangehörigkeit eines EU-Mitgliedstaates haben, wenn sie die allgemeine Wartezeit von fünf Jahren erfüllt haben und nicht nach den Rechtsvorschriften des EU-Mitgliedstaates pflicht- oder freiwillig versichert sind (§ 4 Abs. 1 Satz 1 Nr. 3 SGB VI).
38. Personen, die nicht nur vorübergehend selbstständig tätig sind, wenn sie die Versicherungspflicht innerhalb von fünf Jahren nach der Aufnahme der selbstständigen Tätigkeit oder dem Ende der Versicherungspflicht aufgrund dieser Tätigkeit beantragen (§ 4 Abs. 2 SGB VI).
39. Personen, die Krankengeld, Verletztengeld, Versorgungskrankengeld, Übergangsgeld, Unterhaltsgeld (bis 31. Dezember 2004), Arbeitslosengeld oder Arbeitslosenhilfe (bis 31. Dezember 2004) beziehen, aber im letzten Jahr vor Beginn der Leistung nicht versicherungspflichtig waren (§ 4 Abs. 3 Satz 1 Nr. 1 SGB VI).
40. Personen, die nur deshalb keinen Anspruch auf Krankengeld haben, weil sie nicht in der gesetzlichen Krankenversicherung versichert sind oder in der gesetzlichen Krankenversicherung ohne Anspruch auf Krankengeld versichert sind, u. a. für die Zeit der Arbeitsunfähigkeit, wenn sie im letzten Jahr vor Beginn der Arbeitsunfähigkeit zuletzt versicherungspflichtig waren, längstens jedoch für 18 Monate (§ 4 Abs. 3 Satz 1 Nr. 2 SGB VI).

B. Pflichtversicherte nach dem Gesetz über die Alterssicherung der Landwirte (§ 10a Abs. 1 Satz 3 EStG)

Hierzu gehören insbesondere

1. versicherungspflichtige Landwirte,
2. versicherungspflichtige Ehegatten von Landwirten,
3. versicherungspflichtige mitarbeitende Familienangehörige,
4. ehemalige Landwirte, die nach Übergangsrecht weiterhin unabhängig von einer Tätigkeit als Landwirt oder mitarbeitender Familienangehöriger versicherungspflichtig sind.

C. Nicht begünstigter Personenkreis

Nicht zum Kreis der zulageberechtigten Personen gehören:

1. freiwillig Versicherte in der gesetzlichen Rentenversicherung (vgl. §§ 7, 232 SGB VI)
2. von der Versicherungspflicht in der gesetzlichen Rentenversicherung befreite Personen für die Zeit der Befreiung; das sind insbesondere
   a) Angestellte und selbstständig Tätige für die Beschäftigung oder selbstständige Tätigkeit, wegen der sie aufgrund einer durch Gesetz angeordneten oder auf Gesetz beruhenden Verpflichtung Mitglied einer öffentlich-rechtlichen Versicherungseinrichtung oder Versorgungseinrichtung ihrer Berufsgruppe (berufsständische Versorgungseinrichtung für z. B. Ärzte, Architekten, Rechtsanwälte) und zugleich kraft gesetzlicher Verpflichtung Mitglied einer berufsständischen Kammer sind; für die Befreiung sind weitere Voraussetzungen zu erfüllen (§ 6 Abs. 1 Satz 1 Nr. 1 SGB VI),
   b) Gewerbetreibende im Handwerksbetrieb, wenn für sie mindestens 18 Jahre lang Pflichtbeiträge gezahlt worden sind, ausgenommen Bezirksschornsteinfeger (§ 6 Abs. 1 Satz 1 Nr. 4 SGB VI),
   c) Lehrer und Erzieher an nicht öffentlichen Schulen oder Anstalten (private Ersatzschulen) (§ 6 Abs. 1 Satz 1 Nr. 2 SGBVI),

d) Selbstständige mit einem Auftraggeber als sog. Existenzgründer (§ 6 Abs. 1a SGB VI),
e) ab 1. Januar 2005 Bezieher von Arbeitslosengeld II, wenn sie im letzten Kalendermonat vor dem Bezug von Arbeitslosengeld II nicht versichert waren und weitere Voraussetzungen erfüllen (§ 6 Abs. 1b SGB VI),
f) Personen, die am 31. Dezember 1991 von der Versicherungspflicht befreit waren (§ 231 Abs. 1 SGB VI),
g) Selbstständige mit einem Auftraggeber, die bereits vor dem 1. Januar 1999 diese Tätigkeit ausübten und weitere Voraussetzungen erfüllen (§ 231 Abs. 5 SGB VI),
h) Selbstständige (z. B. Lehrer, Erzieher, Pflegepersonen), die bereits am 31. Dezember 1998 nach §§ 2 Satz 1 Nr. 1 bis 3, 229a Abs. 1 SGB VI versicherungspflichtig waren und weitere Voraussetzungen erfüllen (§ 231 Abs. 6 SGB VI),
i) unter bestimmten Voraussetzungen deutsche Seeleute, die auf einem Seeschiff beschäftigt sind, das nicht berechtigt ist, die Bundesflagge zu führen (§ 231 Abs. 7 SGB VI),
j) selbstständig Tätige, die am 31. Dezember 1991 im Beitrittsgebiet aufgrund eines Versicherungsvertrages von der Versicherungspflicht befreit waren, es sei denn, sie haben bis zum 31. Dezember 1994 erklärt, dass die Befreiung von der Versicherungspflicht enden soll (§ 231a SGB VI).

3. In der gesetzlichen Rentenversicherung versicherungsfreie Personen; das sind insbesondere
a) geringfügig Beschäftigte, die den Arbeitgeberbeitrag i. H. v. 15 % (bis zum 30. Juni 2006: 12 %) zur Rentenversicherung nicht durch eigene Beiträge aufstocken (§ 5 Abs. 2 Nr. 1 SGB VI i. V. m. §§ 8 Abs. 1, 8a SGB IV); dies gilt nicht für Personen, die im Rahmen betrieblicher Berufsbildung, nach dem Gesetz zur Förderung eines freiwilligen sozialen Jahres, nach dem Gesetz zur Förderung eines freiwilligen ökologischen Jahres oder nach § 1 Satz 1 Nr. 2 bis 4 SGB VI beschäftigt sind oder von der Möglichkeit einer stufenweisen Wiederaufnahme einer nicht geringfügigen Tätigkeit Gebrauch machen,
b) selbstständig Tätige, die wegen der Geringfügigkeit der Tätigkeit versicherungsfrei sind (§ 5 Abs. 2 Nr. 2 SGB VI i.V.m. § 8 Abs. 3 SGB IV),

c) Personen, die eine geringfügige nicht erwerbsmäßige Pflegetätigkeit ausüben (§ 5 Abs. 2 Satz 1 Nr. 3 SGB VI),
d) Personen, die während der Dauer eines Studiums als ordentliche Studierende einer Fachschule oder Hochschule ein Praktikum ableisten, das in ihrer Studienordnung oder Prüfungsordnung vorgeschrieben ist (§ 5 Abs. 3 SGB VI),
e) Bezieher einer Vollrente wegen Alters (§ 5 Abs. 4 Nr. 1 SGB VI),
f) Personen, die nach beamtenrechtlichen Vorschriften oder Grundsätzen oder entsprechenden kirchenrechtlichen Regelungen oder einer berufsständischen Versorgungseinrichtung eine Versorgung nach Erreichen einer Altersgrenze beziehen oder die in der Gemeinschaft übliche Versorgung im Alter erhalten (§ 5 Abs. 4 Nr. 2 SGB VI),
g) Personen, die bis zum Erreichen der Regelaltersgrenze nicht in der gesetzlichen Rentenversicherung versichert waren oder nach Erreichen der Regelaltersgrenze eine Beitragserstattung aus ihrer Versicherung bei der gesetzlichen Rentenversicherung erhalten haben (§ 5 Abs. 4 Nr. 3 SGB VI),
h) Polizeivollzugsbeamte auf Widerruf, Handwerker, Mitglieder der Pensionskasse deutscher Eisenbahnen und Straßenbahnen sowie Versorgungsbezieher, die am 31. Dezember 1991 versicherungsfrei waren (§ 230 Abs. 1 SGB VI),

4. Ohne Vorliegen von Versicherungspflicht in der gesetzlichen Rentenversicherung
    a) selbstständig Tätige,
    b) Handwerker, die am 31. Dezember 1991 nicht versicherungspflichtig waren (§ 229 Abs. 2 SGB VI),
    c) Vorstandsmitglieder von Aktiengesellschaften in der Beschäftigung als Vorstand und weiteren Beschäftigungen in Konzernunternehmen (§ 1 Satz 4 SGB VI); bis zum 31. Dezember 2003 waren Vorstandsmitglieder von Aktiengesellschaften in allen Beschäftigungen, d. h. auch außerhalb des Konzerns nicht versicherungspflichtig. Seit dem 1. Januar 2004 besteht in Nebenbeschäftigungen nur dann keine Versicherungspflicht, wenn die Nebenbeschäftigung bereits am 6. November 2003 ausgeübt wurde (§ 229 Abs. 1a SGB VI),

d) Mitglieder des Deutschen Bundestages, der Landtage sowie des Europäischen Parlaments.

D. Begünstigter Personenkreis nach § 10a Abs. 1 Satz 1 Halbsatz 2 EStG

1. Empfänger von Besoldung nach dem Bundesbesoldungsgesetz oder einem entsprechenden Landesbesoldungsgesetz (§ 10a Abs. 1 Satz 1 Halbsatz 2 Nr. 1 EStG), insbesondere:
   a) Bundesbeamte, Beamte der Länder, der Gemeinden, der Gemeindeverbände sowie der sonstigen der Aufsicht eines Landes unterstehenden Körperschaften, Anstalten und Stiftungen des öffentlichen Rechts; hierzu gehören nicht die Ehrenbeamten,
   b) Richter des Bundes und der Länder; hierzu gehören nicht die ehrenamtlichen Richter,
   c) Berufssoldaten und Soldaten auf Zeit.
2. Empfänger von Amtsbezügen aus einem Amtsverhältnis (§ 10a Abs. 1 Satz 1 Halbsatz 2 Nr. 2 EStG). In einem öffentlich-rechtlichen Amtsverhältnis stehen z. B. die Mitglieder der Regierung des Bundes oder eines Landes (z. B. § 1 Bundesministergesetz) sowie die Parlamentarischen Staatssekretäre auf Bundes- und Landesebene (z. B. § 1 Abs. 3 des Gesetzes über die Rechtsverhältnisse der Parlamentarischen Staatssekretäre).
3. Sonstige Beschäftigte von Körperschaften, Anstalten oder Stiftungen des öffentlichen Rechts, deren Verbänden einschließlich der Spitzenverbände oder ihrer Arbeitsgemeinschaften (§ 10a Abs. 1 Satz 1 Halbsatz 2 Nr. 3 EStG), wenn ihnen nach beamtenrechtlichen Vorschriften oder Grundsätzen oder entsprechenden kirchenrechtlichen Regelungen Anwartschaft auf Versorgung bei verminderter Erwerbsfähigkeit und im Alter sowie auf Hinterbliebenenversorgung gewährleistet und die Gewährleistung gesichert ist, u. a. rentenversicherungsfreie Kirchenbeamte und Geistliche in öffentlich-rechtlichen Dienstverhältnissen.
4. Satzungsmäßige Mitglieder geistlicher Genossenschaften, Diakonissen oder Angehörige ähnlicher Gemeinschaften (§ 10a Abs. 1 Satz 1 Halbsatz 2 Nr.

3 EStG), wenn ihnen nach den Regeln der Gemeinschaft Anwartschaft auf die in der Gemeinschaft übliche Versorgung bei verminderter Erwerbsfähigkeit und im Alter gewährleistet und die Gewährleistung gesichert ist.
5. Lehrer oder Erzieher, die an nicht öffentlichen Schulen oder Anstalten beschäftigt sind (§ 10a Abs. 1 Satz 1 Halbsatz 2 Nr. 3 EStG), wenn ihnen nach beamtenrechtlichen Vorschriften oder Grundsätzen oder entsprechenden kirchenrechtlichen Regelungen Anwartschaft auf Versorgung bei verminderter Erwerbsfähigkeit und im Alter sowie auf Hinterbliebenenversorgung gewährleistet und die Gewährleistung gesichert ist.
6. Beamte, Richter, Berufssoldaten und Soldaten auf Zeit, die ohne Besoldung beurlaubt sind, für die Zeit einer Beschäftigung, wenn während der Beurlaubung die Gewährleistung einer Versorgungsanwartschaft unter den Voraussetzungen des § 5 Abs. 1 Satz 1 SGB VI auf diese Beschäftigung erstreckt wird (§ 10a Abs. 1 Satz 1 Halbsatz 2 Nr. 4 EStG).
7. Steuerpflichtige im Sinne der oben unter Ziffer 1 bis 6 Aufgeführten, die beurlaubt sind und deshalb keine Besoldung, Amtsbezüge oder Entgelt erhalten, sofern sie eine Anrechnung von Kindererziehungszeiten nach § 56 SGB VI (d. h. im Sinne der gesetzlichen Rentenversicherung) in Anspruch nehmen könnten, wenn die Versicherungsfreiheit in der gesetzlichen Rentenversicherung nicht bestehen würde.

In den Fällen der Ziffern 2 bis 5 muss das Versorgungsrecht jedoch die Absenkung des Versorgungsniveaus in entsprechender Anwendung des § 69e Abs. 3 Satz 1 und Abs. 4 des Beamtenversorgungsgesetzes vorsehen.

9. Besteuerungsanteil der Basisrente

in Abhängigkeit vom Jahr des Renteneintritts
(Auszug aus § 22 Nr. 1 S. 3 Buchst. a, aa EStG)

Jahr des Rentenbeginns	Besteuerungsanteil in %
bis 2005	50
ab 2006 usw.	52, jährlich + 2 % usw.
2010	60
2015	70
2020	80
2021	81
2022	82
2023	83
2024	84
2025	85
2026	86
2027	87
2028	88
2029	89
2030	90
2031	91
2032	92
2033	93
2034	94
2035	95
2036	96
2037	97
2038	98
2039	99
2040	100

10. Ertragsanteil bei privaten lebenslänglichen Leibrenten

in Abhängigkeit vom erreichten Lebensalter bei Rentenbeginn
(Auszug aus § 22 Nr. 1 S. 3 Buchst. a, bb EStG)

Bei Beginn der Rente vollendetes Lebensjahr des Rentenberechtigten	Ertragsanteil in %
51 bis 52	29
53	28
54	27
55 bis 56	26
57	25
58	24
59	23
60 bis 61	22
62	21
63	20
64	19
65 bis 66	18
67	17
68	16
69 bis 70	15
71	14
72 bis 73	13
74	12
75	11

11. Datenreihen zum Cost-Average-Effekt

Anlagebetrag	500,00 €	500,00 €	500,00 €	500,00 €	500,00 €	500,00 €	500,00 €	500,00 €	500,00 €	500,00 €
Anlagesumme	500,00 €	1.000,00 €	1.500,00 €	2.000,00 €	2.500,00 €	3.000,00 €	3.500,00 €	4.000,00 €	4.500,00 €	5.000,00 €
Szenario 1										
Kurswert	100,00	125,00	135,00	125,00	90,00	80,00	90,00	95,00	105,00	100,00
Stück	5,00	4,00	3,70	4,00	5,56	6,25	5,56	5,26	4,76	5,00
Stücksumme	5,00	9,00	12,70	16,70	22,26	28,51	34,06	39,33	44,09	49,09
Anlagewert	500,00 €	1.125,00 €	1.715,00 €	2.087,96 €	2.003,33 €	2.280,74 €	3.065,83 €	3.736,16 €	4.629,44 €	4.908,99 €
Szenario 2										
Kurswert	100	100	100	100	100	100	100	100	100	100
Stück	5,00	5,00	5,00	5,00	5,00	5,00	5,00	5,00	5,00	5,00
Stücksumme	5,00	10,00	15,00	20,00	25,00	30,00	35,00	40,00	45,00	50,00
Anlagewert	500,00 €	1.000,00 €	1.500,00 €	2.000,00 €	2.500,00 €	3.000,00 €	3.500,00 €	4.000,00 €	4.500,00 €	5.000,00 €
Senzario 3										
Kurswert	100,00	75,00	65,00	75,00	110,00	120,00	110,00	105,00	95,00	100,00
Stück	5,00	6,67	7,69	6,67	4,55	4,17	4,55	4,76	5,26	5,00
Stücksumme	5,00	11,67	19,36	26,03	30,57	34,74	39,28	44,05	49,31	54,31
Anlagewert	500,00 €	875,00 €	1.258,33 €	1.951,92 €	3.362,82 €	4.168,53 €	4.321,15 €	4.624,74 €	4.684,29 €	5.430,83 €

Verfasser:	Karl-Heinz Herrmann, geb. 1960
Herausgeber:	Steuerberatersozietät J. Vilsmeier & K.-H. Herrmann
Internet:	www.vilsmeier-herrmann.de
Kanzleianschrift:	Obere Stadt 46 84130 Dingolfing
Telefonnummer:	08731/4500
Kernkompetenzen:	Steuerberater und gelernter Bankkaufmann

Professioneller Werdegang

Angestellter in der bayerischen Genossenschaftsorganisation (über 20 Jahre)
- als Bankkaufmann in der Kredit- und Anlageberatung
- als Verbandsprüfer in der Prüfung von Volks- und Raiffeisenbanken; u. a. Durchführung genossenschaftlicher Pflichtprüfungen, Jahresabschluss- und Kreditprüfungen, Prüfungen nach dem Depotgesetz, Wertpapierhandelsgesetz und Geldwäschegesetz
- als Steuerberater in der betriebswirtschaftlichen und steuerrechtlichen Beratung der Mitgliedsinstitute

Selbstständiger Steuerberater seit 2002
- Steuerberatung für Existenzgründer, Unternehmer, Arbeitnehmer, Finanz- und Sachinvestoren, Vorsorgesparer und Bezieher von Alterseinkünften
- Betriebswirtschaftliche Beratung von Existenzgründern und Unternehmern (Investition, Finanzierung, Kosten- und Leistungsrechnung, Kalkulation, Controlling, Basel II und § 18 KWG)
- Referent zum Thema Altersvorsorge bzw. Altersvorsorgeberatung für Vertriebsmitarbeiter in der Finanzbranche und Vorsorgesparer

Interessenschwerpunkt
- betriebs- und finanzwirtschaftliche Beratung
- Schulung von Finanzexperten zum Thema Altersvorsorge und Alterseinkünfte
- Vorträge für Vorsorgesparer

Endnoten

1	Statistisches Bundesamt, Wiesbaden – Bevölkerung und Erwerbstätigkeit v. 20.08.2008
2	Statistisches Bundesamt, Pressemitteilung 298 v. 20.08.2008
3	Statistisches Bundesamt, Sterbetafel vom 22.08.2008
4	www.Ihre-Vorsorge.de v. 25.02.2009
5	Deutsche Rentenversicherung in Zahlen 2006, S. 69 bzw. Bericht vom 23.10.2007
6	DESTATIS, 11. koordinierte Bevölkerungsvorausberechnung
7	Eigene Berechnungen
8	Eigene Entwicklung
9	Eigene Berechnungen
10	BMF-Newsletter v. 18.01.2008: jährliche durchschnittliche Preissteigerung in der Zeit von 1991 und 2006 lag bei 1,6 %
11	Eigene Berechnungen
12	§ 1 Abs. 1 S. 1 Nr. 3 AltZertG
13	§ 3 SV-Rechengrößenverordnung 2009
14	§ 1 SV-Rechengrößenverordnung 2009
15	§ 10 Abs. 3 EStG
16	§ 3 Nr. 62 EStG
17	§ 22 Nr. 1 S. 3 Buchst. a, aa EStG
18	Z. B. Bundesministerium f. Arbeit u. Soziales, Informationen zum RV-Altersgrenzenanpassungsgesetz vom 28.11.2006, S. 2
19	§ 255 Abs. 3 SGB VI
20	RV-Altersgrenzenanpassungsgesetz, Dt. Bundesrat vom 30.03.2007
21	Eigene Berechnungen
22	Eigene Berechnungen
23	BT-Drucksache 16/8744
24	BMF-Newsletter v. 18.01.2008: „Gestiegene Löhne – gestiegene Preise. Kaum Aufschwung für Arbeitnehmer"
25	§ 10 Abs. 3 EStG 2004
26	§ 10 Abs. 3 Nr. 2 S. 2 EStG 2004, Umkehrschluss
27	§ 10 Abs. 3 EStG 2004
28	§ 10 Abs. 1 Nr. 2 u. 3 EStG

29	§ 10a Abs. 1 EStG
30	§ 10 Abs. 1 Nr. 2 Buchst. a EStG
31	§ 10 Abs. 1 Nr. 2 Buchst. b EStG
32	§ 10 Abs. 3 S. 1 EStG
33	§ 10 Abs. 1 Nr. 2 S. 2 EStG
34	§ 10 Abs. 3 S. 3 EStG
35	§ 10 Abs. 3 S. 6 EStG
36	§ 10 Abs. 3 S. 5 EStG
37	§ 10 Abs. 1 Nr. 3 EStG
38	§ 10 Abs. 1 Nr. 3 Buchst. b EStG
39	§ 10 Abs. 4 S. 1 EStG
40	§ 10 Abs. 4 S. 2 EStG
41	BMF v. 30.01.2008, Rz. 56
42	BVerfG v. 13.02.2008-2BvL1/06 u. a.
43	Ausgestaltung bleibt abzuwarten
44	§ 10 Abs. 4a EStG
45	§ 43a Abs. 1 EStG
46	§ 20 Abs. 1 Nr. 6 EStG
47	§ 79 EStG
48	§ 10a Abs. 1 EStG
49	BMF v. 20.01.2009, Anlage 1
50	Mindestbeitrag bei Verzicht auf die RV-Freiheit rechnet sich gem. § 163 Abs. 8 SGB VI aus einem Mindestentgelt von 155 € sowie BMF v. 20.01.2009, Anlage 1, Rz. 1
51	BMF v. 20.01.2009, Rz. 9
52	§ 10a Abs. 1 S. 3 EStG i. V. m. BMF v. 20.01.2009, Anlage 1, Abschnitt B.
53	§ 10a Abs. 1 EStG i. V. m. BMF v. 20.01.2009, Anlage 2
54	§ 10a Abs. 1 EStG
55	§ 79 S. 2 EStG
56	§ 79 S. 1 EStG i.V.m. § 86 EStG, BMF v. 20.01.2009, Tz. 14–17
57	§ 1 Abs. 1 S. 1 Nr. 2 AltZertG
58	§ 1 Abs. 1 S. 1 Nr. 3 AltZertG
59	SGB II
60	SGB XII
61	§ 11 Abs. 2 Nr. 4 SGB II

62	§ 12 Abs. 2 Nr. 2 SGB II bzw. § 90 Abs. 2 Nr. 2 SGB XII
63	§ 42 SGB XII
64	§ 82 SGB XII, DVO
65	§ 1 Abs. 1 S. 1 Nr. 4 AltZertG, BMF v. 20.01.2009, Rz. 116
66	§ 1 Abs. 1 S. 1 Nr. 2 u. 4 AltZertG, BMF v. 20.01.2009, Rz. 116–130
67	§ 93 Abs. 1 S. 2 EStG, Umkehrschluss, BMF v. 20.01.2009, Rz. 130
68	§ 93 EStG, BMF v. 20.01.2009, Rz. 132–144
69	BMF v. 20.01.2009, Rz. 130 u. 145–148
70	§ 93 EStG, BMF v. 20.01.2009, Rz. 131–148
71	BMF v. 20.01.2009, Rz. 151 ff.
72	EuGH (anhängende Rechtssache C 269/07)
73	§ 95 Abs. 2 EStG, BMF v. 20.01.2009, Rz. 152 ff.
74	§ 82 Abs. 2 EStG
75	§ 229 Abs. 1 S. 1 Nr. 5 SGB V
76	§ 22 Nr. 5 EStG
77	§ 83 EStG
78	§ 84 EStG
79	§ 85 Abs. 1 EStG
80	BMF v. 20.01.2009, Rz. 22
81	§ 32 Abs. 4 S. 2 EStG = 7.680 € im Jahr 2009
82	§ 85 Abs. 1 i. V. m. § 32 Abs. 4 EStG
83	§ 32 Abs. 4 Nr. 3 EStG
84	§ 85 Abs. 2 EStG, BMF v. 20.01.2009, Rz. 26
85	§ 85 Abs. 2 EStG, BMF v. 20.01.2009, Rz. 26
86	BMF v. 20.01.2009, Rz. 29 ff.
87	§ 84 EStG
88	§ 84 S. 2 EStG
89	§ 10a Abs. 2 S. 1 EStG, BMF v. 20.01.2009, Rz. 68 f.
90	§ 10a Abs. 1 S. 1 EStG
91	§ 10a Abs. 2a EStG
92	§ 10a Abs. 5 S. 4 EStG
93	§ 10a Abs. 4 EStG
94	§§ 10a Abs. 3 i.V.m. 10a Abs. 1 EStG

95	BMF v. 20.01.2009, Rz. 70 f. sowie OFD Magdeburg v. 06.02.2007 – S 2222 – 9 – St 224, v. 26.05.2005 – S 2222 – 9 – St 224 V und OFD Münster v. 22.05.2007
96	§ 86 EStG
97	§ 86 Abs. 1 S. 4 i. V. m. § 79 EStG
98	§ 86 Abs. 1 S. 2, BMF v. 20.01.2009, Rz. 40
99	§§ 79 S. 2 i. V. m. 86 Abs. 1 EStG, BMF v. 20.01.2009, Rz. 59 u. 60
100	§ 10a Abs. 3 EStG – Umkehrschluss
101	§ 10a Abs. 3 EStG, BMF v. 20.01.2009, Rz. 56 ff.
102	BMF v. 20.01.2009, Rz. 57 i. V. m. Rz. 29
103	§ 22 Nr. 5 S. 2 EStG, BMF v. 20.01.2009, Rz. 99
104	§ 10a Abs. 1 S. 1 EStG
105	§ 22 Nr. 5 S. 2 EStG, BMF v. 20.01.2009, Rz. 99 u. 101
106	§ 20 Abs. 1 Nr. 6 S. 1 EStG, Umkehrschluss
107	§ 22 Nr. 5 S. 2 Buch. a EStG i. V. m. 22 Nr. 1 S. 3 Buch. a, bb EStG sowie BMF v. 20.01.2009, Rz. 106, 109 f.
108	BMF v. 20.01.2009, Rz. 112
109	§ 20 Abs. 1 Nr. 6 i. V. m. § 52 Abs. 36 S. 5 EStG
110	OFD Münster v. 22.05.2007, Rz. 1
111	§ 229 Abs. 1 S. 1 Nr. 5 SGB V
112	§§ 237, 250 Abs. 1 Nr. 1 SGB V
113	§§ 240 Abs. 1, 238a SGB V
114	§ 86 EStG i. V. m. § 79 S. 2 EStG sowie BMF v. 20.01.2009, Rz.14
115	§ 86 Abs. 1 S. 2, letzter Halbsatz EStG
116	§ 10a Abs. 3 S. 2 EStG
117	§ 86 EStG i. V. m. § 79 S. 2 EStG sowie BMF v. 20.01.2099, Rz.14
118	BGBl. vom 29.07.2008, Bundesratsbeschluss vom 04.07.2008
119	§ 92a Abs. 1 S. 1 Nr. 1 EStG
120	§ 92a Abs. 1 S. 1 Nr. 1 EStG
121	§ 52 Abs. 24b EStG
122	§ 92a Abs. 1 S. 1 Nr. 2 EStG
123	Rz. 157 c
124	§ 82 Abs. 1 S. 1 Nr. 2 EStG, § 1 Abs. 1a AltZertG i. V. m. § 92a EStG
125	§ 1 Abs. 1a S. 2 AltZertG
126	§ 92a Abs. 1 S. 1 Nr. 3 EStG

127	§ 1 Abs. 1 Nr. 4 Buchst. b AltZertG
128	§ 82 Abs. 1 EStG
129	92a Abs. 1 S. 2 u. 4 EStG sowie BMF v. 20.01.2009, Rz. 158
130	BMF v. 20.01.2009, Rz. 158 u. 158d
131	§ 92a Abs. 1 S. 1 EStG i. V. m. BMF v. 20.01.2009, Rz. 158
132	EuGH v. 17.01.2008 (C-152/05)
133	BMF v. 20.01.2009, Rz. 18
134	BMF v. 20.01.2009, Rz. 158a
135	§ 92a Abs. 3 EStG
136	§ 93 Abs. 1 S. 1 EStG
137	§ 22 Nr. 5 EStG
138	§ 93 Abs. 1 S. 4 EStG
139	§ 22 Nr. 5 S. 4 EStG i.V.m. 92a Abs. 3 S. 5 EStG
140	§ 92a Abs. 4 EStG
141	§ 92a Abs. 3 S. 9 Nr. 1 EStG
142	§ 92a Abs. 3 S. 9 Nr. 3 EStG
143	§ 92a Abs. 3 S. 9 Nr. 4 EStG
144	§ 92a Abs. 3 S. 9 Nr. 5 EStG
145	§ 92a Abs. 3 S. 9 Nr. 2 EStG
146	§ 92a Abs. 2 S. 1 EStG
147	§ 92a Abs. 2 S. 3 EStG
148	§ 92a Abs. 2 S. 3 EStG
149	§ 92a Abs. 2 S. 3 EStG
150	§ 92a Abs. 2 S. 5 EStG
151	§ 92a Abs. 2 S. 4 Nr. 2 EStG
152	§ 22 Nr. 5 S. 4 EStG
153	§ 22 Nr. 5 S. 3 EStG
154	BMF v. 20.01.2009, Rz. 140, 142
155	§ 92a Abs. 3 S. 5 EStG
156	§ 92a Abs. 2 S. 6 EStG i. V. m. § 22 Nr. 5 S. 5 EStG
157	§ 22 Nr. 5 S. 6 Buchst. b EStG
158	§ 22 Nr. 5 S. 6 Buchst. a EStG
159	§ 92a Abs. 3 S. 3, § 22 Nr. 5 S. 5 EStG sowie NWB Nr. 29 v. 14.07.2008 S. 2735
160	§ 92a Abs. 1 S. 1 Nr. 2 EStG

161	BVerfG vom 06.03.2002 – 2 BvL 17/99
162	§ 1b BetrAVG
163	§ 1b Abs. 5 BetrAVG
164	§ 1b Abs. 1 BetrAVG
165	§ 1b Abs. 1 BetrAVG mit Übergangsregelung § 30f BetrAVG ab 01.01.2009
166	§§ 7–15 BetrAVG
167	§ 7 Abs. 1 BetrAVG
168	§ 30b BetrAVG
169	§ 1a BetrAVG
170	§ 1a Abs. 1 S. 3 BetrAVG
171	§ 1 Abs. 2 i. V. m. § 1b Abs. 2–4 BetrAVG
172	§ 6 BetrAVG
173	BMF v. 20.01.2009, Rz. 185
174	BMF v. 20.01.2009, Rz. 211
175	BMF v. 20.01.2009, Rz. 183–188
176	BMF v. 20.01.2009, Rz. 194–196
177	Vorabinformation vom 27.01.2009
178	§ 1b Abs. 2 BetrAVG
179	§ 1b Abs. 3 BetrAVG
180	§ 2 LStDV sowie BMF v. 20.01.2009, Rz. 189
181	§ 1b Abs. 4 BetrAVG
182	§ 1 Abs. 1 BetrAVG
183	BMF v. 20.01.2009, Rz. 189
184	BMF v. 20.01.2009, Rz. 202
185	§ 1 Abs. 1 S. 1 Nr. 4 SvEV (ab 2009)
186	BMF v. 20.01.2009, Rz. 245–264
187	§§ 2 LStDV, 3 Nr. 63 EStG i. V. m. 22 Nr. 5 EStG bzw. 19 Abs. 2 EStG
188	§ 1 Abs. 1 S. 1 Nr. 9 SvEV (ab 2009)
189	§ 229 Abs. 1 S. 1 Nr. 5 SGB V
190	§ 3 Nr. 63 EStG
191	BMF v. 20.01.2009, Rz. 207
192	§ 3 Nr. 63 EStG u. BMF v. 20.01.2009, Rz. 203
193	§ 1 Abs. 1 S. 1 Nr. 9 i. V. m. § 4 Abs. 2 SvEV, § 3 Nr. 63 EStG
194	§ 3 Nr. 63 S. 3 EStG

195	BMF v. 20.01.2009, Rz. 207
196	§ 1 Abs. 1 S. 1 Nr. 9 i. V. m. § 4 Abs. 2 SvEV
197	§ 22 Nr. 5 EStG
198	Bestätigt durch BVerfG v. 28.02.2008 (1 BvR 2137/06)
199	§ 229 Abs. 1 S. 1 Nr. 5 SGB V i. V. m. 229 Abs. 1 S. 3 SGB V
200	§ 250 SGB V i. V. m. § 229 SGB V
201	§ 257 SGB V, Umkehrschluss
202	§ 10 Abs. 1 Nr. 2b i. V. m. § 22 Nr. 1 S. 3 Buchst. a, aa EStG
203	§ 10 Abs. 1 Nr. 2b EStG
204	§ 10 Abs. 1 Nr. 2b EStG, BMF v. 30.01.2008, Rz. 8
205	§ 10 Abs. 3 S. 1 i. V. m. § 10 Abs. 1 Nr. 2 EStG
206	§ 3 Nr. 62 EStG
207	§ 10 Abs. 3 S. 5 EStG
208	§ 10 Abs. 3 S. 2 EStG
209	§ 10 Abs. 3 S. 3 i. V. m. § 10c Abs. 3 Nr. 1 EStG
210	BMF v. 30.01.2008, Rz. 33 – Kürzung des Höchstbetrags beim Personenkreis des § 10c Abs. 3 Nr. 1 EStG
211	§ 10 Abs. 3 S. 2 EStG
212	§ 10 Abs. 3 S. 3 i. V. m. § 10c Abs. 3 Nr. 2 EStG sowie BMF v. 30.01.2008, Rz. 36 u. 33
213	BMF v. 30.01.2008, Rz. 34
214	§ 10 Abs. 4 EStG
215	BMF v. 30.01.2008, Rz. 15
216	§ 10c Abs. 3 Nr. 2 Umkehrschluss bzw. BMF v. 30.01.2008, Rz. 34
217	§ 10 Abs. 4a S. 2 u. 3 EStG
218	§ 22 Nr. 1 S. 3 Buchst. a, aa EStG
219	§ 240 SGB V i. V. m. § 238a SGB V
220	§ 34 Abs. 1 EStG i. V. m. § 24 Nr. 1 EStG
221	BMF v. 20.01.2009, Rz. 205
222	§ 1a Abs. 1 S. 4 BetrAVG verlangt 1/160 der Bezugsgröße nach § 18 Abs. 1 SGB IV
223	§ 10 Abs. 1 Nr. 3 EStG i. V. m. § 10 Abs. 4 EStG
224	§ 22 EStG – vgl. Anlage 10
225	Rentenanteile, die aus privat angesparten, nicht steuerbefreiten Beiträgen resultieren, werden nicht angenommen.

226	§ 226 Abs. 2 SGB V
227	Rentenanteile, die aus ungeförderten Sparbeiträgen resultieren, werden nicht angenommen.
228	§§ 229 Abs. 1 i. V. m. 248 SGB V
229	Herbstgutachten 2007, S. 190
230	§ 10 Abs. 3 S. 3 EStG i. V. m. § 10c Abs. 3 Nr. 2 EStG
231	§ 10 Abs. 3 S. 3 EStG i. V. m. BMF v. 30.01.2008, Rz. 36 u. 33
232	Umfangreiche Beratungsdokumentation erforderlich nach Versicherungsvermittlerverordnung v. 22.05.2007
233	Anlage 1 zum BMF-Schreiben vom 20.01.2009
234	Anlage 2 zum BMF-Schreiben vom 20.01.2009